# Physica-Schriften zur Betriebswirtschaft

Herausgegeben von

# Physica-Schriften zur Betriebswirtschaft

Herausgegeben von

K. Bohr, Regensburg · W. Bühler, Mannheim · W. Dinkelbach, Saarbrücken
G. Franke, Konstanz · P. Hammann, Bochum · K.-P. Kistner, Bielefeld
H. Laux, Frankfurt · O. Rosenberg, Paderborn · B. Rudolph, München

---

Informationen über die Bände 1–44 sendet Ihnen auf Anfrage gerne der Verlag.

Band 45
Christoph Kaserer
**Optionsmärkte und Risikoallokation**

Band 46
Bernd Hempelmann
**Qualitäts- und Kommunikationspolitik angesichts von Produktrisiken**

Band 47
Stephan Schumacher
**PPS-Systeme für Unternehmen der Klein- und Mittelserienfertigung**

Band 48
Andreas Bölte
**Modelle und Verfahren zur innerbetrieblichen Standortplanung**

Band 49
Andrea Piro
**Betriebswirtschaftliche Umweltkostenrechnung**

Band 50
Hermann Jahnke
**Produktion bei Unsicherheit**

Band 51
Bernd Schäfer
**Informationsverarbeitung und Preisbildung am Aktien- und Optionsmarkt**

Band 52
Wolfgang Brüggemann
**Ausgewählte Probleme der Produktionsplanung**

Band 53
Andreas Kleine
**Entscheidungstheoretische Aspekte der Principal-Agent-Theorie**

Band 54
Alexander Kempf
**Zum Preiszusammenhang zwischen Kassa- und Futuresmärkten**

Band 55
Jürgen Elsner
**Chaos und Zufall am deutschen Aktienmarkt**

Band 56
Markus Riess
**Effizienzkonzepte und nutzentheoretische Ansätze zur Lösung stochastischer Entscheidungsmodelle**

Band 57
Anne Chwolka
**Controlling als ökonomische Institution**

Band 58
Gerd Lockert
**Risikofaktoren und Preisbildung am deutschen Aktienmarkt**

Band 59
Hagen Lindstädt
**Optimierung der Qualität von Gruppenentscheidungen**

Band 60
Thomas Pfeiffer
**Innerbetriebliche Verrechnungspreisbildung bei dezentralen Entscheidungsstrukturen**

Band 61
Peter Nippel
**Strategische Investitionsplanung und Finanzierung**

Band 62
Kathrin Fischer
**Standortplanung unter Berücksichtigung verschiedener Marktbedingungen**

Band 63
Hubert Missbauer
**Bestandsregelung als Basis für eine Neugestaltung von PPS-Systemen**

Band 64
Ariane Reiß
**Bewertung von Optionen unter Transaktionskosten**

Band 65
Alois Paul Knobloch
**Zur kurzfristigen Finanzplanung des internationalen Konzerns**

Band 66
Louis Velthuis
**Lineare Erfolgsbeteiligung**

Band 67
Heinrich Kuhn
**Fließproduktionssysteme**

Band 68
Wolfgang Hauke
**Fuzzy-Modelle in der Unternehmensplanung**

Thomas Braun

# Liquidität und Konkurrenz

Physica-Verlag

Ein Unternehmen
des Springer-Verlags

**Prof. Dr. Thomas Braun**
**Universität Bielefeld**
**Lehrstuhl für Betriebswirtschaftslehre,**
**insbesondere Finanzwirtschaft**
**Postfach 100131**
**D-33501 Bielefeld**

ISBN 978-3-7908-1141-4 ISBN 978-3-642-51741-9 (eBook)
DOI 10.1007/978-3-642-51741-9

Die Deutsche Bibliothek – CIP-Einheitsaufnahme
Braun, Thomas: Liquidität und Konkurrenz / Thomas Braun. – Heidelberg: Physica-Verl., 1998
(Physica-Schriften zur Betriebswirtschaft; Bd. 69)



Umschlaggestaltung: Erich Kirchner, Heidelberg

SPIN 10688119 88/2202-5 4 3 2 1 0 – Gedruckt auf säurefreiem Papier

# Vorwort

Bei der vorliegenden Schrift handelt es sich um eine unwesentlich modifizierte Fassung meiner vom Fachbereichsrat des Fachbereichs Wirtschaftswissenschaften der Johann Wolfgang Goethe-Universität Frankfurt am Main angenommenen Habilitationsschrift, die während meiner Tätigkeit als wissenschaftlicher Assistent an den Universitäten Tübingen und Frankfurt am Main entstanden ist.

Mein aufrichtiger Dank gilt allen, die - auf welche Weise auch immer - zum Gelingen dieser Arbeit beigetragen haben. Insbesondere möchte ich Herrn Prof. Dr. Ralf Ewert für die zügige Anfertigung des Erstgutachtens und für den gewährten Freiraum danken, ohne den die Fertigstellung der Schrift in diesem Jahrtausend ernsthaft gefährdet gewesen wäre. Ausgesprochener Dank gebührt ferner Herrn Prof. Dr. Jan Pieter Krahnen, der das Zweitgutachten angefertigt hat, sowie einem anonymen Gutachter und last und not least meinen Eltern. Herrn Prof. Dr. Klaus-Peter Kistner danke ich für Aufnahme der Arbeit in die Reihe der "Physica-Schriften zur Betriebswirtschaft".

Bielefeld, im Mai 1998 Thomas Braun

# Inhaltsverzeichnis

## Symbolverzeichnis

| | |
|---|---|
| $A_1$ | Ergebnis einer in $t = 1$ abgeschlossenen aber noch nicht veröffentlichten Fundamentanalyse |
| $a$ | Ausmaß, in dem das Ergebnis der Fundamentalanalyse durch den Börsenkurs vorweggenommen wird |
| $b$ | Beschäftigung des eingesetzten Kapitals |
| $B_A^*$ $(B_P^*)$ | optimaler Handelsbestand eines Händlers, der das noch nicht veröffentlichte Analyseergebnis (nicht) kennt |
| $B_{ti}^*$ | optimaler Handelsbestand von Händler $i$ im Zeitpunkt $t$ |
| $b_{0i}$ | Handelsbestand von Händler $i$ in $t = 0$ |
| $\overline{b}$ | durchschnittlicher Handelsbestand der Händler in $t = 0$ |
| $const$ | Konstante |
| $c_t$ | Reaktion der Nachfrage eines Wertpapierhändlers auf Veränderungen des im Zeitpunkt $t$ festgestellten Börsenkurses, wenn sich der Wertpapierhändler wie ein Preisnehmer verhält. Die Symbolik soll darauf hinweisen, daß es sich hierbei um eine Verhaltenskonstante der Wertpapierhändler handelt (formal: Absolutbetrag der Steigung einer gewöhnlichen linearen Nachfragekurve). |
| $\overline{c}$ | durchschnittliche Reaktion der Wertpapierhändler auf Veränderungen des Börsenkurses |
| $\text{corr}(X, Y \mid I_0)$ | Korrelationskoeffizient der Zufallsvariablen $X$ und $Y$ bedingt auf die zum Zeitpunkt $t = 0$ verfügbare Information |
| $\text{cov}(X, Y \mid I_0)$ | Kovarianz der Zufallsvariablen $X$ und $Y$ bedingt auf die zum Zeitpunkt $t = 0$ verfügbare Information |

| | |
|---|---|
| $d_1$ ($d_2$) | erwarteter Deckungsbeitrag eines Händlers aus dem Handel mit den Teilgruppen des Publikums, die in $t = 1$ ($t = 2$) am Markt sind |
| $\bar{d}^h$ | durchschnittlicher erwarteter Deckungsbeitrag pro Händler aus dem Handel mit dem Publikum bei gleichbleibendem und somit homogenem Informationsstand |
| $\bar{d}^{\ell h}$ | durchschnittlicher erwarteter Deckungsbeitrag pro Händler aus dem Handel mit dem Publikum bei gleichbleibendem und somit homogenem Informationsstand, wenn sich die Händler liquiditätsbewußt verhalten |
| $D_P$ | Nettonachfrage des Publikums |
| $e$ | Enge eines Marktes |
| $e_A$ ($e_P$) | Marktenge aus der Sicht eines Händlers, der seine Information aus der Kenntnis einer Fundamentalanalyse (des Börsenkurses) zieht |
| $E(Z \mid I_0)$ | Erwartungswert der Zufallsvariable $Z$ bedingt auf die zum Zeitpunkt $t = 0$ verfügbare Information |
| $F$ | Analysefehler (= Abweichung vom tatsächlichen Liquidationserlös) |
| $g_A$ ( $g_P$ ) | Güte der Fundamentalanalyse bzw. der durch den Börsenkurs offenbarten Information |
| $\bar{g}$ | durchschnittliche Güte des Informationsflusses zwischen $t = 0$ und $t = 1$ (entspricht einem Maß für die durchschnittliche Risikoreduktion, die diese Information auslöst) |
| $I_t$ | Menge der im Zeitpunkt $t$ verfügbaren Information |
| $k$ | Anteil eines Händlers an der im Zeitpunkt $t = 0$ fälligen Anschaffungsauszahlung für ein Börsenhandelssystem (Kostenkomponente) |

| | |
|---|---|
| $\ell$ | Liquidität |
| $\ln(\cdot)$ | natürlicher Logarithmus |
| $m$ | Anzahl der Marktteilnehmer aus dem Kreis des Publikums |
| $\mu$ | ex ante erwarteter Liquidationserlös |
| $n$ | Anzahl der Wertpapierhändler |
| $P_t$ | Börsenkurs oder Liquidationserlös im Zeitpunkt $t$ |
| $\pi$ | Zahl Pi |
| $s_i$ | Faktor, der die strategisch begründete Zurückhaltung von Wertpapierhändler $i$ zum Ausdruck bringt |
| $s_A$ ( $s_P$ ) | Faktor, in dem die strategisch begründete Zurückhaltung eines Wertpapierhändlers zum Ausdruck kommt, der seine Information aus der Kenntnis der Fundamentalanalyse (des Börsenkurses) zieht |
| $\bar{s}$ | Durchschnitt der Faktoren, die die strategisch begründete Zurückhaltung von Wertpapierhändlern zum Ausdruck bringen |
| $S_j$ | von Marktteilnehmer $j$ georderte Stückzahl riskanter Titel |
| $\sigma_D^2$ | Varianz der Nettonachfrage des Publikums (kurz für $\text{var}(D_P \mid I_0)$) |
| $\sigma_P^2$ | Varianz des Liquidationserlöses (kurz für $\text{var}(P_2 \mid I_0)$) |
| $\text{sä}(W_T \mid I_t)$ | Sicherheitsäquivalent des Vermögens im Zeitpunkt $T > t$ auf Basis der im Zeitpunkt $t$ verfügbaren Informationen |
| $SDB_t$ | Stückdeckungsbeitrag der Periode $[t\text{-}1, t]$ |
| $\text{std}(Z \mid I_0)$ | Standardabweichung der Zufallsvariable $Z$ bedingt auf die zum Zeitpunkt $t = 0$ verfügbare Information |

| | |
|---|---|
| $t_i$ | Risikotoleranz von Händler $i$ |
| $\overline{t}$ | durchschnittliche Risikotoleranz sämtlicher Händler |
| $u(\cdot)$ | Risiko-Nutzen-Funktion oder insgesamt erwartete Umverteilung zwischen Publikum und Wertpapierhändlern |
| $\ddot{U}$ | Nachfrage- bzw. Angebotsüberhang |
| $v$ | Nettovorteil des Marktzutritts für einen Händler |
| $\mathrm{var}(Z \mid I_0)$ | Varianz der Zufallsvariable $Z$ bedingt auf die zum Zeitpunkt $t = 0$ verfügbare Information |
| $w_t$ | Vermögen im Zeitpunkt $t \geq 0$ |
| $X$ | vom Publikum angekündigte Nettonachfrage |
| $z_0$ | in $t = 0$ fällige Anschaffungsauszahlung für ein Börsenhandelssystem |
| $z$ | Zuverlässigkeit des Analysten |

# 1 Problemstellung und Vorgehensweise

Die vorliegende Arbeit ist eine modelltheoretische Abhandlung über die Auswirkungen sich ändernder Wettbewerbsbedingungen auf die Liquiditätsversorgung rein zufällig handelnder Investoren mit exogen gegebenem Transaktionsbedarf durch gewerbsmäßig handelnde Wertpapierhändler. Die in der Realität verbreitete als Verbandorganisation bezeichnete Börsenorganisationsform,[1] bei der sich die Händler die fixen Kosten für die Einrichtung bzw. Aufrechterhaltung einer Börse teilen,[2] wird erstmalig in ein theoretisches Modell implementiert, um mögliche Wettbewerbsfolgen der mit dem Fortschritt in der Informations- und Kommunikationstechnologie[3] wachsenden Fixkosten im Börsenwesen zu analysieren.

Eine Börse im Sinne der vorliegenden Arbeit ist ein Markt, auf dem Liquiditätsanbieter (Händler) miteinander um die Liquiditätsversorgung von Liquiditätsnachfragern (Publikum) konkurrieren. Die Kosten für die Einrichtung bzw. Aufrechterhaltung einer Börse werden letztlich dadurch finanziert, daß die Transaktionen des Publikums Kursveränderungen auslösen, die zu seinen Lasten gehen. Über die Höhe dieser Kursveränderungen entscheidet bei gegebener Anzahl von Händlern (Partizipation) die Schärfe der Konkurrenz zwischen den Händlern. Je größer die Konkurrenz ceteris

---

1 Bislang waren Börsen ohne nennenswerte Ausnahme in dieser Form organisiert. Mittlerweile haben sich neben den traditionellen Börsen jedoch sogenannte proprietäre Transaktionssysteme etabliert, deren Betreiber in der Regel nicht selbst handeln; vgl. hierzu die auf diesem Faktum basierende Kritik von RÖHRL (1996), S. 15, an der Börsendefinition von SCHMIDT (1988).

2 Das damit verbundene Abrücken vom Ideal eines friktionslosen Punktmarktes führt dazu, daß der Börsenkurs nicht mehr nur von den Erwartungen und Risikopräferenzen der Marktteilnehmer sondern vom Zufall und von der Marktorganisation abhängt. Daraus erwächst eine Fülle interessanter Aspekte, die in der vorliegenden Arbeit nicht behandelt werden können: So stellt sich beispielsweise die Frage, inwieweit sich der Börsenkurs dann noch als Maßstab für die Beurteilung von Managerleistungen im Sinne eines unternehmensexternen Kontrollinstrumentes eignet; vgl. hierzu z.B. HOLMSTRÖM/TIROLE (1993) und BHIDÉ (1993). Das Aufkeimen dieser Frage bestätigt eine allgemein formulierte Konvergenzhypothese von KRAHNEN (1993): Dadurch, daß der Markt selbst zur Institution wird, verschwindet auch die Bipolarität von marktbezogener Koordination und Bewertung einerseits und institutioneller Koordination und Vertragsgestaltung andererseits. Inwieweit es zulässig ist, unter diesen Bedingungen mit neoklassischen Analyseinstrumenten zu arbeiten, diskutiert WILHELM (1991).

3 Dieser hat bereits in den achtziger Jahren zu tiefgreifenden Veränderungen der Börsenlandschaft geführt, vgl. hierzu z.B. COHEN/MAIER/SCHWARTZ/WHITCOMB (1986), chapter 3, PAGANO/RÖELL (1990) oder HUANG/STOLL (1992). Angesichts des ständig an Fahrt gewinnenden Innovationstempos ist aber davon auszugehen, daß der größere und drastischere Teil der Umwälzungen noch bevorsteht. Mit Erfolgsaussichten, Organisation und Architektur computerisierter Wertpapiermärkte befassen sich z.B. HARRIS (1991), MADDEN (1993), ECONOMIDES/SCHWARTZ (1995), BORTENLÄNGER (1996) und SCHENK (1997).

paribus ist, desto kleiner sind die Kursveränderungen. Ein Wertpapier ist definitionsgemäß umso liquider, je geringer der marginale Einfluß ist, den ein unlimitierter Auftrag des Publikums auf den Gleichgewichtskurs des Wertpapiers hat. Hohe Konkurrenz geht demnach mit hoher Liquidität einher. Die vorliegende Arbeit verdeutlicht diese Interdependenz anhand eines Modells. In diesem Modell werden die ökonomischen Konsequenzen eines mehr oder weniger liquiden Marktes[4] für die am Transaktionsprozeß beteiligten Gruppen abgeleitet,[5] so daß die Anzahl der auf diesem Markt konkurrierenden Händler und mithin die Liquidität dieses Marktes endogen bestimmt werden kann.[6]

---

4 Die Liquidität des Marktes und die Liquidität eines Wertpapiers sind in der vorliegenden Arbeit Synonyme, da von einem Markt ausgegangen wird, auf dem nur ein Wertpapier gehandelt wird.

5 Mangels eines solchen Modells kommt RÖHRL (1996), S. 89 - 112, in einer in vieler Hinsicht richtungweisenden Arbeit, über die Feststellung nicht hinaus, daß einerseits die Wahrscheinlichkeit gegengleicher Orders mit wachsender Orderkonzentration zunimmt, was der Börse Züge eines natürlichen Monopols verleiht, andererseits aber nicht ausgeschlossen werden kann, daß fehlender Börsenwettbewerb zur Extraktion von Monopolrenten genutzt wird. Richtungweisend für die Beurteilung erwünschter und unerwünschter Wettbewerbsfolgen im Börsenwesen ist beispielsweise die auf MULHERIN/NETTER/OVERDAHL (1991) zurückgehende transaktionskostentheoretisch geprägte Sichtweise, Börsenkurse als Output des Unternehmens Börse zu betrachten. Vgl. hierzu die Beurteilung des Wettbewerbs zwischen preisfeststellenden Börsen und preisimportierenden Handelsplattformen bei RÖHRL (1996), S. 113 - 146. Die vorliegende Arbeit befaßt sich nicht mit Fragen des Wettbewerbs zwischen verschiedenen Börsen. Sie geht vielmehr generell davon aus, daß Liquiditätsanbieter auf einem einzigen Markt miteinander konkurrieren. Nichtzentralistischer Wettbewerb von Liquiditätsanbietern wird z. B. von ECONOMIDES/SIOW (1988) im Rahmen eines Transportkostenmodells oder von PAGANO (1989a) analysiert.

6 Andere wichtige Aspekte der Liquidität von Finanztitelmärkten, wie z.B. deren vermeintlich wachsende Bedeutung für die Anlageentscheidung institutioneller Investoren und damit auch für die Unternehmensfinanzierung, werden nicht behandelt. Die wachsende Bedeutung der Liquidität für die Anlageentscheidung institutioneller Investoren läßt sich mit dem wachsenden Performancedruck begründen, dem sich Fondsmanager ausgesetzt sehen. Diese Mutmaßung wird durch eine von SCHIERECK (1996) durchgeführte Erhebung gestützt, derzufolge die Liquidität das mit Abstand wichtigste Entscheidungskriterium für die Wahl des Börsenplatzes beim Handel institutioneller Investoren mit deutschen Aktien ist. Was die Unternehmensfinanzierung anbelangt, so sind bspw. AMIHUD/MENDELSON (1988) der Auffassung, daß Unternehmen in nennenswertem Umfang Kapitalkosten sparen können, wenn sie durch geeignete Maßnahmen für mehr Liquidität sorgen. Das allerdings setzt die Kenntnis der Wechselwirkungen zwischen Liquidität und Anlageentscheidung voraus. Als Beispiel für empirische Studien, die eine solche Wechselwirkung belegen, sei auf eine Arbeit von AMIHUD/MENDELSON (1986) hingewiesen, die einen positiven Zusammenhang zwischen bid-ask spreads und risikoadjustierten Rückflüssen börsennotierter Aktien beobachtet haben (Das gleichzeitig beobachtete Faktum eines mit wachsendem bid-ask spread schwächer werdenden positiven Zusammenhangs werten die Autoren als Indiz für einen Klienteleffekt. Ihre diesbezügliche These lautet: Je größer der bid-ask spread, desto größer ist der Anteil der Anleger, die davon weniger betroffen sind, weil sie den betreffenden Titel überdurchschnittlich lange in ihrem Besitz halten). Andere Bedeutungen des Begriffs Liquidität, wie z. B. die Liquidität von Vermögensgegenständen, spielen in der vorliegenden Arbeit ebenfalls keine Rolle. Die wohl meistzitierte Definition für die Liquidität von Vermögensgegenständen stammt von KEYNES (1930), S. 59, demzufolge ein Vermögensgegenstand dann liquider als ein anderer ist, wenn er innerhalb kürzerer Zeit mit größerer Wahrscheinlichkeit ohne Verlust veräußert werden kann. Eine auf nicht marktgängige Vermögensgegenstände gemünzte in den Kontext eines Suchmodells ein-

Als modelltheoretischer Rahmen für die Analyse der Interessen von Händlern und Publikum dient der vorliegenden Arbeit eine entsprechend interpretierte und erweiterte Version des Kapitalmarkt-Gleichgewichtsmodells mit rationalen Erwartungen.[7] Damit ist eine Reihe vereinfachender Annahmen hinsichtlich der individuellen Entscheidungssituation der Marktteilnehmer, die entweder dem Publikum oder den Händlern angehören, verbunden. Die Individualkalküle von Marktteilnehmern beider Gruppen werden in Abschnitt 2 dargestellt. Die dem Publikum zugehörigen Marktteilnehmer (Abschnitt 2.1) geben aus nicht näher spezifizierten individuell verschiedenen Gründen Kauf- oder Verkaufaufträge an den Markt. Sie haben direkten Zugang zum Markt und zahlen dafür keine Gebühren. Allerdings verzichten sie, um die Ausführung der Aufträge nicht zu gefährden, auf eine Limitierung und nehmen damit Preiszugeständnisse[8] zumindest in Kauf. Die Höhe der Preiszugeständnisse richtet sich zum einen nach der Überschußnachfrage des Publikums, also der Nachfrage nach Liquidität, und zum anderen nach dem Angebot an Liquidität. Dieses Angebot kommt von den Händlern (Abschnitt 2.2), die grundsätzlich bereit sind, als Kontrahenten einzuspringen, wobei diese Bereitschaft allerdings nicht uneigennützig ist, sondern voraussetzt, daß die Händler individuelle Optima realisieren. Diese erreichen sie, indem sie ihre kompletten Nachfragekurven einem Auktionator übermitteln. Da die Übermittlung einer Nachfragekurve einer extrem differenzierten Limitorderstrategie entspricht, wird dieser

---

gebettete operationale Interpretation dieser Definition findet sich bei LIPPMAN/MCCALL (1986). Die Liquidität materieller Vermögensgegenstände wird häufig an der Preisspanne zwischen Primär- und Sekundärmarkten gemessen, die vor allem unter den Gesichtspunkten der Irreversibilität und Flexiblität zu erklären ist, vgl. hierzu KRAHNEN/SCHMIDT/TERBERGER (1985) und KRAHNEN (1991).

7 Auf dem ursprünglichen Modell beruht der Beweis des sogenannten Informationsparadoxons von GROSSMAN/STIGLITZ (1980).

8 Anders als auf Auktionsmärkten - das sind Märkte, auf denen die Marktteilnehmer zuerst Aufträge abgeben, aus denen dann ein Kurs ermittelt wird (daher das angelsächsische Attribut *order driven*) - lassen sich die Preiszugeständnisse des Publikums auf Händlermärkten - das sind Märkte, auf denen market maker Geld- und Briefkurse stellen, zu denen die Marktteilnehmer verkaufen bzw. kaufen können (daher das angelsächsische Attribut *quote driven*) - unmittelbar an der Geld-Brief-Spanne ablesen (vgl. z.B. MADHAVAN (1992), PAGANO/RÖELL (1992) oder GERKE/RAPP (1994) zum Unterschied zwischen Auktions- und Händlermärkten). Der Gedanke, daß es sich bei der Geld-Brief-Spanne um ein Entgelt für die Bereitschaft professioneller Wertpapierhändler handelt, jederzeit als Kontrahent einzuspringen, findet sich bereits in der ebenso provokanten wie lesenswerten Stellungnahme von STIGLER (1964) zum sog. Cohen Report. Dennoch wird DEMSETZ (1968) vermutlich deshalb fast immer an erster Stelle langer Reihen von Beiträgen genannt, die sich mit der Erklärung des bid-ask spread beschäftigen (vgl. hierzu beispielsweise den Überblick bei COHEN/MAIER/SCHWARTZ/WHITCOMB (1979) sowie HO/STOLL (1981), STOLL (1989), GLOSTEN/MILGROM (1985), KYLE (1985), GLOSTEN (1989), PECK (1990) und MANN/RAMANLAL (1996)), weil er den Begriff *cost of immediacy* geprägt hat. Die Bedeutung der Geld-Brief-Spanne und anderer Transaktionskostenkomponenten und Kostenarten für den Anlegerschutz diskutiert SCHMIDT (1983). GROSSMAN/MILLER (1988) haben vorgeführt, daß man die Preiszugeständnisse des Publikums bzw. *cost of immediacy* auch auf einem Auktionsmarkt analysieren kann.

Mechanismus im folgenden auch als *Walrasianische Limitorderauktion* bezeichnet.

In Abschnitt 3 wird die sich im Gleichgewicht einstellende Liquidität des gehandelten riskanten Wertpapiers bei exogen gegebener Anzahl von risikoaversen Händlern analysiert. Dabei wird zunächst unterstellt, daß die Händler der Fiktion vollkommener Konkurrenz unterliegen. Obwohl diese Fiktion in Verbindung mit der Annahme uneingeschränkter persönlicher Liquidität der Händler für ein übertriebenes Maß an Wettbewerb unter den Händlern sorgt, zeigt sich, daß das Publikum Preiszugeständnisse machen muß, sobald der Handel mit dem Publikum zu spürbaren Bestandsveränderungen bei den einzelnen Händlern führt. Ursächlich für dieses Resultat ist die Risikoaversion der Händler; sie alleine verhindert, daß Liquidität kostenlos angeboten wird. Der Bremsmechanismus funktioniert sehr einfach: Wenn das Publikum per saldo anbietet, müssen die Wertpapierhändler ihre Bestände aufstocken, damit der Angebotsüberhang neutralisiert werden kann. Dazu sind risikoaverse Händler nur bereit, wenn sie eine höhere Risikoprämie erhalten. Dies erfordert ceteris paribus, daß der Wertpapierkurs fällt. Für den Fall, daß das Publikum per saldo nachfragt, funktioniert der Mechanismus analog: Um den dadurch ausgelösten Nachfrageüberhang abzubauen, müssen die Wertpapierhändler ihre Bestände abbauen. Dazu sind sie jedoch nur bereit, wenn sich die Risikoprämie entsprechend verringert. Dies erfordert ceteris paribus, daß der Wertpapierkurs steigt.[9]

---

9 Im Modell läßt sich die Liquidität - das ist definitionsgemäß der marginale Kurseinfluß, den ein unlimitierter Auftrag des Publikums auf den Gleichgewichtskurs hat - unmittelbar *messen*. Auf realen Märkten ist die Liquiditätsmessung allerdings problematisch. Das hat im wesentlichen zwei Ursachen: Zum einen lassen sich bestenfalls Mutmaßungen über die Motive von Transaktionen anstellen, die zu beobachtbaren Kursveränderungen geführt haben. Wie zuverlässig diese Mutmaßungen sind, ist eine Frage der Markttransparenz, i.e. der Informationen über die Struktur von Angebot und Nachfrage. Zum anderen kann man die in theoretischen Modellen als Referenz für die Bestimmung von Kursveränderungen dienenden Gleichgewichtskurse, das sind Kurse die i.d.R. durch die *Abwesenheit* von Transaktionen definiert sind, grundsätzlich nicht beobachten. Man begegnet diesem Problem in der Literatur teils mit ad hoc Annahmen - so wird auf Händlermärkten i.d.R. davon ausgegangen, daß der Fundamentalwert die Mitte der sogenannten Marktspanne markiert (vgl. hierzu z.B. SCHMIDT/IVERSEN/TRESKE (1993)), was allerdings nicht unproblematisch ist (vgl. hierzu MANN/RAMANLAL (1996)) -, teils mit Meßkonzepten, die das Problem des fehlenden Referenzwertes konsequent umgehen (vgl. hierzu ROLL (1984) und darauf aufbauend HASBROUCK/ SCHWARTZ (1988)) und teils, indem man versucht, die Liquidität in den mehr oder weniger *beobachtbaren* Dimensionen Tiefe, Breite, Zeit und Ausgleichskraft zu messen (vgl. hierzu z.B. BERNSTEIN (1987), COLLINS/FABOZZI (1991) oder OESTERHELWEG/SCHIERECK (1993)). Eine systematische Beurteilung der in der Literatur verwendeten Meßkonzepte findet sich bei KEMPF (1998), der zu dem Ergebnis kommt, daß das ideale Meßkonzept erst noch erfunden werden muß. Sicherlich nicht ideal ist das Meßkonzept von COOPER/GROTH/AVERA (1985), S. 25. Dort wird die Liquidität durch den Quotienten aus Handels*volumen* und absoluter Preisänderung gemessen, obwohl Preisänderungen nur durch Angebots- bzw. Nachfrageüberhänge ausgelöst werden.

In Abschnitt 3.1 wird die Annahme vollkommener Konkurrenz durch die Annahme eines symmetrischen Nash-Gleichgewichts ersetzt. Die Folgen sind ambivalent: Einerseits nimmt die Liquidität bei gegebener Partizipation ab, weil sich die Händler ein gewisses Maß an strategischer Zurückhaltung auferlegen, um den Kurs nicht zu weit in die falsche Richtung zu treiben. Andererseits nimmt die Liquidität mit jedem zusätzlichen Händler aufgrund eines Rückkopplungseffektes vergleichsweise stärker zu als bei vollkommener Konkurrenz, weil das Nash-Gleichgewicht impliziert, daß die Händler im Bewußtsein der Tatsache handeln, daß sie sich wechselseitig Liquidität zur Verfügung stellen.

In Abschnitt 3.2 werden die beiden sich bezüglich der Marktform unterscheidenden Basismodelle um den Einfluß asymmetrischer Information erweitert. In Teilabschnitt 3.2.1 (vollkommene Konkurrenz) und 3.2.2 (unvollkommene Konkurrenz) erhält ein Teil der Händler (Insider) zwischenzeitlich, d.h. zwischen dem Zeitpunkt der Betrachtung und dem Zeitpunkt des Handels, eine Information, so daß sie den Fundamentalwert vergleichsweise präziser prognostizieren können als die anderen Händler (Outsider). Infolgedessen werden die ex ante erwarteten Deckungsbeiträge der Händler aus dem Handel mit dem Publikum von einem Umverteilungseffekt überlagert. Die Antizipation dieses Umverteilungseffektes durch die Händler macht asymmetrische Information zu einem für alle am Transaktionsprozeß beteiligten Gruppen wichtigen Wettbewerbsfaktor, der für das Publikum sowohl positive wie auch negative Aspekte besitzt. Der für das Publikum positive Aspekt (Informationsfluß) besteht darin, daß sich die Nachfrage der Händler, die dank neuer Informationen präzisere Vorstellungen über den Fundamentalwert entwickeln, stärker am Fundamentalwert und weniger am Bestandsrisiko orientiert. Der für das Publikum negative Aspekt (Informationsgefälle) besteht darin, daß die Outsider ihre Vorstellungen über den Fundamentalwert an den Börsenkurs anpassen, was sich grundsätzlich negativ auf die Transaktionsbereitschaft auswirkt. Um diese beiden Aspekte gut nachvollziehbar gegeneinander aufwiegen zu können, erfahren die grundlegenden Arbeiten von GROSSMAN/STIGLITZ (1980) (vollkommene Konkurrenz) bzw. KYLE (1989) (unvollkommene Konkurrenz) in den Teilabschnitten 3.2.1 bzw. 3.2.2 eine erheblich modifizierte Darstellung. Diese Darstellung läßt die Interessen der am Transaktionsprozeß beteiligten Gruppen aus der Sicht vor Aufnahme des Handels sehr viel deutlicher werden als die bislang existierende Literatur.[10] Wie in der zugrundeliegenden

---

10 Man vergleiche dazu die vorliegende Arbeit mit denjenigen von GROSSMAN/STIGLITZ

Literatur wird dabei vorausgesetzt, daß die Händler ex ante vollständig über Anzahl und alle kursbeeinflussenden persönlichen Merkmale konkurrierender Händler, wie z.B. Risikoaversion und Informationsstatus, sowie über die zu erwartende Liquiditätsnachfrage des Publikums informiert sind. Teilabschnitt 3.2.3 erweitert die Analyse aus 3.2.1, indem hier die Insider unterschiedliche Signale erhalten.

Der folgende Abschnitt 3.3 widmet sich dem Liquiditätseffekt zusätzlicher Informationen über die Struktur von Angebot und Nachfrage. Nach allgemeinem Sprachgebrauch erhöhen diesbezügliche Informationen die Transparenz des Marktes.[11] Ohne näher auf institutionelle Rahmenbedingungen einzugehen, wird der Fall untersucht, daß es einem Teil des Publikums (sunshine traders) gelingt, seinen garantiert nicht auf einen Informationsvorsprung zurückzuführenden Transaktionsbedarf offenzulegen. Dabei zeigt sich, daß die zusätzliche Transparenz den sunshine traders nutzt und dem restlichen Publikum schadet.[12] Sie nutzt den sunshine traders, weil sie den Börsenkurs zu einem für die Outsider informativeren Signal macht und damit für mehr Konkurrenz sorgt, und sie schadet dem restlichen Publikum, weil alle nicht explizit offengelegten Transaktionen unter verstärktem Insiderhandelsverdacht stehen. Leider läßt sich dieses Resultat nicht ohne weiteres auf Preisfeststellungsmechanismen übertragen, bei denen die Händler nicht sicher sein können, daß sie die bei gegebenem Kurs gewünschte Stückzahl an Wertpapieren auch tatsächlich erhalten. Dieses wird deutlich, wenn man das Problem asymmetrischer Information ausklammert und sich in die Situation von Liquiditätsanbietern versetzt, die nicht ihre komplette Nachfragefunktion übermitteln können, also keine extrem differenzierte Limitorderstrategie

---

(1980), GROSSMAN/MILLER (1988), KYLE (1989), GENNOTTE/LELAND (1990), LELAND (1992) sowie mit den didaktisch aufbereiteten Darstellungen einiger der obengenannten Beiträge bei O'HARA (1995) und BIAIS/ROCHET (1997). Die vorliegende Arbeit ist mithin auch als Beitrag zum besseren Verständnis eines zentralen Paradigmas der modernen Kapitalmarkttheorie zu verstehen, das aufgrund seines Erklärungsgehaltes verstärkten Eingang in die Lehrbuchliteratur verdient hätte, aber vermutlich aufgrund seiner Komplexität auch zwanzig Jahre nach Publikation der ersten Ansätze (vgl. KIHLSTROM/MIRMAN (1975) und GROSSMAN (1976)) noch nicht gefunden hat.

11 Zuweilen wird zwischen Vor-Handels- und Nach-Handels-Transparenz unterschieden. Vor-Handels-Transparenz bezieht sich auf Informationen über die Struktur von Angebot und Nachfrage, und Nach-Handels-Transparenz bezieht sich auf Informationen über ausgeführte Geschäfte. Nach-Handels-Transparenz ist trotz nicht auszuschließender Interessenkonflikte vor dem Hintergrund des übergeordneten Anlegerschutzes eindeutig positiv zu bewerten. Beispiele für Interessenkonflikte im Zusammenhang mit der Nach-Handels-Transparenz und strategisches Verhalten im Zusammenhang mit der Vor-Handels-Transparenz finden sich z.B. bei RUDOLPH (1994).

12 Daß die Gegenwart zum Selbsteintritt berechtigter Börsenmakler (dual capacity trading) bei RÖELL (1990) vergleichbare Konsequenzen hat, läßt sich damit erklären, daß solche Börsenmakler Aufträge von sunshine traders bevorzugt durch Selbsteintritt abwickeln und andere Aufträge vorzugsweise an die Börse weiterleiten.

betreiben können, sondern nur jeweils einen limitierten Auftrag über eine bestimmte Stückzahl geben können.[13] In diesem Fall, in dem sich ein Liquiditätsanbieter nicht sicher sein kann, ob seine Limitorder zur Ausführung gelangt (Transaktionsunsicherheit), nimmt die Konkurrenz der Liquiditätsanbieter mit wachsender Transparenz ab.[14] Erklären läßt sich diese Behauptung mit Erkenntnissen über das Verhalten risikoaverser Bieter in einer Auktion,[15] deren Entscheidungssituation mit der oben beschriebenen Entscheidungssituation von Liquiditätsanbietern vergleichbar ist. Es kann gezeigt werden, daß risikoaverse Bieter ihre strategisch bedingte Zurückhaltung mit zunehmender Unsicherheit über die Reservationspreise konkurrierender Mitbieter lockern, um dem wachsenden Risiko entgegenzutreten, durch ein zu niedriges Gebot eine nutzensteigernde Transaktionsgelegenheit zu verpassen.[16] Die zunehmende Unsicherheit über die Reservationspreise konkurrierender Mitbieter kann mit abnehmender Transparenz gleichgesetzt werden und umgekehrt, woraus folgt, daß die Konkurrenz mit wachsender Transparenz abnimmt.[17]

Abschnitt 3.4 setzt sich mit den Auswirkungen von Unsicherheit über den Transaktionskurs auf die Liquidität auseinander. Die Analyse ist in den Kontext eines in der

13 HO/SCHWARTZ/WHITCOMB (1985) kommen für diesen Fall zu dem Ergebnis, daß die Marktteilnehmer im Falle eines Wertpapierkaufs mit einem über dem erwarteten Marktpreis liegenden Limit und einem gemessen an der Stückzahl, die sie bei Transaktionssicherheit zu diesem Kurs nachfragen würden, höheren Auftragsvolumen reagieren. Das höhere Limit ist eine Reaktion auf das Risiko der Nichtausführung und das höhere Volumen ist eine Reaktion auf die Tatsache, daß ein unter dem Limit liegender Kurs erwartet wird. Vgl. hierzu auch die Darstellung des Modells von Ho/Schwartz/ Whitcomb bei LÜDECKE (1996), S. 54 - 68.

14 Transparenz und Transaktionssicherheit sind wesentliche Eigenschaften bestimmter Marktorganisationsformen. Die Erforschung der Auswirkungen dieser und anderer Eigenschaften von Marktorganisationsformen auf Liquidität, Informationseffizienz und Risikoallokation eines Marktes hat sich mittlerweile zu einer eigenständigen wirtschaftswissenschaftlichen Teildisziplin entwickelt, die unter dem Namen *Marktmikrostrukturtheorie* bekannt ist. Vgl. SPATT (1991), FRANKE (1993), GERKE/RAPP (1994), O'HARA (1995), LÜDECKE (1996) und RUDOLPH/RÖHRL (1997), S. 191 - 200, zum Gegenstand und zur Bedeutung dieses noch jungen Forschungszweiges.

15 Vgl. z.B. RILEY (1989) zu Grundlagen der Auktionstheorie.

16 Vgl. hierzu RILEY/SAMUELSON (1981).

17 Die zum Teil konträren Resultate in der Literatur spiegeln die Kontextabhängigkeit des Zusammenhangs zwischen Liquidität und Transparenz wider, vgl. hierzu z.B. PAGANO/RÖELL (1996) und die Kritik von MADHAVAN (1996), S. 259, an deren Vorgehensweise. BIAIS (1993), der die Auswirkungen einer im Vergleich zu fragmentierten Märkten höheren Transparenz von zentralisierten Märkten analysiert, kommt zu dem Ergebnis, daß das höhere Maß an Transparenz auf zentralisierten Märkten für die Liquidität weitgehend irrelevant ist. Da Biais' Modell eine Adaption des auktionstheoretischen Paradigmas darstellt, darf vermutet werden, daß die Diskrepanz zwischen seinem Resultat und der im Text gegebenen Begründung auf das Konto einer linearen Approximation geht, ohne die das Irrelevanzresultat - wie BIAIS (1993), S. 173, selbst einräumt - keinen Bestand hat.

Tradition von KYLE (1984) stehenden Händlermarktes eingebettet, auf dem mit einem Informationsvorsprung versehene rational agierende Liquiditätsnachfrager mit dem Publikum um die von einem market-maker angebotene Liquidität konkurrieren. Es wird gezeigt, daß Unsicherheit über den Transaktionskurs positive und negative Auswirkungen auf die Liquidität haben kann: Positiv wirkt sich aus, daß in der Informationsasymmetrie begründete strategische Erwägungen an Bedeutung verlieren, wenn die bestehende Unsicherheit über den Transaktionskurs ins Bewußtsein der rational agierenden Liquiditätsnachfrager rückt. Negativ wirkt sich aus, daß die disziplinierende Wirkung antizipierter Konkurrenzreaktionen geschwächt wird. Wie schwer dieser negative Aspekt wiegt, ist letztlich eine Frage der zahlenmäßigen Konkurrenz zwischen den besser informierten Liqudititätsnachfragern. Ist diese eher klein, dann dominiert der positive Effekt, und ist diese eher groß, dann dominiert der negative Effekt der Unsicherheit über den Transaktionskurs.

Es darf davon ausgegangen werden, daß die in den Abschnitten 3.3 und 3.4 aufgezeigten Effekte über die jeweils zugrundeliegenden Modellrahmen hinaus von Bedeutung sind; inwieweit sie bei tatsächlichen Preisfeststellungsmechanismen zum Tragen kommen, muß natürlich im Einzelfall geprüft werden.

Abschnitt 4 geht davon aus, daß eine notwendige Investition in die Infrastruktur einer Börse von deren Mitgliedern, die im Handel mit dem Publikum als Konkurrenten auftreten, gemeinsam finanziert werden muß. Es kommen insgesamt vier Effekte zum Tragen: Erstens nimmt mit jedem zusätzlichen Börsenmitglied die anteilige Investitionsauszahlung ab (Kostenteilung). Zweitens reduziert sich der bei gegebener Liquidität auf ein einzelnes Börsenmitglied entfallende Anteil am zu erwartenden Gesamtdeckungsbeitrag aus dem Handel mit dem Publikum (Erlösteilung). Drittens sorgt die zunehmende Anzahl von Händlern für mehr Konkurrenz auf der Handelsebene und mithin für mehr Liquidität, was bei gegebenem erwartetem Handelsvolumen einer Beschneidung des insgesamt erwarteten Gesamtdeckungsbeitrages (Verteilungsspielraum) der Händler gleichkommt. Und viertens ist zu bedenken, daß risikoaverse Händler in der Beteiligung eines weiteren Börsenmitglieds an einer Infrastrukturinvestition eine willkommene Streuung des damit verbundenen Investitionsrisikos sehen (Risikoteilung), was sich in einer unterschiedlichen Bewertung des Kosten- und Erlösteilungseffektes manifestiert.[18] Im Mittelpunkt des vierten Abschnitts steht die

---

18 Wie man die Anzahl der Liquiditätsanbieter und mithin die Liquidität unter sonst identischen Rahmenbedingung endogen bestimmt, wenn die Kosten der Teilnahme am Handel für den einzelnen

Bestimmung der gleichgewichtigen Anzahl von Börsen*mitgliedern*, die als Börsen*händler* Liquidität zur Verfügung stellen,[19] wobei die Fälle freien und reglementierten Marktzutritts miteinander verglichen werden. Im ersten Fall kann jeder Händler Börsenmitglied werden, wenn er bereit ist, sich an der Anschaffungsauszahlung für eine Investition zu beteiligen. Im zweiten Fall muß zusätzlich noch ein bereits am Markt tätiger Händler die Mitgliedschaft billigen. Es wird sowohl vollkommene Konkurrenz (Abschnitt 4.2) als auch unvollkommene Konkurrenz (Abschnitt 4.3) auf der Handelsebene betrachtet. Außerdem wird mit Blick auf die Tatsache, daß die Händler in der Realität nachhaltige Einkünfte erzielen, ein zweiter Handelszeitpunkt (Abschnitt 4.4) eingeführt.

In den Resultaten des vierten Abschnitts dieser Arbeit spiegelt sich ein grundlegender Zusammenhang zwischen Konkurrenz auf der Handelsebene und Konkurrenz auf der Markteintrittsebene.[20] Dieser Zusammenhang steht auch im Zentrum der Diskussion um die disziplinierende Wirkung des Wettbewerbs *um* den Markt bei fehlendem Wettbewerb *im* Markt, die sich im Zuge des Antitrustverfahrens gegen den einstigen Tele-

Händler vollkommen exogen sind, wurde bereits von GROSSMAN/MILLER (1988) gezeigt. Deren Darstellung läßt allerdings die das Gleichgewicht austarierenden Effekte nicht unmittelbar erkennen. Nur so läßt sich z.B. die folgende Aussage von GROSSMAN/MILLER (1988) erklären: "That number [of market makers, Anm. d. Verf.] would also be larger, of course, the smaller the risk aversion parameter *a* for the market makers." (S. 627). Bedenkt man, daß der erwartete Deckungsbeitrag aus dem Handel mit dem Publikum aufgrund der mit abnehmender Risikoaversion der Händler schärfer werdenden Konkurrenz mit abnehmender Risikoaversion ebenfalls kleiner wird, so erscheint dieses Resultat keineswegs selbstverständlich, sondern eine Folge der Tatsache, daß die abnehmende Bedeutung des Investitionsrisikos stärker wiegt als die Beeinträchtigung des erwarteten Deckungsbeitrags aus dem Handel mit dem Publikum. Dabei stellt die Beteiligung an den Infrastrukurinvestitionen deshalb ein Risiko dar, weil den annahmegemäß sicheren Investitionsauszahlungen unsichere Handelsgewinne gegenüberstehen. Weitere Beispiele für eine Endogenisierung der Partizipation von Liquiditätsanbietern bei vollkommen exogenen Kosten der Partizipation am Handel finden sich z.B. bei PAGANO (1989a), (1989b) und BIAIS (1993), section IV B. Biais gelangt zu den Schlußfolgerungen, daß die gleichgewichtige Anzahl von Börsenhändlern a) mit dem Handelsvolumen zunimmt; b) mit den fixen Kosten der Teilnahme am Handel abnimmt und c) mit der Volatilität zunimmt. Aussage a) ist eine Folge der sich mit einer Erhöhung des erwarteten Handelsvolumens verbessernden Einkommenssituation der Händlerschaft insgesamt. Aussage b) ist eine Folge der sich mit einer Erhöhung der fixen Kosten der Marktpräsenz verschlechternden Einkommenssituation eines jeden Händlers und c) ist eine Folge der mit wachsendem Fundamentalrisiko abnehmenden Konkurrenz auf der Handelsebene.

19 Der Zusammenhang zwischen Händlerpartizipation und Liquidität ist keinesweg von rein akademischem Interesse. Ihrer besseren Beobachtbarkeit wegen wird die Händlerpartizipation sowohl von Interessenvertretern, vgl. hierzu z.B. STIER (1994), als auch in sehr praxisnahen Detailanalysen von Marktorganisationsformen als Proxyvariable für die Liquidität verwendet, vgl. hierzu MASSIMB/PHELPS (1994).

20 Vgl. hierzu v. WEIZÄCKER (1980), der in diesem Zusammenhang den Begriff Metakonkurrenz geprägt hat, was im Kontext dieser Arbeit bedeutet, daß die Konkurrenz um einen Börsensitz mit der Konkurrenz auf dem Parkett konkurriert, wenn es darum geht, den Markt mit Liquidität zu versorgen.

kommunikationsmonopolisten AT&T Anfang der achtziger Jahre zur sog. *contestable markets theory* entwickelt hat.[21] Grundsätzlich gilt: Je weniger Konkurrenz auf der Handelsebene, desto mehr Konkurrenz auf der Markteintrittsebene. Gibt es keine Markteintrittsbarrieren,[22] dann sorgt beispielsweise die als Reaktion auf ceteris paribus nachlassende Konkurrenz auf der Handelsebene zunehmende Konkurrenz auf der Markteintrittsebene für einen vergleichsweise liquideren Markt, wenn die Händler rational genug sind, zurückhaltender zu disponieren als es Preisnehmer unter vergleichbaren Umständen tun würden. Letztlich kommt dem Publikum dabei zugute, daß die verstärkte Zurückhaltung auf der Handelsebene eine breitere Streuung des Investitionsrisikos ermöglicht. Dieses aus der Sicht des Publikums erfreuliche Resultat hat allerdings auch eine weniger erfreuliche Kehrseite: Der Anreiz, den Marktzutritt zu beschränken, wird durch die rational begründete Zurückhaltung der Händler noch verstärkt. Noch etwas abstrakter läßt sich diese Ambivalenz wie folgt formulieren: Rationales Verhalten verbessert die Funktionstüchtigkeit des Marktes, schafft aber gleichzeitig verstärkte Anreize, die Voraussetzung zu zerstören, auf der dieses Resultat basiert. Diese Überlegung mag als Beleg dafür genügen, daß die Möglichkeit, die vier oben dargestellten miteinander verzahnten Effekte im Rahmen eines konsistenten Kalküls gegeneinander abzuwägen, nicht nur an sich reizvoll, sondern auch von ordnungspolitischer Relevanz ist. So spricht im Lichte der modelltheoretischen Überlegungen des vierten Abschnitts dieser Arbeit beispielsweise wenig dafür, daß die Sorge um Wettbewerbsbeschränkungen auf der Marktzugangsebene schon deswegen unbegründet ist, weil die Verteilung der Kosten- und Risiken des weiterhin zunehmenden Einsatzes von Informations- und Kommunikationstechnologie in hinreichendem Umfang für freiwillige Konkurrenz auf der Handelsebene sorgt.

21 Vgl. hierzu BAUMOL/PANZAR/WILLIG (1982), WINDISCH (1987), Kapitel III, und TIROLE (1988), chapter 8.

22 Die contestable markets theory spricht in diesem Fall von *perfectly contestable* markets.

# 2 Institutionelle Arrangements und Verhaltensweisen der Marktteilnehmer im Handel

In dem für die vorliegende Arbeit grundlegenden Modell und seinen Erweiterungen wird stets davon ausgegangen, daß sich die möglichen Finanztransaktionen aller Beteiligten im Erwerb bzw. in der Veräußerung riskanter Titel eines einzigen Emittenten einerseits sowie in der Kassenhaltung bzw. Aufnahme zinsloser[23] Kredite andererseits erschöpfen.

Für das Grundmodell sind nur die Zeitpunkte $t = 0, 1, 2$ relevant. Der Zeitpunkt $t = 0$ ist der Zeitpunkt, in dem entschieden wird, ob ein Markt für den riskanten Titel eingerichtet wird. Die Einrichtung eines Marktes macht den Erwerb eines Handels- und Abwicklungssystems erforderlich. Dafür ist eine Anschaffungsauszahlung in Höhe von $z_0$ zu entrichten. Im Zeitpunkt $t = 1$ wird der riskante Titel zum Börsenkurs $P_1$ gehandelt, wenn im Zeitpunkt $t = 0$ die technischen Voraussetzungen für den Handel geschaffen werden. Im Zeitpunkt $t = 2$ wird das Unternehmen, welches die riskanten Titel emittiert hat, liquidiert. Dabei entfällt auf jeden Titel ein Liquidationserlös in Höhe von $P_2$.

Triebfeder des Wertpapierhandels und Anlaß für die Errichtung von Märkten ist eine Gruppe von Leuten, die zumindest zum Teil bereits Anteilseigner sind. Für diese Leute kommt, wenn sie denn handeln, nur die sofortige Ausführung ihrer Kauf- oder Verkauforder in Frage, sei es, weil sie das Risiko zwischenzeitlicher Kurserhöhungen ausschließen wollen, sei es, weil sie dringend Geld benötigen. Diese Gruppe von Leuten wird als das Publikum bezeichnet. Da alle Marktteilnehmer aus dem Kreise des Publikums unbedingt sofort handeln[24] möchten, geben sie stets unlimitierte Aufträge und dokumentieren damit ihre prinzipielle Bereitschaft zu Preiszugeständnissen.

Diese Bereitschaft weckt bei bis auf eventuelle Unterschiede in der Risikoaversion

---

23 Die Annahme eines sicheren Zinssatzes von Null stellt keine Beschränkung der Allgemeinheit dar, weil sich Umverteilungseffekte - und die sind von tragender Bedeutung für das Modell - bereits bei einem Minimum an Konkurrenz nur in Verbindung mit risikobehafteten Zahlungen realisieren lassen.

24 Eine ökonomische Analyse verschiedener Handelsstrategien findet sich in SCHWARTZ (1988), chapter 8.

identischen potentiellen Wertpapierhändlern ein Interesse daran, einen Markt zu organisieren, auf dem sie jederzeit Geschäfte mit dem Publikum machen können.

Das Publikum und die Wertpapierhändler zeichnen sich durch ein sehr unterschiedliches Verhalten aus. Das Verhalten des Publikums erscheint nach außen hin rein zufällig und wird dementsprechend durch Zufallsvariablen repräsentiert, die vom Liquidationserlös stochastisch unabhängig sind.[25] Die Wertpapierhändler, die sich im übrigen gegenseitig ganz genau einschätzen können, entscheiden im Einklang mit dem Bernoulli-Prinzip, was unter den getroffenen Annahmen in eine linear an Abweichungen des Börsenkurses vom erwarteten Liquidationserlös anknüpfende Strategie mündet.

Im folgenden Abschnitt 2.1 wird zunächst eine formal präzise Beschreibung des Verhaltens des Publikums gegeben. Daran schließt sich in Abschnitt 2.2 eine formal präzise Beschreibung des Verhaltens der Wertpapierhändler an.

---

25 TIROLE (1981), Proposition 1, nennt vier Bedingungen, von denen wenigstens eine erfüllt sein muß, damit in einem Gleichgewicht mit rationalen Erwartungen überhaupt Handel stattfindet: (a) Risikofreude bei einigen Marktteilnehmern; (b) Divergierende a priori Erwartungen; (c) Umverteilungseffekte aufgrund der Bereitschaft von Preiszugeständnissen bei einigen Marktteilnehmern oder (d) Risikoteilungsüberlegungen. Dies unterstreicht noch einmal die fundamentale Bedeutung der Bereitschaft des Publikums zu Preiszugeständnissen für das Zustandekommen organisierter Märkte.

In Gleichgewichten mit rationalen Erwartungen und asymmetrisch verteilter Information, wie z.B. bei GROSSMAN (1976), (1977) und GROSSMAN/STIGLITZ (1980) verhindert der durch das Publikum erzeugte "noise" zudem, daß das Preissystem eindeutige Rückschlüsse auf die private Information zuläßt, die über die Nachfrage der privat informierten Marktteilnehmer Eingang in das Preissystem findet. Wenn die Beschaffung von Informationen Kosten verursacht, würde andernfalls kein Gleichgewicht existieren. Charakteristisch für den von Grossman entwickelten Modelltyp ist, daß Zufallseinflüsse letztlich nur die passive Kulisse für rational agierende Marktteilnehmer bilden. Unter diesen Umständen dominieren die rational agierenden Marktteilnehmer das Marktgeschehen.

Ein anderer Zweig der Literatur befaßt sich mit dem Einfluß von Marktteilnehmern, die lösgelöst von fundamentalen Entwicklungen aktive Strategien verfolgen. MENKHOFF/RÖCKEMANN (1994) unterscheiden in diesem Sinne zwischen individuell anomalem Verhalten (statt passivem Verhalten) und gruppeninteraktivem Verhalten (statt aktivem Verhalten). Dabei wird nicht ausgeschlossen, daß die losgelöst von fundamentalen Entwicklungen agierenden Marktteilnehmer weitaus stärker von selbstinitiierten Kurstrends profitieren als fundamental orientierte Marktteilnehmer, so daß irrationale Elemente letzlich die Oberhand über das Marktgeschehen gewinnen, wie z.B. bei DeLONG/ SHLEIFER/SUMMERS/WALDMANN (1990). Kritiker wenden ein, daß sich auf diese Weise jede gewünschte Aussage über das Preissystem durch entsprechende Annahmen über das Verhalten der "noise trader" herbeiführen läßt. Diesem Einwand halten die Protagonisten dieser Form der Modellbildung entgegen, daß sie empirische Phänomene erklären können, für die die Vertreter der "reinen Lehre" keine Erklärung besitzen, vgl. hierzu SHLEIFER/SUMMERS (1990).

## 2.1 Das Publikum als Liquiditätsnachfrager mit der Bereitschaft zu Preiszugeständnissen

Das Publikum setzt sich aus insgesamt $m$ Marktteilnehmern zusammen. Jeder Marktteilnehmer aus dem Kreise des Publikums gibt eine unlimitierte Börsenorder über $S_j \in \mathbb{R}$ Stücke. Bei positiver Stückzahl handelt es sich um eine Kauforder und bei negativer Stückzahl handelt es sich um eine Verkaufsorder. Für potentielle Wertpapierhändler sind die Transaktionen des Publikums im Zeitpunkt $t = 0$ auf der Basis der diesen dann zu Verfügung stehenden Informationen $I_0$ nicht mit Sicherheit vorhersehbar. Die Wertpapierhändler erwarten indes zutreffenderweise, daß für sämtliche Marktteilnehmer $j,\ k = 1 \ldots m$ aus dem Kreise des Publikums und $j \neq k$ gilt:

$$E(S_j \mid I_0) = \operatorname{cov}(S_j, S_k \mid I_0) = \operatorname{cov}(S_j, P_2 \mid I_0) = 0 \tag{2.1}$$

und

$$\operatorname{var}(S_j \mid I_0) = \operatorname{var}(S \mid I_0)\ . \tag{2.2}$$

Gemäß (2.1) ist von den folgenden Annahmen auszugehen:

Erstens ist von jedem Marktteilnehmer aus dem Kreise des Publikums im Mittel weder Nachfrage noch Angebot zu erwarten.

Zweitens sind die Transaktionen verschiedener Marktteilnehmer aus dem Kreise des Publikums unkorreliert.

Und drittens sind die Transaktionen des Publikums nicht mit dem in $t = 2$ anfallenden Liquidationserlös $P_2$ korreliert.

Gemäß (2.2) streut die georderte Stückzahl bei allen Marktteilnehmern aus dem Kreis des Publikums gleich stark.

Eine erwartete Stückzahl von Null besagt nicht, daß zu erwarten wäre, daß das Publikum den Markt nicht in Anspruch nimmt. Insbesondere dann, wenn man eine stetige Verteilung der Stückzahlen $S_j$ unterstellt, ist die Nachfrage jedes einzelnen Marktteilnehmers fast sicher von Null verschieden. Die erwartete Stückzahl von Null kommt nur dadurch zustande, daß bei der Berechnung des Erwartungswertes positive und negative Stückzahlen, d.h. mögliche Käufe und Verkäufe, miteinander saldiert werden. Erwartungen darüber, wie ausgiebig das Publikum den Finanztitelmarkt in Anspruch nehmen wird, sind am erwarteten Umsatz und nicht an der erwarteten Stückzahl zu messen. Der erwartete Umsatz läßt sich wie folgt bestimmen: Die individuell georderten Stückzahlen sind identisch verteilt und stochastisch voneinander unabhängig.[26] Daher ist die gesamte Nettonachfrage des Publikums

$$D_P := \sum_{j=1}^{m} S_j \qquad (2.3)$$

nach dem zentralen Grenzwertsatz[27] normalverteilt mit einem Erwartungswert von Null und einer Varianz, die der $m$-fachen Varianz der individuell georderten Stückzahl entspricht, wenn man von einer hinreichend großen zahlenmäßigen Stärke des Publikums ausgehen darf. Es ist üblich, diesen Sachverhalt in Verbindung mit der Kurzschreibweise

$$\sigma_D^2 := \text{var}(D_P \mid I_0) = m \cdot \text{var}(S \mid I_0) \qquad (2.4)$$

wie folgt zu notieren

$$D_P \sim \text{N}(0, \sigma_D^2).$$

Sei $Z$ eine N( 0, 1 )-verteilte, sprich standardnormalverteilte, Zufallsvariable, dann kann man die gesamte Nettonachfrage auch wie folgt darstellen

$$D_P = \sigma_D \cdot Z .$$

Das in $t = 0$ erwartete Volumen der Transaktionen zwischen dem Publikum und den Wertpapierhändlern beläuft sich daher auf

---

26 Diese Annahme wird in der angelsächsischen Literatur gewöhnlich als i.i.d. (independently indentically distributed) Annahme bezeichnet.

27 Vgl. bspw. CHUNG (1978), 224 - 248.

$$E(|D_P| \mid I_0) = \sigma_D \cdot E(|Z|) \ .$$

Nun ergibt sich in Verbindung mit der Definition

$$f'(x) := \frac{df}{dx}$$

für die erste Ableitung irgendeiner differenzierbaren Funktion f( $x$ ) für die Dichtefunktion einer standardnormalverteilten Zufallsvariablen[28]

$$n(z) := \frac{1}{\sqrt{2\pi}} \cdot \exp(-\frac{1}{2} \cdot z^2)$$

wegen der Symmetrie der Normalverteilung die Beziehung

$$E(|Z|) = 2 \cdot \int_0^\infty z \cdot n(z)\, dz$$

$$= -2 \cdot \int_0^\infty n'(z)\, dz$$

$$= -2 \cdot n(z) \Big|_0^\infty$$

$$= 2 \cdot n(0)$$

$$= \frac{2}{\sqrt{2\pi}}$$

---

28 Weiterführende Details zu den Momenten der Absolutwerte normalverteilter Zufallsvariablen finden sich z.B. bei SHALEN (1993) und BLUME/EASLEY/O'HARA (1994).

$$= \sqrt{(2/\pi)}$$

und mithin

$$E(|D_P| \mid I_0) = \sqrt{2/\pi} \cdot \sigma_D \ . \qquad (2.5)$$

Gleichung (2.5) zeigt in Verbindung mit der Definition (2.4), daß das erwartete Volumen der Transaktionen zwischen dem Publikum und den Wertpapierhändlern c.p. um so größer ist, je größer das Publikum ist und je stärker die individuell georderten Stückzahlen streuen. Darüberhinaus läßt sich erkennen, daß der Zuwachs an erwartetem Außenumsatz mit jedem weiteren Marktteilnehmer geringer wird, der sich zum Publikum hinzugesellt. Darin manifestiert sich die mit wachsender Größe des Publikums wachsende Wahrscheinlichkeit dafür, daß die Marktteilnehmer aus dem Kreise des Publikums Kontrahenten aus den eigenen Reihen finden, so daß es insoweit nicht zu einer Erhöhung des Außenumsatzes kommt. Man spricht in diesem Falle von "matching".[29]

Damit ist das Verhalten des Publikums zwar nicht erklärt, aber doch zumindest präzise beschrieben.[30] Auf eine Erklärung kann verzichtet werden, weil die vorliegende Arbeit von der Hypothese ausgeht, daß die Impulse für Veränderungen im Börsenwesen primär von den Liquiditätsanbietern ausgehen. Dem Publikum wird dabei vereinfachend eine vollkommen passive Rolle zugewiesen: Es verkörpert eine exogen gegebene Liquiditätsnachfrage, die von potentiellen Wertpapierhändlern im Zeitpunkt $t = 0$ in der soeben beschriebenen Weise beziffert werden kann. Dies ist eine wesentliche Voraussetzung dafür, daß sich potentielle Wertpapierhändler ein klares Bild davon machen können, wie einträglich es ist, einen Markt zu errichten, um jederzeit als Kontrahent einspringen zu können, wenn sich die Publikumstransaktionen nicht zufällig gegenseitig saldieren. Was noch fehlt sind Informationen darüber, wie groß die Preiszugeständnisse sein werden, die das Publikum im Gegenzug für die Möglichkeit des sofortigen Abschlusses machen muß. Das Publikum selbst hat, da es auf Kurslimits ver-

---

29 Dies ist ein fundamentaler Vorteil der zeitlichen und örtlichen Konzentration des Handels im Rahmen sog. call auctions. Vgl. hierzu SCHMIDT/OESTERHELWEG/TRESKE (1996).

30 Ein Ansatz zur *Erklärung* solchen Verhaltens findet sich bspw. bei HOPENHAYN/WERNER (1996).

zichtet, bei gegebener Nachfrage offensichtlich keinen Einfluß auf die Höhe dieser Preiszugeständnisse. Letztlich sind es also die Wertpapierhändler selbst, die bei gegebener Nachfrage des Publikums über die Höhe der Preiszugeständnisse entscheiden. Diese Überlegung wird im folgenden Abschnitt 2.2 präzisiert.

## 2.2 Die Wertpapierhändler als risikoaverse Liquiditätsanbieter mit unbeschränkten Handelsmöglichkeiten

Den Wertpapierhändlern fällt im hier vorgestellten Modell die Funktion zu, eine eventuelle Nettonachfrage des Publikums zu befriedigen, gleichgültig ob diese positiv oder negativ ist. In diesem Sinne fungieren sie als Liquiditätsanbieter. Zuallererst denken ganz offensichtlich solche Wirtschaftssubjekte darüber nach, ob sich damit nicht Geld verdienen ließe, denen es die geringsten Probleme und damit auch die geringsten Kosten verursacht, diese Funktion zu erfüllen. Das sind solche Wirtschaftssubjekte, die selbst keinerlei Restriktionen im Handel unterliegen. Faßt man Liquidität als persönliches Merkmal auf, so könnte man stattdessen auch sagen: Zuallererst denken solche Wirtschaftssubjekte darüber nach, Liquidität bereitzustellen, die selbst vollkommen liquide sind. Das Modell beschränkt sich auf diese Gruppe von Wertpapierhändlern.[31] Es wird angenommen, daß potentielle Wertpapierhändler unbeschränkt Kredit aufnehmen können und unbeschränkt leerverkaufen können und mithin unbegrenzte Handelsmöglichkeiten haben.

Damit deutet alles darauf hin, daß man nur noch für möglichst ungehinderten Wettbewerb unter einer möglichst großen Anzahl von Wertpapierhändlern sorgen muß, um das unerschütterliche Vertrauen des Publikums in die Liquidität des Marktes zu rechtfertigen. Und zwar deshalb, weil Liquidität, die kostenlos "produziert" werden kann, im Konkurrenzgleichgewicht auch kostenlos angeboten werden muß.[32] Bei dieser Überlegung wird allerdings übersehen, daß man Liquidität nur durch die Übernahme von Positionen bereitstellen kann, was im Falle des Handels mit riskanten Titeln grundsätzlich mit der Übernahme von Risiken einhergeht. Daher sind risikoaverse Wertpapierhändler ungeachtet der Tatsache, daß sie selbst vollkommen liquide sind, auch unter schärfsten Konkurrenzbedingungen grundsätzlich nicht bereit, Liqui-

---

31 Anders ALLEN/GALE (1994), bei denen die persönliche Liquidität von Marktteilnehmern variiert.

32 Dabei wird zunächst davon ausgegangen, daß die Einrichtung eines Marktes keine Kosten verursacht.

dität kostenlos anzubieten.

Was die Risikoeinstellungen der Wertpapierhändler anbelangt, so wird im folgenden angenommen, daß sämtliche als Wertpapierhändler in Frage kommenden Wirtschaftssubjekte negative exponentielle Nutzenfunktionen

$$u(x) = -t \cdot \exp(-(x/t)) \tag{2.6}$$

besitzen, die sich höchstens in den Parametern $t$ für die Risikotoleranz (= Kehrwert der konstanten absoluten Risikoaversion) unterscheiden. Außerdem haben sämtliche als Wertpapierhändler in Frage kommenden Wirtschaftssubjekte in $t = 0$ die gleichen Erwartungen über den Liquidationserlös $P_2$. Seien

$$\mu := E(P_2 \mid I_0) \tag{2.7}$$

der von allen Wertpapierhändlern in $t = 0$ erwartete Liquidationserlös in $t = 2$ und

$$\sigma_P^2 := \text{var}(P_2 \mid I_0) \tag{2.8}$$

die entsprechende Varianz, dann ist von

$$P_2 \sim N(\mu, \sigma_P^2)$$

auszugehen. Das bedeutet, daß der Liquidationserlös $P_2$ im Zeitpunkt $t = 0$ in den Augen der angesprochenen Gruppe von Wirtschaftssubjekten normalverteilt mit Erwartungswert $\mu$ und Varianz $\sigma_P^2$ ist.

Die vorliegende Arbeit konzentriert sich auf die Bedeutung des fundamentalen Risikos für die Liquidität von Märkten. Daher wird von einem Handelssystem ausgegangen, welches den rational handelnden Wertpapierhändlern über das unvermeidbare fundamentale Risiko hinaus keine weiteren Risiken aufbürdet.[33] Das zugrundegelegte

---

33 Eine Ausnahme macht Abschnitt 3.2.4.2. Dort wird exemplarisch untersucht, welche Auswirkungen sich auf die Liquidität ergeben, wenn bei der Erteilung eines Kauf- oder Verkaufsauftrags nicht sicher ist, zu welchem Kurs dieser Auftrag abgerechnet werden wird.

Handelssystem wird dieser Anforderung gerecht, indem es den Wertpapierhändlern ermöglicht, ihre Nachfrage in extrem differenzierter Form an den späteren Gleichgewichtskurs zu koppeln. Konkret ist davon auszugehen, daß die Wertpapierhändler einen auf die Berechnung des Gleichgewichtskurses programmierten Börsencomputer mit ihren kompletten Nachfragefunktionen "füttern".[34] Letztere sollen im folgenden bestimmt werden.

Sei $b_0 \in \mathbb{R}$ die im Zeitpunkt $t = 0$ zum Anfangsvermögen $w_0$ eines Wertpapierhändlers gehörende Anzahl von Stücken des hier betrachteten riskanten Titels und $B_1$ der Bestand desselben Wertpapierhändlers nach Abschluß des Börsenhandels in $t = 1$. Dann setzt sich das Endvermögen $W_2$ dieses Wertpapierhändlers gemäß

$$W_2 = w_0 + b_0 \cdot SDB_1 + B_1 \cdot SDB_2 \tag{2.9}$$

aus den Stückdeckungsbeiträgen

$$SDB_t := P_t - P_{t-1} \tag{2.10}$$

der Perioden $t = 1, 2$ zusammen.

Im Handelszeitpunkt $t = 1$ wird jeder Wertpapierhändler

$$B_1^* = \text{argmax} \{ \text{sä}(W_2 \mid I_1) \mid P_1 = \text{p}(B_1, I_1) \} \tag{2.11}$$

nachfragen. Geht man davon aus, daß jeder Wertpapierhändler entweder überhaupt keine oder eine positive lineare Beziehung zwischen dem Börsenkurs und seiner eigenen Nachfrage, d.h.

$$\text{p}(B_1, I_1) := e \cdot B_1 + \text{f}(I_1) \text{ mit } e \geq 0 \tag{2.12}$$

vermutet (die Verwendung des Buchstaben $e$ ist an den allgemein üblichen Sprachgebrauch angelehnt, der in diesem Zusammenhang von der Enge des Marktes redet; $\text{f}(I_1)$ repräsentiert eine nicht näher spezifizierte Funktion der in $t = 1$ verfügbaren

34 Der Markträumungsmechanismus entspricht im Prinzip demjenigen einer Walrasianischen Auktion. Auch die Implementierung auf die im Text beschriebene Weise erscheint prinzipiell möglich.

**Information $I_1$),[35] und daß zwischen den Zeitpunkten $t = 0$ und $t = 1$ neue relevante Information nicht bekannt wird, dann konkretisiert sich (2.11) (man beachte, daß der Preis $P_1$ natürlich weiterhin eine Funktion des Bestandes $B_1$ ist) zu**

$$B_1^* = \text{argmax} \{ w_0 + b_0 \cdot SDB_1 + \text{sä}(B_1 \cdot SDB_2 \mid I_0) \mid P_1 = e \cdot B_1 + \text{f}(I_0) \}$$

$$= c \cdot s \cdot (\mu - P_1) + c \cdot s \cdot e \cdot b_0 \tag{2.13}$$

mit (die Verwendung des Buchstaben $c$ soll anzeigen, daß es sich um eine Konstante handelt)

$$c := t/\sigma_P^2 \tag{2.14}$$

und (die Verwendung des Buchstaben $s$ soll anzeigen, daß es sich um eine Komponente mit spieltheoretischem Hintergrund handelt)

$$s := \frac{(1/t) \cdot \text{var}(P_2 \mid I_0)}{e + (1/t) \cdot \text{var}(P_2 \mid I_0)} = \frac{1/c}{e + 1/c} . \tag{2.15}$$

Verständigt man sich darauf, den zum Zeitpunkt der Kursfeststellung in $t = 1$ mangels neuer bewertungsrelevanter Information weiterhin von allen als Wertpapierhändler tätigen Wirtschaftssubjekten mit $\mu$ veranschlagten erwarteten Liquidationserlös als Fundamentalwert zu bezeichnen, läßt sich (2.13) wie folgt interpretieren: Die Wertpapiernachfrage wird von zwei grundsätzlich verschiedenen Faktoren beeinflußt. Bei diesen Faktoren handelt es sich zum einen um Abweichungen zwischen Fundamentalwert und Börsenkurs und zum anderen um den Anfangsbestand an riskanten Titeln. Da die Risikonutzenfunktion (2.6) konstante absolute Risikoaversion impliziert, hat der eigene Anfangsbestand keinerlei Einfluß auf die Nachfrage, wenn ein Wertpapierhändler davon ausgeht, daß der Börsenkurs überhaupt nicht auf seine Nachfrage reagiert ($e = 0$).[36] Andernfalls gilt: Je sensibler der Börsenkurs nach Einschätzung des

---

35 Weiter unten wird gezeigt, daß diese Vermutung unter den getroffenen Annahmen durch ein Nash-Gleichgewicht gestützt wird.

36 Bekanntermaßen hat das aktuell vorhandene Vermögen bei konstanter absoluter Risikoaver-

Wertpapierhändlers auf die vom ihm getätigten Transaktionen reagiert, desto größer ist der Einfluß des Anfangsbestands auf die optimale Nachfrage. Gleichzeitig ist der Nachfrageeffekt von Abweichungen zwischen Fundamentalwert und Börsenkurs um so schwächer, je stärker der betrachtete Wertpapierhändler den Börsenkurs durch seine eigenen Transaktionen zu beeinflussen glaubt, weil dies die Profitabilität von Transaktionen beeinträchtigt. Genauere Inspektion von (2.15) zeigt, daß einem mutmaßlich größeren Einfluß auf das Kursgeschehen im Hinblick auf den Nachfrageeffekt qualitativ betrachtet die gleiche Bedeutung zukommt wie abnehmender Risikotoleranz und steigendem Risiko.

Die Abkehr von der Annahme, daß sich die Wertpapierhändler wie Preisnehmer verhalten, ändert allerdings nichts daran, daß Transaktionen einzig und alleine durch gemessen am vorhandenen Ausgangsbestand unangemessen hohe oder unangemessen niedrige Risikoprämien ausgelöst werden. Dies folgt unmittelbar aus:

$$B_1^* - b_0 \ <(=>)\ 0 \ \Leftrightarrow\ \mu - P_1 \ <(=>)\ ((c\cdot s)^{-1} - e)\cdot b_0$$

bzw.

$$B_1^* - b_0 \ <(=>)\ 0 \ \Leftrightarrow\ \mu - P_1 \ <(=>)\ b_0/c\ . \tag{2.16}$$

Zusammenfassend bleibt festzustellen: Die Bestandspolititk der Händler ist unter den getroffenen Annahmen eine lineare Funktion der Differenz zwischen dem bereits in $t = 0$ erwarteten Liquidationserlös $\mu$ und dem Börsenkurs $P_1$ einerseits und des Anfangsbestands $b_0$ andererseits. Von zwei Wertpapierhändlern, die den gehandelten Titel gleich riskant einschätzen und die beide davon ausgehen, daß sich der Börsenkurs vollkommen unbeeindruckt von ihren Transaktionen zeigen wird, reagiert der risikotolerantere Händler sensitiver auf Abweichungen des Börsenkurses vom erwarteten Liquidationserlös.

Im folgenden Kapitel 3 wird gezeigt, daß man den Begriff der Liquidität mit der konstanten aggregierten Grenznachfrage einer marginalen Veränderung des Börsenkurses identifizieren kann. Im wesentlichen bedeutet dies, daß ein Markt um so liquider ist, je

sion keinen Einfluß auf die Entscheidung über riskante Investitionen, vgl. hierzu z.B. BRAY (1990).

mehr Wertpapierhändler am Markt sind und je aggressiver jeder einzelne Wertpapierhändler auf Abweichungen des Börsenkurses vom erwarteten Liquidationserlös reagiert.

# 3 Der Zusammenhang zwischen Konkurrenz und Liquidität bei exogener Partizipation

Ein Gleichgewicht auf dem Kapitalmarkt erfordert, daß der von den Wertpapierhändlern gewünschte Gesamthandelsbestand und die Nettonachfrage des Publikums zusammen dem vorhandenen Gesamthandelsbestand der Wertpapierhändler entsprechen. Sei $b_{0i} \in \mathbb{R}$ der bei Wertpapierhändler $i$ in $t = 0$ vorhandene und $B^*_{1i}$ der gewünschte Bestand an dem riskanten Titel, dann lautet die entsprechende Markträumungsbedingung in formaler Sprache

$$\sum_{i=1}^{n} B^*_{1i} + D_P = \sum_{i=1}^{n} b_{0i} \quad , \tag{3.1}$$

wenn man davon ausgeht, daß es insgesamt $n$ Wertpapierhändler gibt. Unter Berücksichtigung der hier und im folgenden grundsätzlich geltenden Annahme homogener Erwartungen erhält man durch Einsetzen der optimalen Bestandspolitik (2.13) in (3.1) und anschließendes Auflösen nach dem Börsenkurs $P_1$ die folgende Bestimmungsgleichung

$$P_1 = \mu - \left(1 / \sum_{i=1}^{n} c_i \cdot s_i\right) \cdot \left(\sum_{i=1}^{n} (1 - c_i \cdot s_i \cdot e_i) \cdot b_{0i} - D_P\right) \tag{3.2}$$

für den Börsenkurs. Wenn man diese in

$$B^*_{1i} = c_i \cdot s_i \cdot (\mu - P_1) + c_i \cdot s_i \cdot e_i \cdot b_0$$

einsetzt, erhält man

$$B^*_{1i} - b_{0i} = \left(c_i \cdot s_i / \sum_{i=1}^{n} c_i \cdot s_i\right) \cdot \left(\sum_{i=1}^{n} (1 - c_i \cdot s_i \cdot e_i) \cdot b_{0i} - D_P\right) - (1 - c_i \cdot s_i \cdot e_i) \cdot b_{0i} \quad . \tag{3.3}$$

Falls kein Wertpapierhändler glaubt, Einfluß auf den Börsenkurs zu nehmen, d.h. falls $e_i = 0$ für alle $i = 1 \ldots n$ gilt, erhält man in Verbindung mit den Definitionen

$$\bar{c} := \frac{1}{n} \cdot \sum_{i=1}^{n} c_i \qquad (3.4)$$

für die durchschnittliche (konstante) Grenznachfrage der am Markt befindlichen Wertpapierhändler sowie

$$\bar{b}_0 := \frac{1}{n} \cdot \sum_{i=1}^{n} b_{0i} \qquad (3.5)$$

für den durchschnittlichen Bestand pro Wertpapierhändler die Beziehung

$$B^*_{1i} - b_{0i} = (c_i/\bar{c}) \cdot (\bar{b}_0 - \frac{D_P}{n}) - b_{0i}$$

für das Transaktionsvolumen. Wenn die die Händler zudem alle den gleichen Anfangsbestand und die gleiche Risikotoleranz besitzen, gilt

$$B^*_{1i} - b_{0i} = -\frac{D_P}{n}$$

für alle $i$. In diesem Fall teilen sich die Wertpapierhändler das Geschäft mit dem Publikum einfach nach Köpfen, so daß ihre Transaktionen vollständig durch das Verhalten des Publikums determiniert werden. Wenn die Entscheidungssituation der Händler vollkommen symmetrisch ist, gilt dieses Resultat unabhängig davon, ob die Händler wie Preisnehmer agieren oder nicht. Diese Behauptung läßt sich durch Einsetzen von $c_i = c$, $s_i = s$ und $e_i = e$ für alle $i$ in (3.3) leicht bestätigen. Man erhält in diesem Fall

$$B^*_1 - b_0 = (1/n) \cdot ((1 - c \cdot s \cdot e) \cdot n \cdot b_0 - D_P) - (1 - c \cdot s \cdot e) \cdot b_0 = -\frac{D_P}{n} .$$

Fraglich ist, wie sich die Transaktionen zwischen den Wertpapierhändlern und dem Publikum auf den Börsenkurs auswirken. Gleichung (3.2) läßt unmittelbar erkennen, daß die durch das Publikum induzierten Kursausschläge unabhängig von den Anfangsbeständen der Händler sind. Geht man der Anschaulichkeit halber davon aus, daß die Handelsbestände der Händler in der Ausgangsposition identisch sind, dann geht diese Einflußnahme wie folgt vonstatten: Wenn das Publikum per saldo anbietet, muß jeder Wertpapierhändler entweder seine Long-Position aufstocken oder seine Short-Position abbauen, damit der Angebotsüberhang abgebaut werden kann. Aufgrund seiner Risikoaversion ist jeder Händler nur dann bereit, eine Long-Postion aufzustocken, wenn der Risikoabschlag vom Fundamentalwert größer wird. Umgekehrt akzeptiert er einen geringeren Risikozuschlag auf den Fundamentalwert, wenn er seine Short-Position abbauen kann. Das gilt vollkommen analog für den Fall, daß das Publikum per saldo nachfragt. Um den dadurch ausgelösten Nachfrageüberhang abzubauen, muß jeder Wertpapierhändler entweder seine Long-Position abbauen oder seine Short-Position ausbauen. Im ersten Fall begnügt sich jeder Wertpapierhändler mit einem geringeren Risikoabschlag und im zweiten Fall ist jeder Wertpapierhändler nur dann bereit, sein Risiko noch weiter zu erhöhen, wenn sich der Risikozuschlag zum Fundamentalwert entsprechend erhöht. Die Annahme konstanter absoluter Risikoaversion impliziert, daß der Einfluß der Publikumstransaktionen auf die von den Wertpapierhändlern geforderten Risikoauf- oder -abschläge unabhängig von den Anfangsbeständen der Wertpapierhändler ist. Daher kann im folgenden ohne weitere Beschränkung der Allgemeinheit generell davon ausgegangen werden, daß die Wertpapierhändler in $t = 0$ weder long noch short sind.

Definiert man den Begriff Liquidität durch die Unempfindlichkeit, mit welcher der Marktpreis auf Angebots- oder Nachfrageschocks reagiert, dann gilt

$$\ell := \frac{1}{\frac{\partial P_1}{\partial D_P}} = \sum_{i=1}^{n} c_i \cdot s_i \ . \tag{3.6}$$

Die Liquidität in diesem Sinne entspricht demnach der konstanten aggregierten Grenznachfrage, die eine marginale Börsenkursänderung bei den Wertpapierhändlern auszulösen vermag.[37] Nun kann man dieses Aggregat auch als Maß für die Konkurrenz auf dem betreffenden Markt ansehen. So gesehen führt (3.6) die Identität von Liquidität und Konkurrenz in Symbolsprache unmittelbar vor Augen.

Diese Aussage bedarf insofern einer Ergänzung als vollständige Konkurrenz nicht mit

---

37 (3.7) bestätigt i.V.m. (2.13) nochmals, daß die Anfangsbestände der Wertpapierhändler unter den bislang getroffenen Annahmen irrelevant für die Liquidität des Marktes sind.

unendlicher Liquidität gleichgesetzt werden darf. Daß die Liquidität auch dann ihre Grenzen hat, wenn die Händler selbst "in Liquidität schwimmen" und ohne Rücksicht auf den Kursdruck, den sie mit ihren Transaktionen erzeugen, auf das Schärfste miteinander konkurrieren, läßt sich aus der Beziehung

$$\ell = \sum_{i=1}^{n} c_i = n \cdot \bar{c}$$

ablesen, die man unter Berücksichtigung der Tatsache, daß $e_i = 0$ für alle $i$ zwangsläufig $s_i = 1$ für alle $i$ impliziert, in Verbindung mit (2.14) aus (3.6) erhält. Ursächlich für diesen Sachverhalt ist die Risikoaversion der Wertpapierhändler. Wäre auch nur ein einziger Wertpapierhändler risikoneutral (= unendlich risikotolerant) oder perfekt informiert, dann würde das unterstellte Konkurrenzverhalten keine Risikoauf- oder -abschäge mehr zulassen, und das Publikum hätte keinen Einfluß mehr auf den Börsenkurs. Die ungezügelte Nachfrage dieses einen Wertpapierhändlers würde den Börsenkurs im Gleichgewicht auf das Niveau des erwarteten bzw. tatsächlichen Liquidationserlöses zwingen und dem Markt auf diese Weise unendliche Liquidität bescheren.

Ein Charakteristikum des soeben beschriebenen Basisszenarios ist, daß die Liquidität vollständig durch die Beurteilung und Bewertung des Fundamentalrisikos seitens einer exogen gegebenen Anzahl von Wertpapierhändlern determiniert wird. Dies ist eine Konsequenz des Zusammenwirkens von Annahmen über persönliche Merkmale der Händler, über die Konstellation, in der diese aufeinandertreffen (Marktstruktur), und über den Markträumungsmechanismus.

Die eben beschriebene Situation mit vollständiger Konkurrenz zeichnet sich in Verbindung mit dem restlichen Annahmenkatalog durch unbegrenzte persönliche Liquidität, Risikoaversion und fehlendes Liquiditätsbewußtsein im Bereich der Persönlichkeitsmerkmale der Händler, durch die Homogenität der Händler im Bereich Marktstruktur und durch die Abwesenheit jeglicher Beschränkungen des maximal möglichen Engagements und jeglichen Transaktionsrisikos im Bereich Markträumungsmechanismus aus. In den folgenden Abschnitten 3.1 und 3.2 werden diese Annahmen zum Teil modifiziert.

Der unmittelbar folgende Abschnitt ist der Frage gewidmet, wie sich die Liquidität bei exogen gegebener Anzahl von Händlern ändert, wenn man davon ausgeht, daß die Wertpapierhändler die auf dem Markt herrschende Konkurrenzsituation rational beurteilen. Dies macht eine Abkehr von der Annahme erforderlich, daß sich die Wertpapierhändler wie Preisnehmer verhalten, denn diese Annahme impliziert, daß der Markt unendlich liquide ist, so daß es den Wertpapierhändler nicht möglich ist, im Handel mit dem Publikum einen positiven Zielbeitrag zu erwirtschaften. Unter diesen Umständen dürfen den Wertpapierhändlern keinerlei Kosten entstehen, damit Handel überhaupt stattfinden kann.[38]

In Abschnitt 3.2 wird der Annahmenkatalog um den Fall erweitert, daß eine Teilgesamtheit von Wertpapierhändlern zwischen dem Betrachtungszeitpunkt und dem Zeitpunkt der Kursfeststellung eine bewertungsrelevante Tatsache erfährt, die sich den restlichen Wertpapierhändlern nur indirekt über den Börsenkurs erschließt. Anders gesagt: Es kommt zu einem Informationsfluß, der ein Informationsgefälle zwischen den Händlern entstehen läßt. Wenn dieses Informationsgefälle ins Bewußtsein derjenigen dringt, denen die bewertungsrelevante Tatsache entgeht, dann erzeugt das Informationsgefälle ein Gefälle zwischen der Grenznachfrage von besser und schlechter informierten Händlern. Und zwar deshalb, weil die wissentlich ins Hintertreffen geratenden Händler im Gegensatz zu der Situation homogener Information nicht mehr sicher sein können, daß der Börsenkurs nur durch Transaktionen des Publikums in Bewegung geraten kann, die annahmegemäß nichts mit bewertungsrelevanten Tatsachen zu tun haben. Die stets mit in Betracht zu ziehende Möglichkeit eines unter dem Einfluß von besser informierten Händlern anziehenden oder nachgebenden Börsenkurses läßt die schlechter informierten Händler weniger impulsiv auf Abweichungen zwischen Börsenkurs und a priori erwartetem Liquidationserlös reagieren als im Vergleichsfall. In Abschnitt 3.2 wird für variierende Szenarien analysiert, unter welchen Umständen die Beeinträchtigung der Liquidität durch das aufkommende Gefälle im Nachfrageverhalten stärker zu Buche schlägt, als der an sich positive Effekt einer im Durchschnitt besser werdenden Informationsversorgung des Marktes.

38 Das gilt natürlich nur solange die Wertpapierhändler keine Provisionen verlangen. Angesichts des sich derzeit abzeichnenden dramatischen Verfalls der Wertpapierhandelsprovisionen läßt sich die Nichtberücksichtigung von Provisionen im Rahmen dieser Arbeit mit einem Blick in die Zukunft des Wertpapierhandels begründen.

## 3.1 Der Einfluß liquiditätsbewußten Verhaltens der Wertpapierhändler

Bislang wurde unterstellt, daß die ansonsten rational agierenden Händler unterstellen, sie hätten keinen Einfluß auf den Börsenkurs, und damit einer Fehleinschätzung der Konkurrenzsituation aufsitzen. Wie groß der Einfluß eines Wertpapierhändlers auf den Börsenkurs ist, hängt nämlich offensichtlich davon ab, wieviel Liquidität die jeweils anderen Händler bereitstellen. Sich wie ein Preisnehmer zu verhalten, ist aus der Sicht eines Händlers demnach nur dann rational, wenn er davon ausgehen darf, daß die anderen Händler unendlich viel Liquidität zur Verfügung stellen. Der Händler, der davon ausgeht, daß seine Mitkonkurrenten unendlich viel Liquidität zur Verfügung stellen, muß auch davon ausgehen, daß es am Publikum nichts mehr zu verdienen gibt, und braucht daher nicht weiter darüber nachzudenken, ob es sich lohnt, Kosten in Kauf zu nehmen, um mit dem Publikum handeln zu können. Umgekehrt bedeutet das: Ein Markt, der ausschließlich dem Zweck dient, das Publikum mit Liquidität zu versorgen, und dessen Einrichtung und Instandhaltung Kosten verursacht, kann im Gleichgewicht niemals unendlich liquide sein, wenn der Handel gebührenfrei ist. Für Händler mit rationalen Erwartungen kann nur die tatsächliche Konkurrenzsituation im Gleichgewicht relevant sein. Da im Gleichgewicht keine vollkommene Konkurrenz herrschen kann, ist es also nicht problemadäquat von vornherein Preisnehmerverhalten zu unterstellen.

Jeder Händler muß vielmehr berücksichtigen, daß er den Börsenkurs beeinflußt. Fraglich ist, wie groß dieser Einfluß im Gleichgewicht aus der Sicht des einzelnen Wertpapierhändlers zu veranschlagen ist. Eingangs des Abschnitts wurde die naheliegende Behauptung aufgestellt, daß der Einfluß des einzelnen Wertpapierhändlers davon abhängt, wieviel Liquidität die jeweils anderen Wertpapierhändler bereitstellen. Im folgenden wird gezeigt, daß diese intuitiv unmittelbar einleuchtende Überlegung mit der Annahme eines Nash-Gleichgewichts[39] kompatibel ist.[40] Man betrachte hierzu

---

[39] Die Idee des Nash-Gleichgewichts stammt von NASH (1951). Das Nash-Gleichgewicht findet heute in nahezu allen Teilbereichen der Ökonomie Anwendung, vgl. hierzu zum Beispiel EWERT (1993). Im einfachen Fall mit zwei Akteuren ist ein Nash-Gleichgewicht dann erreicht, wenn es für keinen Akteur eine bessere Antwort auf das Verhalten des jeweils anderen Akteurs gibt. Wenn konzertierte Aktionen ausgeschlossen sind, definiert dieser Zustand ein Gleichgewicht, weil es bei gegebenem Verhalten des jeweils anderen Akteurs für keinen der beiden Akteure eine Veranlassung gibt, die Strategie zu ändern. Man sagt daher, daß das Nash-Gleichgewicht für nicht kooperative Spiele definiert ist. Ein solches Gleichgewicht schließt nicht aus, daß sich beide Akteure durch eine konzertierte Aktion besser stellen könnten. Gut verständliche einführende Darstellungen mit weiterführenden Literaturangaben finden sich beispielsweise bei FUDENBERG/TIROLE (1991), 11 - 44, RASMUSEN (1989), 32 - 41 und VARIAN (1994), 265 - 285. LEONARD (1994) betrachtet das

einen Wertpapierhändler $j$, der annimmt, daß die von seinen Mitkonkurrenten $k \neq j$ angestrebten Optima (zur Erinnerung: Annahmegemäß ist der Anfangsbestand an riskanten Titeln bei sämtlichen Händlern Null ; ferner bleibt die Menge der bewertungsrelevanten Informationen bis einschließlich $t = 1$ auf dem Stand des Zeitpunktes $t = 0$)[41]

$$B_k^* = c_k \cdot s_k \cdot (\mu - P_1) \tag{3.7}$$

durch die jeweils konstante Grenznachfrage $c_k \cdot s_k$ erklärt werden. Aus der Sicht von Wertpapierhändler $j$ kann der Börsenkurs $P_1$ im Nash-Gleichgewicht nur das Ergebnis allseits optimalen Verhaltens aller Wertpapierhändler sein. Dies ist aber nur dann mög-

Nash-Gleichgewicht aus wissenschaftsgeschichtlicher Perspektive.

Die Verquickung von Nash-Gleichgewicht und walrasianischer Auktion wurde zuerst von KYLE (1989) vorgeschlagen. Auslöser für diesen Vorschlag war eine Unzulänglichkeit des von GROSSMAN (1976) entwickelten Gleichgewichtes mit rationalen Erwartungen bei asymmetrisch verteilter Information. Diese Unzulänglichkeit besteht darin, daß Marktteilnehmer einerseits davon ausgehen, daß sie selbst keinen Einfluß auf den Marktpreis haben und andererseits darauf zählen, daß der Marktpreis etwas über die Informationen der Marktteilnehmer verrät. Vorangegangen waren Vorschläge von HELLWIG (1980, 1982) und ADMATI (1983, 1985). HELLWIG (1982) beseitigt die Unzulänglichkeit, in dem er das statische Modell von Grossman dynamisiert und annimmt, daß sich die Erwartungen nicht direkt informierter Marktteilnehmer an vergangenen statt an aktuellen Marktpreisen orientieren. Er verschafft den besser informierten Marktteilnehmern damit einen Zeitvorsprung, den diese bei GROSSMAN/STIGLITZ (1980) nicht haben. Das hat zur Folge, daß die Bereitschaft zu kostenverursachenden Informationsbeschaffungsmaßnahmen bei Hellwig wesentlich robuster in bezug auf die Informationseffizienz ist als bei Grossman/Stiglitz. ADMATI (1983, 1985) und HELLWIG (1980) lösen den Widerspruch zwischen den scheinbar unvereinbaren Annahmen, indem sie den Einfluß des einzelnen Marktteilnehmers durch die Annahme einer sehr großen Anzahl von Marktteilnehmern zurückdrängen. Der Vorschlag von Kyle, stattdessen ein sog. Bayes-Nash-Gleichgewicht zugrundezulegen, war mithin notwendig, um das statische Modell von Grossman auch auf Märkte mit beschränkter Anzahl von Marktteilnehmern anwenden zu können.

Grundlegend für das Bayes-Nash-Gleichgewicht ist ein Beitrag von HARSANYI (1967). J. Harsanyi wurde 1994 zusammen mit J. Nash und R. Selten für grundlegende Arbeiten auf dem Gebiet der Spieltheorie mit dem Nobelpreis für Wirtschaftswissenschaften ausgezeichnet.

40 Die Formulierung plausibler wechselseitig kompatibler Reaktionsvermutungen ist das zentrale Problem der Behandlung von Gleichgewichten, die nicht auf der Annahme basieren, daß die Marktteilnehmer so disponieren, als hätten sie keinen Einfluß auf den Preis. Die ersten Ansätze zu diesem Problem sind daher typischerweise davon ausgegangen, daß sich nur einer der Markteilnehmer nicht wie ein Preisnehmer verhält, um die wechselseitige Verflechtung der Reaktionsvermutungen aufzubrechen. In der deutschsprachigen Literatur zur Preisbildung auf Finanzmärkten wurde dieses Problem zuerst von RUDOLPH (1982) und jüngst von HIRTH (1997) im Rahmen eines Zwei-Perioden-Modell auf diese Weise behandelt. Dabei wird der Rückkopplungseffekt, der sich daraus ergibt, daß den Liquiditätsanbietern bewußt wird, daß sie sich *wechselseitig* Liquidität zur Verfügung stellen, allerdings außer Acht gelassen. Ein weiterer konzeptioneller Unterschied zwischen den erwähnten Beiträgen und der vorliegenden Arbeit besteht darin, daß hier strikt zwischen Risikoteilung und Liquiditätsversorgung getrennt wird.

41 Da der Anfangsbestand $b_0$ im folgenden generell keine Rolle mehr spielt (vgl. S. 23), ist es nicht länger erforderlich, die optimalen Handelsbestände nach Abschluß des Börsenhandels mit dem Zeitindex $t = 1$ zu versehen.

lich, wenn der Börsenkurs c.p. mit jeder Einheit, die $j$ zusätzlich nachfragt, gerade so stark steigt, daß die Gesamtnachfrage aller übrigen Händler $k \neq j$ nach Maßgabe ihrer optimalen Politiken (3.7) um eine Einheit sinkt. Formal betrachtet definiert diese Gleichgewichtsbedingung eine lineare Reaktionsfunktion

$$P_I = \mathrm{p_j}(B_j, I_O) := e_j \cdot B_j + \mathrm{f}(D_P, I_O) \tag{3.8}$$

mit

$$e_j := \frac{1}{\sum\limits_{k \neq j} c_k \cdot s_k} . \tag{3.9}$$

Der Koeffizient $e_j$ (für Markt*enge*) läßt in Verbindung mit der Liquiditäts-Definition (3.6) unmittelbar erkennen, daß Wertpapierhändler $j$ davon ausgehen muß, daß sich die Sensitivität, mit welcher der Börsenkurs im Nash-Gleichgewicht auf seine eigene Nachfrage reagiert, umgekehrt proportional zu der Liquidität verhält, die seine Mitkonkurrenten $k \neq j$ zur Verfügung stellen. Genau das ist gemeint, wenn im folgenden die Rede davon sein wird, daß die Wertpapierhändler im Nash-Gleichgewicht exakt mit der von den jeweiligen Mitkonkurrenten zur Verfügung gestellten Liquidität "rechnen". Damit ist der bislang exogen angenommene Koeffizient $e_j$ endogen bestimmt. Aus (3.9) folgt in Verbindung mit (vgl. (2.15))

$$s_j := \frac{1/c_j}{e_j + 1/c_j} \tag{3.10}$$

für $j = 1 \ldots n$, daß die Vermutung einer linearen Reaktionsfunktion (3.8) tatsächlich rational ist, wenn sich sämtliche Wertpapierhändler grundsätzlich in der gleichen Entscheidungssituation befinden.

Unter Berücksichtigung von $e_j > 0$ und $c_j > 0$ sieht man (3.10) unmittelbar an, daß $0 < s_j < 1$ gilt. Die durch eine marginale Veränderung des Börsenkurses induzierten Nachfragereaktionen der Händler werden demnach schwächer, wenn die jeweiligen Mitkonkurrenten im Gleichgewicht nicht unendlich viel Liquidität zur Verfügung stellen. Offensichtlich veranlaßt die Antizipation beschränkter Liquidität die Wertpapierhändler dazu, sich ein Maß an Zurückhaltung aufzuerlegen, das über das durch ihre

Risikoaversion begründete Maß hinausgeht. Diesen Sachverhalt könnte man auch wie folgt formulieren: Liquiditätsbewußte Wertpapierhändler antizipieren, daß die von den Mitkonkurrenten angebotene Liquidität knapp ist und reagieren darauf mit einer Verknappung der von ihnen bereitgestellten Liquidität. In diesem Sinne erscheint es gerechtfertigt, von einem Rückkopplungseffekt zu reden.

Dieser Rückkopplungseffekt wirft die Frage auf, unter welchen Bedingungen das bislang angenommene Gleichgewicht auch tatsächlich existiert und eindeutig bestimmbar ist. Dazu werden zunächst 3 Extremfälle erörtert, in denen es entweder unendlich viele oder kein Gleichgewicht gibt. Diese Extremfälle schärfen den Blick für die tieferliegenden Gründe der Existenz eines eindeutigen Nash-Gleichgewichts im zuletzt dargestellten Regelfall einer hinreichend großen Anzahl risikoaverser Wertpapierhändler.

Fall A ist der Fall zweier risikoneutraler Wertpapierhändler. Ein risikoneutraler Wertpapierhändler $j$, der die beschränkte Liquidität des Marktes antizipiert, verfolgt die Bestandspolitik

$$B_j^* = \text{argmax} \{ \text{E}(B_j \cdot SDB_2 \mid I_0) \mid P_1 = e_j \cdot B_j + \text{f}(D_P, I_0) \}$$

$$= s_j \cdot (\mu - P_1) \tag{3.11}$$

mit

$$s_j = \frac{1}{e_j} . \tag{3.12}$$

Marginale Veränderungen des Börsenkurses lösen bei Wertpapierhändler $j$ konstante Nachfragereaktionen aus, die ausschließlich von der Enge des Marktes bestimmt werden. Andere Gründe, die ihm Zurückhaltung angeraten erscheinen lassen könnten, gibt es nicht. In dieser Situation lautet die optimale Taktik: "Agiere um so zurückhaltender, je größer Dein Einfluß auf den Börsenkurs ist und umgekehrt!"

Da jeder Wertpapierhändler nur einen Mitkonkurrenten hat, sind die Mutmaßungen über das Verhalten des jeweils einzigen Mitkonkurrenten alleine maßgeblich dafür, wie eng der Markt ist. Sei $s_{kj}$ $j$s Mutmaßung darüber, wie $k$ auf Börsenkursänderungen reagiert, dann gilt

$$e_j := \frac{1}{\sum_{k \neq j} s_{kj}} = \frac{1}{s_{kj}} . \tag{3.13}$$

Je sensitiver der Mitkonkurrent auf den Börsenkurs reagiert, desto geringer ist der eigene Einfluß auf den Börsenkurs. Zusammengenommen ergibt sich aus (3.12) und (3.13) die Schlußfolgerung

$$s_j = s_{kj} . \tag{3.14}$$

Hinter (3.14) steckt die Maxime: "Reagiere genauso sensitiv auf Veränderungen des Börsenkurses, wie Du es von deinem Mitkonkurrenten vermutest!". Da $j$ außerdem weiß, daß $k$ nach der gleichen Maxime

$$s_k = s_{jk}$$

verfährt, lautet die Handlungsmaxime für $j$ einen Schritt weitergedacht:

$$s_j = s_{jkj} ,$$

d.h. in Worten: "Reagiere genauso sensitiv auf Veränderungen des Börsenkurses, wie Du vermutest, daß es Dein Mitkonkurrent von Dir vermutet!".

Prinzipiell kommt jede positive reelle Zahl als Gleichgewichtswert in Betracht. Es existieren also unendlich viele Gleichgewichte, und genau deshalb ist kaum vorstellbar, wie ein bestimmtes Gleichgewicht zustandekommen könnte. Ein Gleichgewicht mit sich selbst bestätigenden Erwartungen würde erfordern, daß sich die beiden Konkurrenten wechselseitig genau gleich einschätzen. Dafür fehlt aber jeglicher Anhaltspunkt. Dieser Mangel an Anhaltspunkten läßt Mutmaßungen über das Verhalten des jeweiligen Mitkonkurrenten zwangsläufig in einen unendlichen Regreß[42] münden. Dabei ist aufgrund der unendlichen Fülle von Möglichkeiten fast sicher ausgeschlossen, daß die beiden Konkurrenten zufällig zu einer wechselseitig übereinstimmenden

42 Vgl. hierzu CYERT/DeGROOT (1970).

Einschätzung ihres Verhaltens kommen. Ein eindeutiges Gleichgewicht setzt also offensichtlich voraus, daß es Anhaltspunkte gibt, die es den Händlern erlauben, sich gegenseitig besser einzuschätzen. Die Tatsache, daß ein bestimmtes Maß an Risikoaversion eine Eigenschaft ist, die sich im Entscheidungsverhalten widerspiegelt, und damit prinzipiell erfahrbar ist, läßt das Maß an Risikoaversion grundsätzlich geeignet erscheinen, diese Rolle zu übernehmen.

Fall B ist der Fall zweier risikoaverser Wertpapierhändler. In diesem Fall erhält man durch Einsetzen von (Hinweis: Wechselseitige Mutmaßungen über die Konstanten $c_j$, $j = 1 \ldots n$ sind überflüssig, weil sie jedem Marktteilnehmer mit Sicherheit bekannt sind)

$$e_j = \frac{1}{c_k \cdot s_{kj}}$$

in

$$s_j := \frac{1/c_j}{e_j + 1/c_j}$$

zunächst die Grenznachfrage

$$s_j = \frac{1/c_j}{(1/c_k)\cdot(1/s_{kj}) + 1/c_j} = \frac{1}{(c_j/c_k)\cdot(1/s_{kj}) + 1} .$$

Diese Beziehung gilt vollkommen analog auch für Wertpapierhändler $k$, d.h. es gilt

$$s_k = \frac{1}{(c_k/c_j)\cdot(1/s_{jk}) + 1} .$$

Da $j$ prinzipiell um diesen Zusammenhang weiß, mutmaßt er also

$$s_{kj} = \frac{1}{(c_k/c_j)\cdot(1/s_{jkj}) + 1}$$

und verhält sich dementsprechend gemäß

$$s_j = \frac{1}{(c_j/c_k)\cdot(1/s_{kj}) + 1}$$

$$= \frac{1}{(c_j/c_k)\cdot((c_k/c_j)\cdot(1/s_{jkj}) + 1) + 1}$$

$$= \frac{1}{1/s_{jkj}+c_j/c_k+1} \; . \qquad (3.15)$$

Offensichtlich impliziert (3.15) die Relation $s_j < s_{jkj}$, die besagt, daß es zur Taktik von $j$ gehört, weniger sensitiv auf Börsenkursänderungen zu reagieren, als der Mitkonkurrent nach seiner Auffassung mutmaßlich unterstellt.[43] (3.15) gilt analog für den Mitkonkurrenten und steht im Widerspruch zu der Annahme eines Gleichgewichts mit rationalen Erwartungen. Unter den getroffenen Annahmen existiert daher kein Gleichgewicht mit rationalen Erwartungen; der Markt ist einfach zu eng.

Fall C ist der Fall von wenigstens 3 risikoneutralen Wertpapierhändlern. In diesem Fall gilt (vgl. (3.12) und (3.13))

$$s_j = \frac{1}{e_j} = \sum_{k\neq j} s_{kj} = \sum_{l\neq k}\sum_{k\neq j} s_{lkj} \; .$$

Ein Gleichgewicht mit rationalen Erwartungen erfordert $s_j = s_{jkj}$ . Im Gleichgewicht mit rationalen Erwartungen müßte also

$$s_j = (n-1)\cdot s_j + \sum_{l\neq k,j}\sum_{k\neq j} s_{lkj}$$

gelten. Für $n \geq 3$ ist diese Bedingung nur erfüllt, wenn die $s_j$ unendlich groß sind. Unter den getroffenen Annahmen impliziert ein Gleichgewicht mit rationalen Erwartungen demnach, daß der Markt unendlich liquide ist. Dieses Resultat läßt sich durch

43 Anders gesagt: Die Taktik ist durch das Bestreben geprägt, zurückhaltender zu sein als der Mitkonkurrent mutmaßlich annimmt.

die Überlegung veranschaulichen, daß bereits 2 von insgesamt 3 risikoneutralen Wertpapierhändlern dem jeweils dritten im Gleichgewicht so viel Liquidität zur Verfügung stellen, daß dieser der Versuchung nicht länger widerstehen kann, unter Ausschöpfung der unbegrenzt zur Verfügung stehenden Ressourcen unendliche erwartete Gewinne machen zu wollen.

Im abschließenden Fall D gibt es wenigstens 3 risikoaverse Wertpapierhändler, die sich der Tatsache bewußt sind, daß sie das fundamentale Risiko vollkommen gleich beurteilen und bewerten, und die daher davon ausgehen dürfen, daß ihre Politik im Gleichgewicht durch identische Nachfragereaktionen charakterisiert ist. In diesem Fall gilt

$$e_j := \frac{1}{\sum_{k\neq j} c_k \cdot s_k} = \frac{1}{(n-1)\cdot c \cdot s} \quad . \tag{3.16}$$

Einsetzen von (3.16) in (vgl. (3.10))

$$s = \frac{1/c_j}{e + 1/c}$$

führt auf

$$s = \frac{1}{\frac{1}{(n-1)\cdot s} + 1}$$

bzw.

$$s = \mathrm{s}(n) := 1 - \frac{1}{n-1} \quad . \tag{3.17}$$

Hieraus folgt in Verbindung mit der Definition der Liquidität (3.6) wegen

$$\ell = \sum_{i=1}^{n} c_i \cdot s_i = \mathrm{s}(n) \cdot n \cdot \bar{c} \tag{3.18}$$

daß liquiditätsbewußtes Verhalten der Händler die Liquidität bei exogen gegebener Anzahl von Händlern um bis zu 50% (für $n < 3$ existiert kein Gleichgewicht) reduzieren kann. Aus $n \to \infty \Rightarrow s \to 1$ folgt unmittelbar, daß das Nash-Gleichgewicht und die Annahme vollkommener Konkurrenz zum gleichen Ergebnis führen, wenn tatsächlich vollkommene Konkurrenz besteht.

Zusammenfassend bleibt festzustellen, daß sich die Nachfragereaktionen unter risikoneutralen Wertpapierhändler in einem Maße wechselseitig verstärken, das bereits bei insgesamt 3 Händlern zu einer nicht mehr kontrollierbaren explosiven Kettenreaktion führt. Risikoaverse Wertpapierhändler werden stattdessen erst durch reichliches Liquiditätsangebot seitens der Mitkonkurrenten davon abgebracht, sich in dem von ihnen gezeigten Maß an Zurückhaltung gegenseitig übertreffen zu wollen.

Außerdem zeigt sich im Vergleich zwischen risikoneutralem und risikoaversem Verhalten, daß die Annahme risikoaversen Verhaltens die Plausibiltät eines Nash-Gleichgewichts in beträchtlichem Maße erhöht. Und zwar deshalb, weil sich aus der Risikoaversion der Mitkonkurrenten prinzipiell erfahrbare Anhaltspunkte ergeben,[44] die verhindern können, daß sich die Mutmaßungen der Wertpapierhändler über das Verhalten der Mitkonkurrenten in einem unendlichen Regreß verlieren, der das Zustandekommen eines Nash-Gleichgewichts faktisch undenkbar macht.

## 3.2 Der Einfluß von Informationszuwachs und Informationsgefälle

Die Auswirkungen zusätzlicher Information auf die Liquidität sind zwiespältig, sofern diese Information nur einige Händler (Insider) direkt erreicht, und die anderen (Outsider) genau wissen,[45] daß sie in ein Informationsdefizit geraten.[46] In Verbindung mit der genauen Kenntnis der Marktstruktur läßt sich das ursprüngliche Informationsdefizit zwar verringern, aber im allgemeinen nicht vollständig vermeiden. Daher wird die

---

44 KALAI/LEHRER (1993) zeigen, daß Nash-Gleichgewichte durch Lernprozesse erreicht werden können.

45 Vgl. NÖTH/WEBER (1996), die im Rahmen einer Experimentalstudie u.a. die Auswirkungen von Unsicherheit über die Anzahl von Insidern untersuchen.

46 SCHMIDT/TRESKE (1996) kommen im Rahmen einer empirischen Untersuchung zu dem Ergebnis, daß die Informationsrisikokosten bei "kleinen" DAX-Werten ungefähr zwei Drittel der Marktspanne ausmachen.

Reaktion auf Börsenkursveränderungen bei einigen Händlern gestärkt und bei einigen Händlern geschwächt, wenn einige Händler noch vor dem Börsenhandel von neuen bewertungsrelevanten Tatsachen erfahren und andere davon Kenntnis erlangen, ohne die bewertungsrelevante Tatsache selbst in Erfahrung bringen zu können. Fraglich ist, welcher der beiden Effekte im Hinblick auf die Liquidität die Oberhand behält. Offensichtlich ist, daß dies eine Frage des Kräfteverhältnisses zwischen In- und Outsidern ist. Darüberhinaus wird im folgenden gezeigt, daß ein Informationsgefälle der Liquidität um so weniger schadet,

- je höher die Kosten des sofortigen Abschlusses für das Publikum sind, wenn kein Händler von der neuen bewertungsrelevanten Tatsache erfährt, und
- je höher die Güte der Insiderinformation ist.

Dabei ist von folgenden Annahmen auszugehen: Stets haben alle Wertpapierhändler homogene a priori Erwartungen über den Liquidationserlös und stets gibt es In- und Outsider, die rationale Erwartungen über die Art und Weise besitzen, wie die anderen Marktteilnehmer die jeweils verfügbaren Informationen verwerten.[47] Im grundsätzlich angenommenen Fall einer Walrasianischen Auktion erzwingt diese Annahme, daß der Gleichgewichtsbörsenkurs die Insiderinformation stets in einem gewissen Ausmaß vorwegnimmt, weil sich der Insiderhandel nur so auf ein der verstärkten Zurückhaltung der Outsider entsprechendes Maß drosseln läßt. Diese Entwicklung ist zwingend, weil verstärkte Zurückhaltung seitens der Outsider die einzig rationale Reaktion auf das ihnen bewußte Informationsdefizit ist.

In Abschnitt 3.2.1 wird angenommen, daß alle Insider ihren Informationsvorsprung einem einzigen Analysten verdanken. Dieser Analyst macht einen Teil der Händler zu Insidern, indem er diesen das Ergebnis einer von ihm bis zum Zeitpunkt der Kursfeststellung fertiggestellten Fundamentalanalyse $A_1$ verrät. Wie weit das Ergebnis dieser Analyse im Börsenkurs vorweggenommen wird, ist offensichtlich von der Anzahl der

---

[47] Formal betrachtet entspricht das zugrundegelegte Prämissengerüst demjenigen von GROSSMAN (1976) und GROSSMAN/STIGLITZ (1980), für die es sich bei den Zufallsschwankungen im Gesamtangebot an riskanten Titeln bloß um nicht weiter spezifizierten "noise" handelte. Die gedankliche Verknüpfung dieser Zufallsschwankungen mit bestimmten Transaktionsmotiven ist Kennzeichen der auf diesem Modelltyp basierenden später entstandenen Beiträge von GENOTTE/LELAND (1990) und LELAND (1992). Der wesentliche Unterschied zwischen der vorliegenden Arbeit und sämtlichen bislang in der Literatur zu findenden Varianten des verwendeten Modelltyps liegt in einer erheblich abweichenden Darstellung, die der ökonomischen Interpretation sehr viel zugänglicher ist.

Insider abhängig; daher ist in der Überschrift zu diesem Abschnitt von der Aggregation nicht öffentlicher Information die Rede.

In Abschnitt 3.2.2 wird den Händlern zugebilligt, daß sie neben rationalen Erwartungen über die Art und Weise, wie die anderen Marktteilnehmer ihre Informationen verwerten, auch die Fähigkeit besitzen, die Konkurrenzsituation richtig einzuschätzen. Auf diese Weise kann gezeigt werden, daß das nicht unbedingt unmittelbar einleuchtende Resultat, wonach die Liquidität um so weniger beeinträchtigt wird je besser die Insiderinformation ist, im Prinzip nicht darauf basiert, daß die Insider einer Fehleinschätzung der Konkurrenzsituation aufsitzen.

In Abschnitt 3.2.3 wird angenommen, daß jeder Insider seinen Informationsvorsprung einem anderen Analysten verdankt. Diese Analysten arbeiten mit der gleichen Zuverlässigkeit aber vollkommen unabhängig voneinander. Die Fehler, die sie machen, sind daher unkorrelliert und werden im Zuge der Aggregation der Analyseergebnisse durch den Börsenkurs herausgemittelt. Dieser Sachverhalt erklärt die Objektivierungsfunktion des Börsenkurses. Es wird gezeigt, daß diese Objektivierungsfunktion die Liquidität beeinträchtigt, weil sie das Informationsgefälle verstärkt und weil der Börsenkurs auch für die Insider Signalcharakter erlangt.

In Abschnitt 3.2.4 wird gezeigt, daß das restliche Publikum verstärkt unter negativen Auswirkungen eines Informationsgefälles auf die Liquidität zu leiden hat, wenn es einigen Marktteilnehmern aus dem Kreise des Publikums gelingt, den Händlern glaubhaft zu versichern, daß das auf sie zurückgehende Transaktionsvolumen rein liquiditätsbedingt ist, und daher nichts mit unerwarteten Informationen über den erwarteten Liquidationserlös zu tun hat. In der angelsächsischen Literatur ist von "sunshine trading" die Rede insoweit der liquiditätsbedingte Handel des Publikums von einer auf das Liquiditätsmotiv verweisenden Unbedenklichkeitserklärung begleitet wird.

In Abschnitt 3.3 wird exemplarisch demonstriert, daß der Versuch, die Auswirkungen eines Informationsgefälles durch die Schaffung von Transaktionsrisiken für die Insider zu dämpfen, bei hinreichender Konkurrenz der Insider untereinander nicht immer im Interesse des Publikums ist.

### 3.2.1 Aggregation nicht öffentlicher Information durch den Börsenkurs

Angenommen es gibt genau einen Analysten, der sich professionell mit dem hier betrachteten Titel beschäftigt, und die Anzahl derjenigen Wertpapierhändler, die diesen Analysten kennen, sei $n_A$. Zwischen dem Zeitpunkt der Betrachtung $t = 0$ und dem Zeitpunkt der Kursfeststellung $t = 1$ erstellt dieser Analyst eine Fundamentalanalyse, die zu dem Ergebnis

$$A_1 = P_2 + F \tag{3.19}$$

führt. Gleichung (3.19) ist so zu lesen, daß der Analyst sein Ziel, den zukünftigen Liquidationserlös $P_2$ zu ermitteln, um den Fehler $F$ verfehlt, der annahmegemäß mit dem Liquidationserlös gemeinsam normalverteilt ist. In $t = 0$ erwartet allerdings jeder, daß der Analyst "einen Volltreffer landet". Darüberhinaus wird erwartet, daß der Betrag, um den sich der Analyst verschätzt, falls er entgegen den Erwartungen einen Fehler macht, von der Höhe des tatsächlichen Liquidationserlöses $P_2$ stochastisch unabhängig ist. In formaler Sprache lassen sich diese Annahmen durch die beiden Bedingungen $\mathrm{E}(F \mid I_0) = 0$ und $\mathrm{cov}(P_2, F \mid I_0) = 0$ wiedergeben. Hierbei repräsentiert $I_0$ die Menge an im Zeitpunkt $t = 0$ öffentlich bekannten Informationen.

Die Händler, die den Analysten kennen, dürfen sicher sein, daß dieser ihnen das Ergebnis $A_1$ seiner noch nicht veröffentlichten Analyse verrät, so daß sie $A_1$ zum Zeitpunkt der Kursfeststellung kennen. Diese Händler werden daher im folgenden als Insider bezeichnet. Die Insider fragen in $t = 1$

$$B_A^* = \mathrm{argmax}\ \{\ \mathrm{sä}(W_2 \mid A_1, I_0) \ \mid\ P_1 = e_A \cdot B_A + \mathrm{f}(A_1, D_P, I_0)\ ,\ e_A \geq 0\ \} \tag{3.20}$$

nach. Die Insider gehen also davon aus, daß der Börsenkurs nach Maßgabe der Reaktionsfunktion

$$P_1 = e_A \cdot B_A + \mathrm{f}(A_1, D_P, I_0)$$

auf ihre eigene Nachfrage reagiert, verzichten aber auf die Berücksichtigung des Gleichgewichtskurses $P_1$ als weitere Informationsquelle. Dieser Verzicht leuchtet unmittelbar ein, wenn man bedenkt, daß jeder Insider ein und dasselbe Analyseergebnis in Erfahrung bringt, so daß auch nur dieses eine Analyseergebnis Eingang in den Gleichgewichtskurs finden kann. Wertpapierhändler, die dieses Ergebnis kennen, wissen damit wenigstens genausoviel über den Liquidationserlös, wie ihnen der Börsenkurs jemals verraten kann. Daher ist es aus ihrer Sicht rational, den Börsenkurs als Informationsquelle zu ignorieren.

Geht man ergänzend zu den bislang getroffenen Annahmen über Verteilungen und Risikonutzenfunktionen davon aus, daß sich die Insider von der Annahme vollkommener Konkurrenz leiten lassen ($e_A = 0$)[48] und daß alle Insider den gleichen Risikoaversionskoeffizienten, d.h. die gleiche Risikotoleranz $t_A$ haben (auf eine Indizierung der Händler aus dieser Gruppe kann daher verzichtet werden), dann sieht die optimale (Bestands-)Politik der Insider wie folgt aus:[49]

$$B_A^* = t_A \cdot s_A \cdot \frac{E(P_2 \mid A_1, I_0) - P_1}{\text{var}(P_2 \mid A_1, I_0)}$$

$$= c_A \cdot s_A \cdot [(1+g_A) \cdot (\mu - P_1) + g_A \cdot (A_1 - E(A_1 \mid I_0))] \tag{3.21}$$

mit (zur Erinnerung: Die Verwendung des Buchstaben $c$ soll anzeigen, daß es sich um eine Konstante handelt)

$$c_A := t_A / \sigma_P^2 \ , \tag{3.22}$$

$$s_A := \frac{(1/t_A) \cdot \text{var}(P_2 \mid A_1, I_0)}{e_A + (1/t_A) \cdot \text{var}(P_2 \mid A_1, I_0)} \tag{3.23}$$

und

$$g_A := \frac{\text{var}(P_2 \mid I_0)}{\text{var}(P_2 \mid A_1, I_0)} - 1 \geq 0 \ . \tag{3.24}$$

---

48 Liquiditätsbewußtsein wird im folgenden Abschnitt berücksichtigt.

49 Vgl. Anhang A

Die Darstellung (3.21) erlaubt es, die bei Kenntnis des Analyseergebnisses $A_I$ durch marginale Veränderungen des Börsenkurses induzierte Grenznachfrage unmittelbar mit der Grenznachfrage zu vergleichen, die sich auf der Basis eines gegenüber dem Zeitpunkt $t = 0$ unveränderten Informationsstandes $I_I = I_0$ ergeben hätte. Nimmt man für beide Fälle vereinfachend an, daß sich die Händler nicht liquiditätsbewußt verhalten, dann gilt bei unveränderter Risikoaversion unter Berücksichtigung von

$$e = e_A = 0 \Rightarrow s = s_A = 1$$

und

$$c = c_A$$

wegen

$$g_A \geq 0$$

die Relation (abs( · ) repräsentiert den Absolutwertoperator)

$$\text{abs}(\frac{\partial B_A^*}{\partial P_I}) = c_A \cdot (1+g_A) = c \cdot (1+g_A) \geq c = \text{abs}(\frac{\partial B^*}{\partial P_I}) \ .$$

Wer bei der Abgabe seiner Börsenorder auf das Ergebnis der Unternehmensanalyse $A_I$ zurückgreifen kann, (im folgenden wird das Zeitintervall zwischen Abschluß der Unternehmensanalyse, Weitergabe des Ergebnisses $A_I$ und Börsenhandel in $t = 1$ o.B.d. A. vereinfachend auf einen Punkt verdichtet), reagiert demnach wenigstens genauso impulsiv auf Börsenkursänderungen wie jemand, der das Ergebnis nicht erfährt. Wieviel impulsiver die Reaktionen ausfallen, ist eine Frage der Güte des Informationsflusses bei den Insidern $g_A \geq 0$.[50] Solange diese Güte meßbar von Null verschieden ist, reagieren die Insider selbst dann sensitiver auf Börsenkursänderungen als bei unverändertem Informationsstand, wenn der Analyst zu einem Ergebnis kommen sollte, das die Insider sowieso erwartet haben, d.h. wenn $A_I = E(A_I \mid I_0)$ gilt. Dieses

50 Da der Informationsfluß durch die Bekanntgabe des Analyseergebnisses $A_I$ ausgelöst wird, wird das Symbol $g$ für Güte mit dem Buchstaben $A$ indiziert.

Verhalten läßt sich damit erklären, daß auch die Bestätigung dessen, was die Insider erwartet haben, bei diesen für mehr Gewißheit sorgt, so daß sie vergleichsweise aggressiver auf Börsenkursänderungen reagieren. Man könnte in diesem Zusammenhang von einem Bestätigungseffekt reden.

Angesichts der zentralen Bedeutung, die der Güte des Informationsflusses zufällt, stellt sich die Frage nach deren Determinanten. Auch hierfür gibt es eine einleuchtende Erklärung: Die Güte des Informationsflusses bei den Insidern ist eine (konvexe) Funktion der Zuverlässigkeit des Analysten und läßt sich durch das Maß

$$z := \frac{\mathrm{var}(P_2 \mid I_0)}{\mathrm{var}(A_1 \mid I_0)} = \frac{\mathrm{var}(P_2 \mid I_0)}{\mathrm{var}(P_2 \mid I_0) + \mathrm{var}(F \mid I_0)} \tag{3.25}$$

messen, welches auf das offene (0, 1)-Intervall skaliert ist. Konkret gilt:[51]

$$g_A = \frac{z}{1 - z} \,. \tag{3.26}$$

Die bisherigen Ausführungen haben gezeigt, daß die Insider heftiger auf Börsenkursveränderungen reagieren als zuvor, wenn sie noch vor dem Börsenhandel neue bewertungsrelevante Information erhalten. Im folgenden wird gezeigt, daß das Wissen von der Existenz eines Informationsvorsprungs der Insider bei den Outsidern das Gegenteil bewirkt. Dabei ist davon auszugehen, daß es $n_P$ Händler gibt, die sich mit Ausnahme der Risikoaversion und des hier entscheidenden Faktums, daß sie nicht zum Bekanntenkreis des Analysten gehören, durch nichts von den Insidern unterscheiden. Das spezifische Problem der Outsider besteht nunmehr darin, nicht länger mit Sicherheit ausschließen zu können, daß Änderungen des Börsenkurses nicht auf Publikums- sondern auf Insidertransaktionen zurückgehen. Mit anderen Worten: Sie haben Grund zu der Befürchtung, daß die Insider die Publikumstransaktionen sozusagen als Kulisse für ihre Insidergeschäfte nutzen.

Analog zu den Insidern fragen die Outsider in $t = 1$

---

51 Siehe Anhang B.

$$B_P^* = \text{argmax} \{ \text{sä}( W_2 \,|P_1, I_0) \;|\; P_1 = e_P \cdot B_P + \text{f}( A_1, D_P, I_0) \;,\; e_P \geq 0 \;\} \tag{3.27}$$

nach. Für diese Gruppe von Händlern ist der Börsenkurs $P_1$ ganz offensichtlich eine wertvolle Informationsquelle, da sie das Analyseergebnis $A_1$ nicht unmittelbar in Erfahrung bringen können. Nutzbar wird der Informationsgehalt des Gleichgewichtskurses $P_1$ für die nur öffentlich informierten Händler durch die spezifische Form des Limitierens, die letztlich in der Übermittlung kompletter Nachfragekurven besteht. Dadurch ist sichergestellt, daß stets zum Gleichgewichtskurs gehandelt wird.[52] Diese Tatsache sorgt bei den Outsidern für einen Informationsfluß, indem sie bestmöglichen Gebrauch von ihrer vollkommenen Kenntnis der Marktstruktur[53] machen. Sie gestattet es den Outsidern nämlich, ein Kursmodell zu entwickeln, das den Zusammenhang zwischen nicht umittelbar beobachtbaren Zufallseinflüssen und dem Börsenkurs abbildet. Damit wird die Menge der mit bestimmten Gleichgewichtskursen zu vereinbarenden Zufallskonstellationen grundsätzlich reduziert. Insofern verbindet sich mit der Möglichkeit, die Nachfrage unmittelbar an den Gleichgewichtskurs zu koppeln, ein Informationsfluß bei den Outsidern, der es diesen ermöglicht, einen Teil des Informationsvorsprungs der besser informierten Händler wettzumachen.

Konkret sieht die optimale (Bestands-)Politik der Outsider in Verbindung mit

$$s_P := \frac{(1/t_P) \cdot \text{var}(P_2 \,|P_1, I_0)}{e_P + (1/t_P) \cdot \text{var}(P_2 \,|P_1, I_0)}$$

zunächst wie folgt aus:

---

52 Alternativ kann man sich vorstellen, daß die Informationen den Händlern im Rahmen eines recontracting zufließen, das so lange wiederholt wird, bis der Markt geräumt ist.

53 Die vollkommene Kenntnis der Marktstruktur ist kennzeichnend für Modelle mit "rationalen Erwartungen". Der Einwand, daß man eine solch vollkommene Kenntnis der Marktstruktur in der Realität eher selten in Reinkultur vorfindet, verblaßt vor dem Hintergrund der Tatsache, daß Modelle mit rationalen Erwartungen häufig trotz ihrer Komplexität zu sehr plausiblen Resultaten führen. Die Plausibilitätsbehauptung findet man in den verschiedensten Kontexten bestätigt. Stellvertretend sei auf EWERT/WAGENHOFER (1992) verwiesen, die die Tatsache, daß Unternehmen gerade dann freiwillig publizieren, wenn die Gefahr sehr groß ist, daß sich neue Konkurrenten etablieren, mit der allgemein akzeptierten Intuition "Keine Antwort ist auch eine Antwort" plausibel machen.

$$B_P^* = t_P \cdot s_P \cdot \frac{\mathrm{E}(P_2 \,|\, P_1, I_0) - P_1}{\mathrm{var}(P_2 \,|\, P_1, I_0)}. \tag{3.28}$$

Das spezifische Problem der Händler, die das Analyseergebnis $A_1$ nicht kennen, besteht darin, daß sie nicht wissen können, ob der Börsenkurs durch Transaktionen des Publikums in Bewegung gerät oder aufgrund der Tatsache, daß die Insider ein überraschendes Analyseergebnis erfahren haben. Im folgenden wird zunächst davon ausgegangen, daß sich die Outsider zwar ebenso wie die Insider nicht um die tatsächliche Konkurrenzsituation im Gleichgewicht scheren ($e_P = 0$), aber rationale Erwartungen über die Informationsverwertung sämtlicher Händler im Gleichgewicht haben. Präziser gesagt ist damit folgendes gemeint: Da die Outsider die Marktstruktur ganz genau kennen, wissen sie, wie groß ihr eigener Einfluß und wie groß der Einfluß der Insider auf die Gesamtnachfrage ist. Das versetzt die schlechter informierten Händler in die Lage, sich "ausrechnen" zu können, wie sensibel der Kurs auf Publikumstransaktionen einerseits und auf die Überraschungskomponente im Analyseergebnis andererseits reagiert. Die Fähigkeit, das Kräfteverhältnis zwischen dem Einfluß dieser beiden Faktoren abschätzen zu können, macht den Börsenkurs zu einer wertvollen Informationsquelle für diejenigen Händler, die das Ergebnis der Analyse selbst nicht kennen. Bedenkt man, daß dieses Kräfteverhältnis letztlich durch die Gleichgewichtsstrategien sämtlicher Händler determiniert wird, so wird klar, daß es im allgemeinen hochgradig komplex ist, bei asymmetrisch verteilter Information Gleichgewichte mit sich selbst bestätigenden Erwartungen zu bestimmen. Unter den konkret getroffenen Annahmen wird diese Aufgabe allerdings dadurch erleichtert, daß die optimale Bestandspolitik $B_P^*$ trotz der Doppelrolle des Börsenkurses - er löst bei den nicht direkt informierten Händlern zugleich einen Budget- und einen Signaleffekt aus - eine lineare Funktion des Börsenkurses bleibt, wenn die Outsider zunächst davon ausgehen, daß der Börsenkurs linear von den beiden aus ihrer Sicht nicht separat beobachtbaren Zufallseinflüssen abhängt. Die Linearität der Nachfrage von direkt und nicht direkt informierten Händlern gewährleistet dann, daß sich der vermutete Zusammenhang

$$P_1 = a \cdot A_1 + (1/\ell) \cdot D_P + const \tag{3.29}$$

für eine bestimmte Parameterkonstellation von $a$, $\ell$ und *const* bestätigt.

Unter Berücksichtigung der Definition (Hinweis: $t_P$ steht analog zur Risikotoleranz der zum Zeitpunkt des Börsenhandels über $A_1$ unterrichteten Insider $t_A$ für die Risikotoleranz der Outsider, die sich lediglich die im Gleichgewichtskurs $P_1$ steckenden Informationen zunutze machen können, indem sie ihre Nachfrage an $P_1$ koppeln; bei $\sigma_P^2$ handelt es sich wie bisher um die Varianz des Liquidationserlöses $P_2$ auf der Grundlage der in $t = 0$ verfügbaren Information)

$$c_P := t_P/\sigma_P^2 \tag{3.30}$$

und dem analog zu $g_A$ definierten Maß

$$g_P := \frac{\mathrm{var}(P_2 \mid I_0)}{\mathrm{var}(P_2 \mid P_1, I_0)} - 1 \geq 0 \tag{3.31}$$

für die Güte des Informationsflusses bei den Outsidern,[54] läßt sich die folgende Beziehung herstellen[55]

$$B_P^* = c_P \cdot s_P \cdot [(1+g_P) \cdot (\mu - P_1) + (g_P/a) \cdot (P_1 - \mathrm{E}(P_1 \mid I_0))]$$

$$= c_P \cdot s_P \cdot [(1+g_P-g_P/a) \cdot (\mu - P_1) + (g_P/a) \cdot \mathrm{E}(P_2 - P_1 \mid I_0)] \,. \tag{3.32}$$

Es stellt sich nunmehr die Frage nach den Implikationen der oben angestellten Verhaltensanalysen für ein Gleichgewicht. Der zentrale Unterschied zwischen einem Gleichgewicht bei asymmetrisch verteilter und einem Gleichgewicht bei homogen verteilter Information ist der Verlust der klaren Rollenverteilung zwischen dem Publikum als Liquiditätsnachfrager auf der einen Seite und den Wertpapierhändlern als Liquiditätsanbieter auf der anderen Seite. Immer dann, wenn die Insider von einem überraschenden nicht öffentlichen Analyseergebnis zu profitieren versuchen, benötigen sie nämlich möglichst viel Liquidität, damit ihr Informationsvorsprung in möglichst geringem Umfang durch den Börsenkurs vorweggenommen wird. Die besser informierten

---

54 Dieses Maß mißt, wieviel treffgenauer die Prognosen der schlechter informierten Wertpapierhändler werden, wenn diese die im Börsenkurs steckende Information berücksichtigen. Die Verwendung des Subindexes $P$ soll anzeigen, daß der Informationsfluß durch den Börsenkurs ausgelöst wird.

55 Siehe Anhang C.

Händler werden also eventuell selbst zu Liquiditätsnachfragern. Dabei sind sie im Gleichgewicht auf die von den schlechter informierten Händlern bereitgestellte Liquidität angewiesen, da sich das Publikum nicht am Börsenkurs orientiert, sondern rein zufällig handelt.

Im folgenden soll im Sinne einer *schrittweisen* Hinführung zum Gleichgewicht zunächst die Bandbreite für den Parameter $a$ abgesteckt werden, der gemäß Gleichung (3.29) determiniert, in welchem Umfang das nicht öffentliche Analyseergebnis oder besser gesagt die Überraschungskomponente desselben[56] durch den Börsenkurs vorweggenommen wird. Im ersten Schritt wird untersucht, wie groß diese Bandbreite ist, wenn es die Outsider den Insidern leicht machen, von ihrem Informationsvorsprung zu profitieren, indem sie den Informationsgehalt des Börsenkurses ignorieren.

Ein Gleichgewicht setzt offensichtlich voraus, daß der durch ein unerwartetes Analyseresultat induzierte Insiderhandel einen Nettonachfrageeffekt von Null hat. Da sich das Publikum rein zufällig verhält, kann es auch keinen Beitrag dazu leisten, den Markt im Gleichgewicht zu halten, wenn die besser informierten Händler versuchen von ihren Insiderinformationen zu profitieren. Diese Rolle fällt demnach zwangsläufig den Outsidern zu. Wenn die Insider beispielsweise aufgrund einer eines überraschend guten Analyseresultats zusätzliche Nachfrage entfalten, dann muß diese zusätzliche Nachfrage durch eine entsprechend geringere Nachfrage der Outsider kompensiert werden. Dazu muß der Börsenkurs "anziehen". Wenn die Outsider den Informationsgehalt des Börsenkurses ignorieren, dann muß der Parameter $a$ die Bedingung

$$n_A \cdot c_A \cdot (g_A - (1 + g_A) \cdot a) = n_P \cdot c_P \cdot a \qquad (3.33)$$

erfüllen, wenn es sich bei (3.29) um eine im Gleichgewicht zutreffende Vermutung handeln soll. Unter Berücksichtigung der Beziehung (3.26) zwischen der Güte des Informationsflusses bei den Insidern $g_A$ und der Zuverlässigkeit des Analysten $z$, läßt sich (3.33) wie folgt darstellen

56 Mit der Überraschungskomponente des Analyseergebnisses ist die Differenz zwischen dem tatsächlichen Analyseergebnis und dem Ergebnis, welches zuvor erwartet wurde, gemeint. Aus (3.21) läßt sich ablesen, daß die Nachfrage der besser informierten Händler von dieser Differenz und nicht vom Analyseergebnis an sich abhängt. Daher muß auch der Börsenkurs letztlich von dieser Differenz und nicht vom Analyseergebnis an sich abhängen. Diese unmittelbar einleuchtende Überlegung findet man weiter unten im Text bestätigt.

$$n_A \cdot c_A \cdot \frac{z - a}{1 - z} = n_P \cdot c_P \cdot a$$

Wegen $c_A > 0$ und $c_P > 0$ und $0 < z < 1$ muß daher die Bedingung

$$0 < a < z \tag{3.34}$$

erfüllt sein, damit ein Gleichgewicht zustandekommen kann. Dieses Intervall impliziert zwei bemerkenswerte Sachverhalte: Zum einen bewegt sich der Börsenkurs immer in die gleiche Richtung wie der Liquidationserlös.[57] Und zum anderen wird das Ausmaß, in dem die Überraschungskomponente des Analyseergebnisses durch den Börsenkurs vorweggenommen wird, nach oben durch die Zuverlässigkeit des Analysten begrenzt. Kursreaktionen, die sich in diesem Rahmen bewegen, drosseln die Nachfragereaktion derjenigen, die einen Informationsvorsprung besitzen, und gewährleisten, daß diejenigen, die die Analyse nicht kennen, willens sind, mit den besser informierten Händlern zu handeln. Wenn $a$ die Grenzen des Intervalls (3.34) erreicht, dann löst ein unerwartetes Analyseergebnis entweder nur bei den Insidern ($a = 0$) oder nur bei den Outsidern ($a = z$) Reaktionen aus. Liegt $a$ jenseits der Grenzen des Intervalls, dann "laufen" In- und Outsider in die gleiche Richtung, wenn die Analyse Überraschendes bringt. Dies ist mit einem Gleichgewicht nicht vereinbar.

Dabei haben die schlechter informierten Händler bislang noch nicht einmal bedacht, daß der Börsenkurs eine wertvolle Informationsquelle ist, da er von der Nachfrage der besser informierten Händler beeinflußt wird. Wenn die Outsider die im Börsenkurs steckenden Informationen nicht mehr ignorieren, wird das "in die gleiche Richtung Laufen" aber erst recht zu einem Problem. In diesem Fall löst ein marginal besseres Analyseresultat auf Seiten der schlechter informierten Händler einen Nettonachfrageeffekt in Höhe von

$$- n_P \cdot c_P \cdot (1 + g_P - g_P/a) \cdot a$$

aus, woraus sich unter Berücksichtigung der durch $0 < a < z < 1$ implizierten Relation $g_P - g_P/a < 0$ unmittelbar ersehen läßt, daß das durch eine marginale Erhöhung des

57 Statt Liquidationserlös könnte man auch Fundamentalwert sagen.

Analyseresultats induzierte Insiderhandelsvolumen abnimmt, wenn die Outsider c.p. dazu übergehen, den Informationsgehalt des Börsenkurses berücksichtigen.

Da die Nettonachfrage der Insider unverändert mit dem Proportionalitätsfaktor

$$n_A \cdot c_A \cdot (g_A - (1 + g_A) \cdot a)$$

auf das Analyseergebnis $A_1$ reagiert, kann der mutmaßliche Erklärungszusammenhang (3.29) daher nur unter der Bedingung

$$n_A \cdot c_A \cdot (g_A - (1 + g_A) \cdot a) = n_P \cdot c_P \cdot (1 + g_P - g_P / a) \cdot a \qquad (3.35)$$

zutreffen. Sei

$$\bar{c} := \frac{n_A \cdot c_A + n_P \cdot c_P}{n_A + n_P}$$

die durch einen marginal sinkenden Börsenkurs bei gleichbleibendem Informationsstand ausgelöste durchschnittliche Grenznachfrage eines Händlers aus irgendeiner der beiden Gruppen von Händlern, dann ist

$$\% := \frac{n_A \cdot c_A}{n_A \cdot c_A + n_P \cdot c_P} = \frac{n_A}{n_A + n_P} \cdot \frac{c_A}{\bar{c}} \qquad (3.36)$$

ein Maß für die relative Marktmacht, die die Insider bei ausbleibendem Informationsfluß hätten.[58] Mit Hilfe dieses und des Maßes

---

[58] Da beide Gruppen von Händlern a priori homogene Informationen besitzen, läßt sich die relative Marktmacht, die die Insider ohne Insiderinformation hätten, in Verbindung mit der Definition

$$\bar{t} := \frac{1}{n} \cdot \sum_{i=1}^{n} t_i$$

für die durchschnittliche Risikotoleranz sämtlicher Händler auch wie folgt erklären:

$$\% = \frac{n_A}{n_A + n_P} \cdot \frac{t_A}{\bar{t}} .$$

$$\bar{g} := \% \cdot g_A + (1 - \%) \cdot g_P \tag{3.37}$$

für die marktmachtgewichtete durchschnittliche Güte des Informationsflusses, die an der durchschnittlichen Risikoreduktion gemessen wird, kann man die Gleichgewichtsbedingung (3.35) auch in der Form

$$\% \cdot (g_A - (1 + g_A) \cdot a) = (1 - \%) \cdot ((1 + g_P) \cdot a - g_P)$$

bzw.

$$\% \cdot g_A + (1 - \%) \cdot g_P = (1 + \% \cdot g_A + (1 - \%) \cdot g_P) \cdot a$$

bzw.

$$a = \frac{\bar{g}}{1+\bar{g}} \tag{3.38}$$

schreiben. Hieraus ergibt sich unter Berücksichtigung von

$$a'(\bar{g}) = \frac{1}{(1+\bar{g})^2} > 0$$

und

$$a''(\bar{g}) = -\frac{2}{(1+\bar{g})^3} < 0 ,$$

daß das Ausmaß $a$, in dem die Überraschungskomponente des noch nicht publizierten Analyseergebnisses $A_I$ in den Börsenkurs einfließt, im Gleichgewicht ein konkave Funktion der durchschnittlichen Güte des Informationsflusses ist.

Unter Berücksichtigung von (3.38) läßt sich die optimale Bestandspolitik (3.32) wie folgt schreiben

$$B_P^* = c_P \cdot s_P \cdot [(1-g_P/\bar{g}) \cdot (\mu - P_1) + (g_P/a) \cdot \mathrm{E}(P_2 - P_1 \mid I_0)] \ . \qquad (3.39)$$

Die Nachfrage der Outsider orientiert sich demzufolge auch an der ex ante erwarteten Risikoprämie $\mathrm{E}(P_2-P_1 \mid I_0)$, die im folgenden näher bestimmt werden soll. Da sichergestellt ist, daß nur zu Gleichgewichtskursen gehandelt wird, ist in $t = 0$ nichts anderes zu erwarten, als daß der zukünftige Börsenkurs den Markt räumt. Die enssprechende Bedingung lautet (zur Erinnerung: $\bar{b}_0$ entspricht dem durchschnittlichen Handelsbestand eines Händlers in der Ausgangssituation):

$$\frac{n_A}{n_P+n_A} \cdot \mathrm{E}(B_A^* \mid I_0) + \frac{n_P}{n_P+n_A} \cdot \mathrm{E}(B_P^* \mid I_0) = \bar{b}_0 \ . \qquad (3.40)$$

Das Publikum spielt bei dieser Betrachtung keine Rolle, weil die erwartete Nettonachfrage des Publikums Null ist. Einsetzen der optimalen Bestandspolitiken (3.21) und (3.28) in (3.40) führt unter der Annahme $s_A = s_P = 1$ und unter Berücksichtigung der Tatsache, daß sowohl die besser als auch die schlechter informierten Händler wegen

$$\mathrm{E}(\,\mathrm{E}(P_2 \mid A_1, I_0) \mid I_0\,) = \mathrm{E}(\,\mathrm{E}(P_2 \mid P_1, I_0) \mid I_0\,) = \mathrm{E}(P_2 \mid I_0)$$

a priori die gleiche Risikoprämie[59] erwarten, auf

$$\mathrm{E}(P_2-P_1 \mid I_0) = \frac{\dfrac{\bar{b}_0}{\bar{c}}}{\% \cdot \dfrac{\mathrm{var}(P_2 \mid I_0)}{\mathrm{var}(P_2 \mid A_1, I_0)} + (1-\%) \cdot \dfrac{\mathrm{var}(P_2 \mid I_0)}{\mathrm{var}(P_2 \mid P_1, I_0)}}$$

$$= \frac{\dfrac{\bar{b}_0}{\bar{c}}}{\% \cdot (1+g_A) + (1-\%) \cdot (1+g_P)}$$

59 Die Insider wissen allerdings bereits in $t = 0$, daß für sie das Risiko in $t = 1$ geringer sein wird als für die Outsider.

$$= \frac{1}{1+\bar{g}} \cdot \frac{\bar{b}_0}{\bar{c}} \; .$$ [60] (3.41)

Einsetzen von (3.41) in (3.39) führt unter Berücksichtigung von (3.38) auf

$$B_P^* = s_P \cdot [c_P \cdot (1 - g_P/\bar{g}) \cdot (\mu - P_I) + (g_P/\bar{g}) \cdot (c_P/\bar{c}) \cdot \bar{b}_0] \; . \qquad (3.42)$$

Hierbei läßt sich der Quotient der Güte des durch den Börsenkurs ausgelösten Informationsflusses einerseits und der Güte des durchschnittlichen Informationsflusses andererseits als ein Maß für die Informationseffizienz begreifen. Bemerkenswert ist, daß die Bestandspolitik der Outsider vollständig durch die Informationseffizienz des Marktes determiniert wird: (3.42) läßt unmittelbar erkennen, daß sich die Outsider mit zunehmender Informationseffizienz immer weniger am Börsenkurs und immer mehr an der in Abwesenheit des Publikums paretoeffizienten Risikoposition orientieren.[61]

---

60 Ein Großteil der Diskussion (vgl. stellvertretend für die kaum zu überblickende Litertur zu diesem Themenkomplex LAHMANN (1994), SCHÖRNER (1991) und die Darstellung des rechtsdogmengeschichtlichen Hintergrunds der Entwicklung der Insiderrechtsprechung in den Vereinigten Staaten bei KRAAKMAN (1991)) über ein Insiderhandelsverbot rankt sich um den Zielkonflikt zwischen der bestmöglichen Informationsversorgung des Kapitalmarktes einerseits und der Beeinträchtigung der Bereitschaft zur Risikoübernahme durch eine Beeinträchtigung der Chancengleichheit andererseits. Gleichung (3.41) legt die Wurzeln dieses Zielkonflikts frei: Die durchschnittliche Güte des Informationsflusses $\bar{g}$ nimmt mit jedem Insider, der qua Insiderhandelsverbot vom Handel ausgeschlossen wird, ab. Dies führt bei gegebener Partizipation von Marktteilnehmern zu einer Zunahme der a priori erwarteten Risikoprämie. Dem wird entgegengehalten, daß mehr Chancengleichheit dazu beitragen könnte, neue Anlegerschichten zu erschließen, die unter anderen Umständen nicht bereit sind, Risiken zu übernehmen. Dies würde sich in (3.41) in einer Verringerung des von den Marktteilnehmern durchschnittlich zu tragenden Risikos $\bar{b}_0$ niederschlagen, was c.p. eine niedrigere a priori erwartete Risikoprämie zur Folge hat. Der erste Effekt kommt einer Erhöhung der erwarteten Kapitalkosten und der zweite Effekt kommt einer Senkung der erwarteten Kapitalkosten gleich. Offensichtlich fällt es also deshalb so schwer, sich auf die Seite der Befürworter oder Gegner eines Insiderhandelsverbots zu schlagen, weil man dazu die Reaktion der Bevölkerungskreise sehr genau kennen müßte, die dem Markt vor der Aussprache des Insiderhandelsverbots ferngeblieben sind. Ein denkbarer Ausweg aus dem Dilemma der Wahl zwischen einer besseren Informationsversorgung einerseits und weniger Chancengleichheit andererseits besteht darin, die Versorgung des Marktes mit Informationen den Emittenten börsennotierter Titel zu übertragen, anstatt sie Insidern zu überlassen. Zwar scheint die Erfahrung mit dem vom neuen WpHG (Wertpapierhandelsgesetz) fast wörtlich übernommenen § 44a BörsG zu lehren, daß dieser Versuch ins Leere laufen muß, allerdings hat EWERT (1995) gezeigt, daß diese Erfahrung gerade durch die Abwesenheit eines Insiderhandelsverbots vor dem Inkrafttreten des WpHG begünstigt wurde.

61 Diese Aussage gilt mit der Einschränkung, daß der Extremfall einer ausschließlichen Orientierung an der paretoeffizienten Allokation des Gesamthandelsbestands der Wertpapierhändler voraussetzt, daß der Markt streng informationseffizient wird. Dies setzt allerdings seinerseits voraus, daß es in dem Zeitpunkt, in dem der Handel eigentlich hätte stattfinden sollen, kein Risiko und somit auch keine Möglichkeit mehr gibt, Risiken zu teilen. Unter diesen Umständen würde jeder Händler das Interesse

Anders gesagt: Mit zunehmender Informationseffzienz findet eine Verschiebung der Akzente vom Trading hin zur Risikoteilung statt. Das impliziert, daß der Markt mit wachsender Informationseffizienz für die Outsider immer uninteressanter wird, wenn der unter dem Risikoteilungsaspekt angestrebte Zustand bereits in der Ausgangssituation erreicht ist, d.h. wenn (Hinweis: aufgrund homogener a priori Erwartungen gilt $c_P/\bar{c} = t_P/\bar{t}$)

$$b_{0A} = (c_P/\bar{c}) \cdot \bar{b}_0 = (t_P/\bar{t}) \cdot \bar{b}_0$$

gilt. Diese Bedingung ist beispielsweise stets erfüllt, wenn sämtliche Händler einen Anfangsbestand von Null haben. In der soeben beschriebenen Akzentverschiebung vom Trading zur Risikoteilung spiegelt sich die Logik eines Gleichgewichts mit rationalen Erwartungen: Den Outsidern, die sich ihrer ungünstigen Ausgangsposition vollkommen bewußt sind, muß es als Gebot der Rationalität erscheinen, sich um so mehr Zurückhaltung aufzuerlegen, je größer ihr Informationsdefizit wird. Unter dieser Voraussetzung kann das Preissystem seine Koordinationsfunktion nur erfüllen, wenn es den Insidervorteil in um so größerem Maße beschneidet, je größer dieser ursprünglich ist. Dies kann nur geschehen, indem die Insiderinformation in vergleichsweise größerem Ausmaß durch den Börsenkurs vorweggenommen wird. Und damit schließt sich der Kreis, denn aufgrund des stärkeren Gleichlaufs zwischen Börsenkurs und erwartetem Liquidationserlös liefert das Preissystem den Outsidern letztlich den konkreten Grund zu stärkerer Zurückhaltung.

Unter der weiter unten bewiesenen aber auch ohne Beweis intuitiv unmittelbar einsichtigen Annahme, daß die Güte des den Insidern direkt zuströmenden Informationsflusses stets größer ist als die Güte des vom Börsenkurs ausgehenden Informationsflusses, der nur bei den Outsidern Beachtung findet, ist - sofern es überhaupt Insider gibt - von der Ordnung $0 < g_P < \bar{g} < g_A$ auszugehen. Diese impliziert $0 < g_P/\bar{g} < 1$ und läßt einen unmittelbaren Vergleich des Verhaltens benachteiligter Outsider mit dem Verhalten von Wertpapierhändlern zu, die sich keine Gedanken um ein Informationsdefizit machen müssen, weil sie wissen, daß zwischen $t = 0$ und $t = 1$ mit Sicherheit keine neuen bewertungsrelevanten Tatsachen bekannt werden. Nimmt man für beide

---

am Wertpapierhandel verlieren. Auf die durch den Verlust an Risikoteilungsmöglichkeiten verursachten Nutzeneinbußen risikoaverser Wirtschaftssubjekte stützt sich auch das sog. "Informationsablehnungstheorem". Vgl. hierzu EWERT (1989) mit einem sehr instruktiven Beispiel auf S. 254f.

Fälle wiederum vereinfachend an, daß sich die Händler nicht liquiditätsbewußt verhalten, dann gilt bei unveränderter Risikoaversion unter Berücksichtigung von

$$e = e_P = 0 \Rightarrow s = s_P = 1$$

und

$$c = c_P$$

die Relation (zur Erinnerung: abs( · ) repräsentiert den Absolutwertoperator)

$$\text{abs}(\frac{\partial B_P^*}{\partial P_1}) = c_P \cdot (1 - g_P/\bar{g}) = c \cdot (1 - g_P/\bar{g}) < c = \text{abs}(\frac{\partial B^*}{\partial P_1}) .$$

Demnach reagieren die Outsider mit verstärkter Zurückhaltung, wenn sie ein Informationsdefizit antizipieren, und konterkarieren somit das impulsivere Verhalten der Insider.

Die Tatsache, daß die vermeintlichen Gleichgewichtspolitiken (3.21) und (3.42) im Lichte der obigen Überlegungen sehr plausibel erscheinen, sollte nicht darüber hinwegtäuschen, daß die Frage, ob es überhaupt ein oder eventuell mehrere Gleichgewichte gibt, bislang noch offen ist. Dazu muß nämlich geprüft werden, ob Gleichung (3.38) eine oder mehrere Lösungen besitzt. Dies ist zunächst keineswegs offensichtlich, da die durchschnittliche Güte der im Zeitpunkt der Kursfeststellung verfügbaren Information $\bar{g}$ gemäß (3.37) von der Güte der im Börsenkurs steckenden Information $g_P$ abhängt, die ihrerseits von dem Ausmaß $a$ beeinflußt wird, in dem die Überraschungskomponente des Ergebnisses der Unternehmensanalyse durch den Börsenkurs vorweggenommen wird. Die rechte Seite der Gleichgewichtsbedingung (3.38) ist demnach grundsätzlich von $a$ abhängig. Allerdings ist $a$ nicht alleine maßgebend für $g_P$. Vielmehr hängt $g_P$ vom Kräfteverhältnis zwischen dem Einfluß überraschender Analyseergebnisse einerseits und dem Einfluß der Nettonachfrage des Publikums auf den Börsenkurs andererseits ab. Dieses Kräfteverhältnis ist durch eine Konkurrenzbeziehung zwischen dem Ausmaß, in dem die Insiderinformation durch den Börsenkurs vorweggenommen wird, und der Liquidität des Marktes gekennzeichnet: Je weniger liquide der Markt ist, desto stärker muß der Kurs reagieren, damit sich

Outsider finden, die willens sind, mit den Insidern zu handeln und umgekehrt. Dieser Zusammenhang soll im folgenden genauer ausgearbeitet werden.

Die gleichgewichtige Liquidität ergibt sich ökonomisch betrachtet aus der Überlegung, daß die durch eine Erhöhung der Publikumsnachfrage (des Publikumsangebots) induzierte Kurserhöhung (Kurssenkung) so bemessen sein muß, daß die Gesamtheit aus besser und schlechter informierten Händlern bereit ist, die zusätzliche Nachfrage zu befriedigen bzw. das zusätzliche Angebot vom Markt zu nehmen. Ausgangspunkt der Überlegung sind auch hier wieder die Händlerreaktionen: Wenn der gemutmaßte Erklärungszusammenhang

$$P_1 = a \cdot A_1 + (1/\ell) \cdot D_P + const$$

zutrifft, dann löst eine Erhöhung der Nettonachfrage des Publikums um eine Mengeneinheit einen Kursschub um $(1/\ell)$ Geldeinheiten aus. Auf diesen Kurschub reagieren die Händler insgesamt mit einem zusätzlichen Angebot (das negative Vorzeichen deutet an, daß es sich um Angebot handelt) in Höhe von

$$-(n_A + n_P) \cdot \bar{c} \cdot (1/\ell) \cdot (\% \cdot (1 + g_A) + (1 - \%) \cdot (1 - g_P/\bar{g}))$$

Stücken. Im Gleichgewicht muß daher

$$(n_A + n_P) \cdot \bar{c} \cdot (1/\ell) \cdot (\% \cdot (1 + g_A) + (1 - \%) \cdot (1 - g_P/\bar{g})) = 1 \qquad (3.43)$$

gelten. Außerdem muß im Gleichgewicht die Bedingung

$$\% \cdot (g_A - (1 + g_A) \cdot a) = (1 - \%) \cdot (1 - g_P/\bar{g}) \cdot a$$

erfüllt sein, damit Änderungen des Analyseergebnisses bei den schlechter informierten Händlern absolut gleich hohe aber entgegengesetzte Nachfrageeffekte auslösen wie bei den besser informierten Händlern. Einsetzen der aus dieser Gleichgewichtsbedingung unmittelbar abzuleitenden Beziehung

$$(1 - \%) \cdot (1 - g_P/\bar{g}) = \% \cdot (g_A/a - (1 + g_A))$$

in (3.43) führt auf

$$\ell = n_A \cdot c_A \cdot (g_A/a)$$

bzw.

$$a = n_A \cdot c_A \cdot g_A \cdot (1/\ell) \ . \qquad (3.44)$$

Demzufolge ist der Einfluß von Überraschungen beim Ergebnis der Unternehmensanalyse im Gleichgewicht direkt proportional zum Einfluß der Nettonachfrage des Publikums, solange sich die Wertpapierhändler wie Preisnehmer verhalten. Dieser Sachverhalt ist von erheblicher Bedeutung für die Güte der Information, die der Börsenkurs im Gleichgewicht preisgibt: Sie impliziert nämlich, daß die Güte der im Gleichgewicht durch den Börsenkurs übermittelten Information exogen ist, solange der Einfluß der besser informierten Händler auf das Kursgeschehen mangels Liquiditätsbewußtsein exogen ist. Daraus folgt wiederum, daß (3.38) und (3.44) $a$ und $\ell$ eindeutig festlegen, so daß im Gleichgewicht von einer eindeutigen Beziehung zwischen dem Börsenkurs einerseits sowie dem Ergebnis der nicht öffentlichen Analyse $A_I$ und der Nettonachfrage des Publikums $D_p$ andererseits auszugehen ist. Im Interesse einer umfassenden Interpretation wird im folgenden noch die bislang nicht näher spezifizierte Konstante dieser linearen Beziehung erklärt: Die Beziehung

$$P_1 = a \cdot A_I + (1/\ell) \cdot D_P + const$$

impliziert in Verbindung mit (3.41) und

$$A_I = P_2 + F$$

sowie

$$E(F \mid I_0) = E(D_P \mid I_0) = 0$$

die Beziehung

$$\frac{1}{1+\bar{g}} \cdot \frac{\bar{b}_0}{\bar{c}} = E(P_2 - P_1 \mid I_0) = (1-a) \cdot E(P_2 \mid I_0) - const$$

bzw. (es gilt: $E(A_1 \mid I_0) = E(P_2 \mid I_0) + E(F \mid I_0) = E(P_2 \mid I_0)$)

$$const = (1-a) \cdot E(A_1 \mid I_0) - \frac{1}{1+\bar{g}} \cdot \frac{\bar{b}_0}{\bar{c}} .$$

Einsezten dieser Beziehung in

$$P_1 = a \cdot A_1 + (1/\ell) \cdot D_P + const$$

führt auf

$$P_1 = E(P_2 \mid I_0) - \frac{1}{1+\bar{g}} \cdot \frac{\bar{b}_0}{\bar{c}} + a \cdot (A_1 - E(A_1 \mid I_0)) + (1/\ell) \cdot D_P .$$

Gesteuert wird das Gleichgewicht durch die endogene Güte der durch den Börsenkurs übermittelten Information. Diese läßt sich in Verbindung mit der Definition

$$h := \left( \frac{\sigma_P \cdot \sigma_D}{n_A \cdot t_A} \right)^2$$

wie folgt darstellen:[62]

$$g_P = \frac{g_A^2}{g_A + h} . \tag{3.45}$$

62 Siehe Anhang D.

Ein Blick auf (3.45) zeigt, daß bei der Charakterisierung des Gleichgewichts zurecht davon ausgegangen wurde, daß die Güte der durch den Börsenkurs übermittelten Information im Gleichgewicht stets geringer ist als die Güte der unmittelbaren Insiderinformation, d.h. daß $0<g_P<g_A$ gilt, sofern die Unsicherheit zwei Quellen hat, d.h. sofern sowohl $\sigma_P > 0$ als auch $\sigma_D > 0$ und mithin $h > 0$ gilt. Interessant ist, daß der Informationsvorsprung der Insider durch das Preissystem gerade dann vollkommen eingeebnet wird, wenn es zunächst danach aussieht, als könne er größer nicht sein, weil die Insider einen sicheren Tip vom Analysten bekommen. Das kann man wie folgt sehen: Im Grenzfall einer sicheren Analyse nimmt das an sich auf das offene Intervall zwischen 0 und 1 skalierte Maß

$$z := \frac{\operatorname{var}(P_2 \mid I_0)}{\operatorname{var}(A_1 \mid I_0)} = \frac{\operatorname{var}(P_2 \mid I_0)}{\operatorname{var}(P_2 \mid I_0) + \operatorname{var}(F \mid I_0)}$$

für die Zuverlässigkeit des Analysten wegen $\operatorname{var}(F \mid I_0) = 0$ den Wert 1 an. Dafür erhält man unter Berücksichtigung von

$$g_A = \frac{z}{1-z},$$

$$g_P = \frac{g_A^2}{g_A + h}$$

und

$$\bar{g} = \% \cdot g_A + (1 - \%) \cdot g_P, \quad 0 < \% < 1,$$

die Grenzwerte

$$\lim_{z \to 1} g_A = \infty \Rightarrow \lim_{z \to 1} g_P = \infty \Rightarrow \lim_{z \to 1} \bar{g} = \infty .$$

Diese Grenzwerte implizieren ihrerseits sowohl

$$\lim_{z \to 1} a = 1$$

als auch

$$\lim_{z \to 1} g_P/\bar{g} = 1 \ .$$

An diesem Extremfall läßt sich sehen, daß der Grenzwert 1 für den Quotienten $g_P/\bar{g}$ gerade den Fall strenger Informationseffizienz markiert. Wenn feststeht, daß die Insider den zukünftigen Liquidationserlös mit Sicherheit kennen, und daß liquiditätsbewußtes Handeln nicht ihre Sache ist, dann kann der Börsenkurs seine Koordinationsfunktion nur erfüllen, wenn er den Insidern jeglichen Anreiz zum Handel nimmt. Damit wird die strenge Informationseffizienz zu einer notwendigen Voraussetzung für ein Gleichgewicht, denn den Outsidern muß ebenso klar sein wie den Insidern, daß es sich unter keinen Umständen lohnt, auf einen sich ändernden[63] Börsenkurs zu reagieren, damit sie das Gleichgewicht nicht aus dem Lot bringen. Letztendlich ist es das Wissen der Outsider um die eben beschriebenen Zusammenhänge, das diese Extremlösung herbeiführt. Dabei ist allerdings nicht im strengen Sinne gewährleistet, daß die Wünsche des Publikums auch in Erfüllung gehen, weil die Händler kein Interesse mehr am Handel mit dem Publikum haben, sondern lediglich indifferent sind.

Im folgenden soll das Verhalten der beiden Händlergruppen im Gleichgewicht jenseits der Extreme näher untersucht werden. Eine komparativ statische Analyse ergibt folgendes Bild:

$$\frac{\partial g_P}{\partial g_A} > 0 \tag{3.46}$$

läßt erkennen, daß die Güte des vom Börsenkurs ausgehenden mittelbaren Informationsflusses mit der Güte des vom Analysten ausgehenden direkten Informationsflusses wächst. Um dieses Resultat zu verstehen, muß man bedenken, daß die schlechter informierten Händler zwar das konkrete Analyseergebnis nicht kennen, aber

---

63 Der Börsenkurs ist a priori betrachtet variabel, da er dem unsicheren Liquidationserlös entspricht.

genauestens darüber informiert sind, wie zuverlässig der Analyst ist, und daher auch in der Lage sind, die Güte der Insiderinformation, die sie selbst nicht besitzen, exakt zu beurteilen.

$$\frac{\partial g_P}{\partial n_A} = \frac{\partial g_P}{\partial h} \cdot \frac{\partial h}{\partial n_A} > 0 \tag{3.47}$$

läßt erkennen, daß der Börsenkurs mit c.p. wachsender Anzahl der besser informierten Marktteilnehmer präsizere Rückschlüsse erlaubt, weil in diesem Fall der Einfluß der besser informierten Händler auf den Börsenkurs relativ größer wird.

$$\frac{\partial g_P}{\partial t_A} = \frac{\partial g_P}{\partial h} \cdot \frac{\partial h}{\partial t_A} > 0 \tag{3.48}$$

läßt erkennen, daß der Börsenkurs mit c.p. wachsender Risikotoleranz der besser informierten Marktteilnehmer präzisere Rückschlüsse erlaubt, weil der Einfluß der besser informierten Händler auf den Börsenkurs zunimmt, da diese aggresiver agieren.

$$\frac{\partial g_P}{\partial \sigma_P} = \frac{\partial g_P}{\partial h} \cdot \frac{\partial h}{\partial \sigma_P} < 0 \tag{3.49}$$

und

$$\frac{\partial g_P}{\partial \sigma_D} = \frac{\partial g_P}{\partial h} \cdot \frac{\partial h}{\partial \sigma_D} < 0 \tag{3.50}$$

lassen erkennen, daß der Börsenkurs mit c.p. wachsender Unsicherheit weniger präzise Rückschlüsse erlaubt, weil es den Outsidern mit zunehmender Unsicherheit der Rahmenbedingungen schwerer fällt, Informationen aus dem Börsenkurs herauszufiltern, die zu weniger diffusen Wahrscheinlichkeitsvorstellungen über den zukünftigen Liquidationserlös führen.

Die Bedeutung der Güte der Insiderinformation für das Gleichgewicht ist durch die folgende Überlegung gekennzeichnet: Die schlechter informierten Händler erwarten, daß die Überraschungskomponente des Analyseergebnisses in um so stärkerem Ausmaß durch den Börsenkurs vorweggenommen wird, je größer die mit dem Bekanntwerden des Analyseergebnisses verbundene Risikoreduktion ist, da der Wettbewerb der Insider untereinander um so mehr belebt wird, je größer die Risikoreduktion ist. Dies veranlaßt die schlechter informierten Händler ihrerseits, zurückhaltender auf Börsenkursänderungen zu reagieren. Dadurch muß der Börsenkurs dann tatsächlich vergleichsweise heftiger auf Überraschungen beim Analyseergebnis reagieren, damit die schlechter informierten Händler bereit sind, mit den besser informierten Händlern Geschäfte zu machen, so daß sich die Erwartungen der schlechter informierten Händler bestätigen. Diese Überlegung läßt sich wie folgt belegen: Aus

$$\bar{g} := \% \cdot g_A + (1 - \%) \cdot g_P$$

$$= \% \cdot g_A + (1 - \%) \cdot \frac{g_A^{\,2}}{g_A + h}$$

$$= g_A \cdot \frac{g_A + \% \cdot h}{g_A + h}$$

erhält man

$$a = \frac{\bar{g}}{1 + \bar{g}} = \frac{g_A}{g_A + \dfrac{g_A + h}{g_A + \% \cdot h}} = \frac{g_A}{1 + g_A + \dfrac{(1 - \%) \cdot h}{g_A + \% \cdot h}}$$

und

$$\frac{\partial a}{\partial g_A} = \frac{g_A + \dfrac{(1 - \%) \cdot h}{g_A + \% \cdot h} \cdot \left(1 + \dfrac{g_A}{g_A + \% \cdot h}\right)}{\left(1 + g_A + \dfrac{(1 - \%) \cdot h}{g_A + \% \cdot h}\right)^2} > 0 \; . \tag{3.51}$$

Damit ist zum einen gezeigt, daß die Überraschungskomponente der Analyseergebnisse tatsächlich in um so stärkerem Maße durch den Börsenkurs vorweggenommen wird, je mehr Vertrauen die besser informierten Händler in die Analyse setzen.

Aus

$$\frac{g_P}{\bar{g}} = \frac{g_A}{g_A + \%\cdot h} \tag{3.52}$$

läßt sich unmittelbar ablesen, daß bei exogen gegebenem $h$ [64]

$$\frac{\partial (g_P/\bar{g})}{\partial g_A} > 0 \tag{3.53}$$

gilt. Die Informationseffizienz des Marktes wächst also mit zunehmender Güte der Insiderinformation. Aus (3.39) läßt sich unmittelbar ersehen, daß die Sensitivität, mit der die schlechter informierten Händler im Gleichgewicht auf Börsenkursänderungen reagieren, mit wachsender Informationseffizienz abnimmt. Somit ist zum anderen gezeigt, daß die schlechter informierten Händler im Gleichgewicht tatsächlich zurückhaltender auf Börsenkursänderungen reagieren, wenn sich die Güte der Insiderinformation erhöht.

Die Insider können ihren Informationsvorsprung demnach um so weniger ausspielen, je größer dieser ursprünglich ist. Dieses Resultat ist charakteristisch für Gleichgewichte mit rationalen Erwartungen. Um es zu verstehen, muß man sich stets vor Augen halten, daß sich die schlechter informierten Akteure in einem Gleichgewicht mit rationalen Erwartungen ihrer schlechteren Ausgangsposition voll bewußt sind.

Der Einfluß der Anzahl der schlechter informierten Händler und ihrer Risikotoleranz stellt sich in Verbindung mit

$$\frac{\partial a}{\partial \%} = \frac{a^2}{g_A} \cdot \frac{h}{g_A + \%\cdot h} > 0$$

---

64 Das setzt voraus, daß sich die Insider wie Preisnehmer verhalten.

wie folgt dar:

$$\frac{\partial a}{\partial t_P} = \frac{\partial a}{\partial \%} \cdot \frac{\partial \%}{\partial t_P} < 0 \tag{3.54}$$

und

$$\frac{\partial a}{\partial n_P} = \frac{\partial a}{\partial \%} \cdot \frac{\partial \%}{\partial n_P} < 0 \ . \tag{3.55}$$

Als Gruppe betrachtet stellen die schlechter informierten Händler den besser informierten Händlern mit jeweils c.p. zunehmender Risikotoleranz und zunehmender Anzahl mehr Liquidität zur Verfügung. Daher nimmt das Ausmaß, in dem die Überraschungskomponente des Analyseergebnisses durch den Börsenkurs vorweggenommen wird, in beiden Fällen ab.

Der Einfluß irgendeines anderen Parameters $x$ auf das Gleichgewicht stellt sich wie folgt dar: Es gilt

$$\frac{\partial (g_P/\overline{g})}{\partial x} = \frac{\partial (g_P/\overline{g})}{\partial h} \cdot \frac{\partial h}{\partial x}$$

mit

$$\frac{\partial (g_P/\overline{g})}{\partial h} < 0$$

und

$$\frac{\partial a}{\partial x} = \frac{\partial a}{\partial h} \cdot \frac{\partial h}{\partial x} \tag{3.56}$$

mit

$$\frac{\partial a}{\partial h} = -\frac{g_A}{\left(1 + g_A + \frac{(1-\%)\cdot h}{g_A + \%\cdot h}\right)^2} \cdot \frac{(1-\%)\cdot g_A}{(g_A + \%\cdot h)^2} < 0 \ . \tag{3.57}$$

Der Einfluß der anderen Parameter auf das Gleichgewicht wird also durch deren Einfluß auf den Parameter

$$h := \left(\frac{\sigma_P \cdot \sigma_D}{n_A \cdot t_A}\right)^2$$

determiniert. Aus (3.56) folgt in Verbindung mit (3.57) und obenstehender Definition, daß das Ausmaß, in dem die Insiderinformation durch den Börsenkurs vorweggenommen wird, mit zunehmender Unsicherheit abnimmt. Das gilt sowohl für die Unsicherheit über den Liquidationserlös als auch für die Unsicherheit über die Nettonachfrage des Publikums und ist eine Folge der Tatsache, daß die schlechter informierten Händler dem Börsenkurs um so weniger Informationsgehalt beimessen je unsicherer die Rahmenbedingungen für dessen Interpretation sind. Aus diesem Grund stellen sie den besser informierten Händlern mit zunehmender Unsicherheit mehr Liquidität zur Verfügung, so daß im Gleichgewicht tatsächlich weniger Information in den Börsenkurs gelangt. Das Gegenteil tritt offensichtlich ein, wenn Anzahl oder Risikotoleranz der besser informierten Händler zunehmen. In diesem Fall können die schlechter informierten Händler von einer Zunahme des Wettbewerbs unter den besser informierten Händlern ausgehen, die zur Folge hat, daß das Ergebnis der Unternehmensanalyse in vergleichsweise größerem Ausmaß in den Börsenkurs gelangt. Dies veranlaßt die Outsider dazu, vergleichsweise zurückhaltender auf Börsenkursänderungen zu reagieren, was zur Folge hat, daß der Börsenkurs tatsächlich empfindlicher auf die Überraschungskomponente des Analyseergebnisses reagiert und damit den Erwartungen der Outsider entsprechend mehr Information übermittelt.

Das Gleichgewicht scheint damit hinreichend charakterisiert. Im folgenden soll untersucht werden, wie sich die Weitergabe von Insiderinformation durch den Analysten an Teile der Händlerschaft auf die Liquidität des Marktes auswirkt. Konkret stellt sich die Frage, ob die aggressiveren Reaktionen der Insider oder die verstärkte Zurückhaltung der Outsider die Oberhand gewinnen. Aus (3.42) ergibt sich unmittelbar

$$\ell = (n_A+n_P)\cdot\overline{c}\cdot((1-\%)\cdot(1-g_P/\overline{g}) + \%\cdot(1+g_A)) \ .$$

Wenn die Weitergabe von Insiderinformation ausgeschlossen ist, beläuft sich die Liquidität des Marktes auf (Hinweis: Der hochgestellte Index *h* kennzeichnet hier und im folgenden den Fall homogener Information)

$$\ell^h = (n_A+n_P)\cdot\overline{c} \ . \tag{3.58}$$

Somit gilt also

$$\ell = \ell^h \cdot ((1-\%)\cdot(1-g_P/\overline{g}) + \%\cdot(1+g_A)) \tag{3.59}$$

und demzufolge hat der das Informationsgefälle erzeugende Informationszuwachs negative (positive) Auswirkungen auf die Liquidität, wenn

$$(1-\%)\cdot(1-g_P/\overline{g}) + \%\cdot(1+g_A) \ <(>)\ 1 \tag{3.60}$$

bzw.[65]

$$\% <(>) (1-z)\cdot(1-\overline{e}^h/\overline{t}) \tag{3.61}$$

gilt, wobei

$$\overline{e}^h := \mathrm{E}(\overline{B}_1\cdot(P_2-P_1^h)\mid I_0)$$

mit

$$\overline{B}_1 := -\frac{D_P}{n_A+n_P}$$

dem durchschnittlichen erwarteten Deckungsbeitrag eines Händlers aus dem Handel

65 Siehe Anhang G.

mit dem Publikum entspricht, wenn es bei gleichbleibend homogenem Informationsstand bleibt.

Erwartungsgemäß hängt es wesentlich davon ab, wie groß die Gruppe der Insider ist, wenn es darum geht zu beurteilen, ob das Ausnutzen bewertungsrelevanter Insiderinformation, das die Händlerschaft in ein Insider- und ein Outsiderlager spaltet, im Sinne einer möglichst maximalen Liquiditätsversorgung besser oder schlechter ist als überhaupt kein Informationsfluß. Aus (3.61) geht hervor, daß die relative Marktmacht des Insiderlagers eine bestimmte Untergrenze nicht unterschreiten darf, damit sich der Informationszuwachs positiv auf die Liquidität auswirkt. Dies erscheint ökonomisch plausibel, wenn man bedenkt, daß der Informationszuwachs via Risikoreduktion für mehr Konkurrenz im Insiderlager sorgt. Zwar steht diesem wettbewerbsfördernden Effekt ein wettbewerbshemmender gegegenüber, weil sich die ins Hintertreffen geratenden Outsider vergleichsweise stärkere Zurückhaltung auferlegen, aber dieser negative Effekt wird offensichtlich von den zusätzlichen Impulsen, die von den Insidern ausgehen, mehr als ausgeglichen, wenn die Marktmacht der Insider groß genug ist.

Bermerkenswert an (3.61) ist, daß sich die Mindestanfordung an die für einen positiven Liquiditätseffekt mindestens erforderliche relative Marktmacht des Insiderlagers an 3 Determinanten festmachen läßt. Mit Blick auf die Realität wird man davon ausgehen müssen, daß es nicht möglich ist, die relative Marktmacht des Insiderlagers exakt zu quantifizieren. Daher erscheint es problemgerecht, das Ausnutzen von Insiderinformation als um so weniger schädlich für die Liquidität zu bezeichnen, je geringer die Mindestanforderung an die relative Marktmacht der Insider ist, weil dies im Regelfall die Wahrscheinlichkeit für einen positiven Liquiditätseffekt erhöht. In diesem Sinne ist das Ausnutzen von Insiderinformation gemäß (3.61) um so weniger schädlich,

(a) je geringer die durchschnittliche Risikotoleranz der Händler ist,

(b) je mehr die Händler bei gleichbleibendem Informationsstand erwartungsgemäß im Handel mit dem Publikum erlösen, und

(c) je zuverlässiger die Quelle der Insiderinformation ist.

Dieses Resultat läßt sich letztlich auf die Art und Weise der Informationsverarbeitung im zugrundeliegenden Modell zurückführen:

ad (a) Ist die durchschnittliche Risikotoleranz gering, dann ist die Konkurrenz der

Wertpapierhändler nicht sehr hart und es gelangt relativ wenig Information in den Börsenkurs, so daß der Informationsvorsprung der Insider und die darin begründete Zurückhaltung der Outsider an Bedeutung verlieren. Daher genügt eine gemessen an ihrer Marktmacht relativ kleine Gruppe von Insidern, um einen positiven Liquiditätseffekt zu erzeugen.

ad (b) Ein unter der Annahme gleichbleibender Information hoher erwarteter Dekkungsbeitrag eines Händlers aus dem Handel mit dem Publikum ist ein Indiz dafür, daß das Publikum großen Einfluß auf das Kursgeschehen hat. Mit wachsendem Einfluß des Publikums auf das Kursgeschehen schwindet die Bedeutung des Informationsvorsprungs der Insider und die darin begründete Zurückhaltung der Outsider. Daher nimmt die für einen positiven Liquiditätseffekt erforderliche relative Marktmacht der Insider mit zunehmendem erwarteten Deckungsbeitrag ab. Im Lichte dieser unmittelbar einleuchtenden Erklärung erscheint es keineswegs modellspezifisch, von der These auszugehen, daß die Entstehung eines Informationsgefälles unter Liquiditätsgesichtspunkten um so weniger Anlaß zu Bedenken gibt, je profitabler der Markt bei gleichbleibendem Informationsstand für die Händler ist.

ad (c) Daß Insiderhandel um so weniger schädlich für die Liquidität ist, je zuverlässiger die Quelle der Insiderinformation ist, erklärt sich aus den enormen Impulsen, die die Risikoreduktion bei den Insidern auslöst. Für den Grenzfall $z \rightarrow 1$ sind diese Impulse unendlich groß und daher entspricht es auch der Logik des Modells, daß im Falle einer fast sicheren Insiderinformation gemäß (3.61) eine Gruppe von Insidern mit verschwindend geringer Marktmacht genügt, um einen positiven Liquiditätseffekt zu erzeugen. Es muß daher an den Prämissen des Modells liegen, daß der Einfluß der Zuverlässigkeit der Insiderinformation zumindest in der soeben aufgezeigten Konsequenz nicht plausibel erscheint.[66] Tatsächlich ist die Überbetonung der durch den Abbau von Risiken freigesetzten Kräfte eine zwangsläufige Begleiterscheinung einer Modellkonzeption, bei der das Risiko ganz alleine dafür sorgt, daß die Nachfrage nicht explodiert. Im folgenden Abschnitt 3.2.2 wird daher untersucht, ob sich die Aussage über die Unschädlichkeit einer sicheren Insiderinformation bestätigen läßt, wenn man von der Annahme fehlenden Liquidiätsbewußtseins abrückt. Die Annahme fehlenden Liquiditätsbewußtseins ist nämlich insofern noch problematischer als die

---

66 Dabei ist allerdings auch zu bedenken, daß die Annahme vollkommener Sicherheit per se unrealistisch ist.

Annahme unbeschränkter persönlicher Liquidität der Wertpapierhändler, weil sie impliziert, daß die Händler gleichzeitig rationale Erwartungen über die Informationsverarbeitung und nicht rationale Erwartungen über die Konkurrenzsituation im Gleichgewicht haben.

Um eine möglichst umfassende Vorstellung vom Zusammenspiel der Kräfte im Gleichgewicht zu geben, werden zuvor noch kurz die Ergebnisse einer komparativ statischen Analyse der Determinanten der Liquidität im Gleichgewicht referiert. Es läßt sich zeigen,[67] daß

- erstens die Liquidität analog zu dem Fall homogener Information mit zunehmender a priori Unsicherheit über den Liquidationserlös abnimmt. Und zwar deshalb, weil die fundamentale Unsicherheit als Wettbewerbsbremse fungiert. Wie bei homogener Information schwächt sich die wettbewerbshemmende Wirkung zunehmender Unsicherheit mit wachsender Unsicherheit ab, so daß die Liquidität mit abnehmender Rate abnimmt, wenn die a priori Unsicherheit über den Liquidationserlös zunimmt, und

- zweitens die Liquidität abweichend von dem Fall homogener Information mit wachsender Streuung der Nettonachfrage des Publikums zunimmt. Und zwar deshalb, weil dies die Informationseffizienz verringert, was die schlechter informierten Händler veranlaßt, ihre Zurückhaltung zu lockern. Auch dieser Effekt schwächt sich mit zunehmender Streuung der Nettonachfrage des Publikums ab, und

- drittens eine der Bedingungen

(a) $\bar{e}^h/\bar{t} > 1$

oder

(b) $\% > (1/2)\cdot(1-z)$

hinreichend dafür ist, daß die Liquidität eine konvexe Funktion der relativen Marktmacht der besser informierten Händler ist. Die Bedingung (a) läßt sich damit erklären, daß die stimulierende Wirkung zusätzlicher Information auf Seiten der Insider die stärkere Zurückhaltung der Outsider dominiert, wenn der Einfluß des

67 Siehe Anhang F.

Publikums den Einfluß der Wertpapierhändler auf das Kursgeschehen überschattet, so daß für die Outsider vergleichsweise wenig Grund zu verstärkter Zurückhaltung besteht. Die Bedingung (b) läßt sich damit erklären, daß die stimulierende Wirkung zusätzlicher Information auf Seiten der Insider die stärkere Zurückhaltung der Outsider dominiert, wenn die Insider gegenüber den Outsidern in der Überzahl sind. Dabei kommt es strenggenommen nicht auf die pure Überzahl an, sondern darauf, daß ein Schwellenwert für die Marktmacht der Insider überschritten wird, der sich mit wachsender Zuverlässigkeit der Quelle der Insiderinformation zunehmend nach unten von der 50%-Marke absetzt, und daß

- viertens eine der Bedingungen

(a) $1-\% < \bar{e}h/\bar{t}$

oder

(b) $g_A > \frac{1}{2} \cdot \frac{1-\%}{\%}$

hinreichend dafür ist, daß die Liquidität eine konvexe Funktion der Güte der nicht öffentlichen Information ist. Eine konvexe Beziehung liegt demnach vor, wenn die verstärkte Zurückhaltung der Outsider wegen ihrer gemessen am relativen Einfluß des Publikums auf das Kursgeschehen relativ kleinen Marktmacht nur unterschwellig zum Tragen kommt (a), oder wenn die Güte der Information bereits eine bestimmte Schwelle überschritten hat (b). Diese Schwelle wird um so eher erreicht, je größer die Marktmacht der Insider ist.

### 3.2.2 Aggregation nicht öffentlicher Information durch den Börsenkurs und liquiditätsbewußtes Verhalten der Händler

Die bisherige Analyse hat gezeigt, daß der als allgemein bekannt vorausgesetzte Sachverhalt einer nur partiellen Verbreitung neuer bewertungsrelevanter Information zwei gegenläufige Effekte auf die Liqidität hat: Händler, die die Information unmittelbar in Erfahrung bringen, reagieren impulsiver, und Händler, die gegenüber anderen ins Hintertreffen geraten, reagieren weniger impulsiv auf Abweichungen des Börsenkurses vom Fundamentalwert.

Unter den bislang getroffenen Annahmen ist der erste Effekt sehr mächtig, weil diejenigen, die die Information direkt erhalten, so wenig behutsam damit umgehen, daß sie sich mitunter durch allzu aggressives Handeln selbst das Geschäft verderben. Auf die Spitze getrieben genügt sogar ein einziger Insider mit sicherer Information über den zukünftigen Liquidationserlös, um den Markt unendlich liquide zu machen. Mangels anderer Restriktionen wohnt dem Verschwinden der Unsicherheit eine ungeheure Explosivkraft inne, weil die Nachfrage oder das Angebot des perfekt informierten Insiders mit dem Verschwinden der Unsicherheit alle Grenzen sprengt, solange der Börsenkurs vom Liquidationserlös abweicht.

Solange noch Wettbewerb unter den besser informierten Händlern herrscht, mag man ein solches Ergebnis noch akzeptieren, weil es sich mit den günstigen Rahmenbedingungen für einen scharfen Wettbewerb der besser informierten Händler begründen läßt,[68] bei fehlendem Wettbewerb erscheint es indes vollkommen unplausibel. Das liegt letztlich daran, daß es vollkommen unplausibel ist anzunehmen, ein einzelner ansonsten rational agierender Insider würde nicht antizipieren, daß er sein Ziel verfehlt, wenn er ohne Maß vorgeht.

Im folgenden soll untersucht werden, wie sich die Liquidität mit wachsender Zuverlässigkeit der zum Zeitpunkt der Kursfeststellung nicht öffentlich zugänglichen Analyse verändert, wenn die Händler antizipieren, daß sie nur soviel Liquidität in Anspruch nehmen können, wie ihnen von ihren Mitkonkurrenten zur Verfügung gestellt wird. Formal baut die Analyse auf dem in Abschnitt 3.1 für den Fall homogener Information vorgestellten Nash Gleichgewicht auf. Ziel der Analyse ist es, eine Antwort auf die durch (3.61) aufgeworfene Frage zu geben, wie die Liquidität auf die extreme Herausforderung durch einen einzigen perfekt informierten Insider reagiert, wenn die Händler nicht nur die Informationsverarbeitung sondern auch die Konkurrenzsituation auf dem im Gleichgewicht befindlichen Markt mit exogen gegebener Anzahl von Händlern rational antizipieren. Zunächst wird jedoch der allgemeine Fall mit beliebiger Anzahl von Insidern und beliebiger Zuverlässigkeit des Analysten behandelt.

---

68 Modelle, die die Schädlichkeit des Insiderhandels untermauern, bauen typischerweise auf weniger kompetitiven Rahmenbedingungen auf; vgl. z.B. MANOVE (1989) sowie OTT/SCHÄFER (1991), die von einem Rationierungsgleichgewicht ausgehen.

**Der entscheidende Unterschied zwischen den bislang angestellten Überlegungen zum Einfluß asymmetrisch verteilter Information und dem was folgt, besteht darin, daß im folgenden von liquiditätsbewußt agierenden Händlern ausgegangen wird, die die Enge des Marktes, das ist die Sensitivität, mit der der Börsenkurs im Gleichgewicht auf ihre eigene Nachfrage reagiert, endogen aus Gleichgewichtsüberlegungen ableiten. Dabei ist weiterhin von den optimalen Politiken (vgl. (3.21) und (3.39))**

$$B_A^* = s_A \cdot c_A \cdot [(1+g_A)\cdot(\mu - P_1) + g_A \cdot (A_1 - E(A_1 \mid I_0))]$$

und

$$B_P^* = s_P \cdot [c_P \cdot (1 - g_P/\bar{g})\cdot(\mu - P_1) + (g_P/\bar{g})\cdot(c_P/\bar{c})\cdot \bar{b}_0]$$

auszugehen, allerdings wird nun nicht mehr ad hoc $s_A = s_P = 1$ postuliert, sondern mit den im Nash-Gleichgewicht eindeutig bestimmten Funktionen

$$s_A := \frac{(1/t_A)\cdot \mathrm{var}(P_2 \mid A_1, I_0)}{e_A + (1/t_A)\cdot \mathrm{var}(P_2 \mid A_1, I_0)}$$

bzw.

$$s_P := \frac{(1/t_P)\cdot \mathrm{var}(P_2 \mid P_1, I_0)}{e_P + (1/t_P)\cdot \mathrm{var}(P_2 \mid P_1, I_0)}$$

gearbeitet.

In Abschnitt 3.1 wurde erläutert, daß das Nash-Gleichgewicht die intuitiv plausible Überlegung stützt, daß die Enge des Marktes $e_{A,P} \geq 0$ umgekehrt proportional zu dem Maß an Liquidität ist, welches die jeweils anderen Händler irgendeinem Händler bereitstellen. Anders gesagt entspricht die Enge des Marktes dem Kehrwert der um den Liquiditätsbeitrag des jeweils betrachteten Händlers verminderten Gesamtliquidität des Marktes im Gleichgewicht. Mit Hilfe dieser Überlegung gelangt man zu den folgenden Beziehungen für die Enge des Marktes aus der Sicht eines In- bzw. Outsiders[69]

$$e_A = \frac{1}{c_A \cdot s_A \cdot (1+g_A)} \cdot \frac{a}{n_A \cdot z - a} \tag{3.62}$$

und

$$e_P = \frac{1}{c_P \cdot s_P \cdot (1-g_P/\bar{g})} \cdot \frac{z-a}{(n_P-1) \cdot z + a} . \tag{3.63}$$

Mit Hilfe von (3.62) und (3.63) läßt sich die folgende Überlegung bestätigen: Da die Händler wissen, daß sie nur zu Gleichgewichtspreisen handeln werden, gilt ihr Interesse ausschließlich der Frage, wie eng der Kapitalmarkt im *Gleichgewicht* ist. Dabei dürfen sie davon ausgehen, daß die Liquidität, die die beiden Lager jeweils insgesamt zur Verfügung stellen, so aufeinander abgestimmt sein muß, daß der fast sicher stattfindende Insiderhandel[70] den Kapitalmarkt nicht aus dem Gleichgewicht bringt. In anderen Worten: Das von den schlechter informierten Händlern bereitgestellte Maß an Liquidität muß dem von den besser informierten Händlern zur Durchführung ihrer Insidergeschäfte beanspruchten Maß an Liquidität entsprechen. In formaler Sprache lautet diese Bedingung (vgl. (3.35))

$$n_P \cdot s_P \cdot c_P \cdot (1-g_P/\bar{g}) = n_A \cdot s_A \cdot c_A \cdot (g_A/a - (1+g_A)) .$$

Hieraus erhält man unter Berücksichtigung von (vgl. Anhang C)

$$g_A = \frac{z}{1 - z}$$

die Gleichgewichtsbedingung

---

69 Siehe Anhang G.

70 Insiderhandel findet nur dann nicht statt, wenn das Ergebnis der Analyse exakt den a priori Erwartungen entspricht, d.h. wenn $A_I = E(A_I \mid I_0)$ gilt. Da $A_I$ eine stetige Zufallsvariable ist, tritt dieser Fall nur mit einer Wahrscheinlichkeit von Null ein.

$$n_P \cdot s_P \cdot c_P \cdot (1 - g_P/\overline{g}) = n_A \cdot s_A \cdot c_A \cdot (1 + g_A) \cdot \frac{z-a}{a} .$$

Ein Gleichgewicht ist demzufolge dadurch charakterisiert, daß die besser informierten Händler *insgesamt* das $(z-a)/a$-fache der Liquidität, die sie dem Publikum zur Verfügung stellen[71] für ihre Insidergeschäfte in Anspruch nehmen, und daß die schlechter informierten Händler exakt dieses Maß an Liquidität zur Verfügung stellen, ohne zu wissen, ob sie nun mit besser informierten Händlern oder mit dem Publikum handeln. Da ein besser informierter Händler den Markt genau dann weniger eng einschätzt als ein schlechter informierter Händler, wenn jeder einzelne schlechter informierte Händler mehr Liquidität anbietet als jeder einzelne besser informierte Händler und umgekehrt, müßte also

$$e_A < (>) \; e_P \Leftrightarrow \frac{n_P}{n_A} < (>) \; \frac{z-a}{a}$$

gelten, weil der Quotient $(z - a)/a$ dem Verhältnis zwischen der von den Out- und Insidern *insgesamt* angebotenen Liquidität entspricht. Wenn die Relation zwischen den jeweiligen Anzahlen von Out- und Insidern genau diesem Quotienten entspricht, dann stellt jeder einzelne Händler gleichgültig, ob er besser oder schlechter informiert ist, die gleiche Liquidität zur Verfügung. Wenn die Relation der Anzahl, in der schlechter und besser informierte Händler vertreten sind, kleiner (größer) ist als der Quotient $(z-a)/a$, so bedeutet das, daß jeder einzelne schlechter informierte Händler mehr (weniger) Liquidität zur Verfügung stellt als jeder einzelne besser informierte Händler. In diesem Fall schätzt ein besser informierter Händler den Markt deshalb weniger eng (enger) ein, als ein schlechter informierter Händler, weil er mit der Liquidität von $n_P$ schlechter und $n_A$ -1 besser informierten Händlern rechnen kann, während der schlechter informierte Händler mit der Liquidität von $n_P$ -1 schlechter und $n_A$ besser informierten Händlern rechnen kann.

[71] Die besser informierten Händler stellen dem Publikum Liquidität im Umfang von $n_A \cdot s_A \cdot c_A \cdot (1 + g_A)$ zur Verfügung.

In Verbindung mit (3.62) und (3.63) erhält man[72] die folgenden Funktionen

$$s_A = 1 - \frac{a}{n_A \cdot z - a} \tag{3.64}$$

und

$$s_P = 1 - \frac{1 + g_P}{1 - g_P/\bar{g}} \cdot \frac{z - a}{(n_P - 1) \cdot z + a}, \tag{3.65}$$

in denen sich die auf liquiditätsbewußtem Verhalten fußende Zurückhaltung spiegelt. Gleichung (3.64) läßt unmittelbar erkennen, daß $s_A$ eine monoton fallende Funktion von $a \in (0, z)$ ist. Die Grenzen des Wertebereichs von $s_A$ lassen sich wie folgt charakterisieren: Würde der Börsenkurs im Gleichgewicht überhaupt keine Information durchsickern lassen, dann würden sich die Insider wie Preisnehmer verhalten, also so als seien unendlich viele Händler am Markt ($a = 0 \Rightarrow s_A = 1$). Würde die Überraschungskomponente des Ergebnisses der Unternehmensanalyse in einem der Zuverlässigkeit des Analysten entsprechenden Ausmaß durch den Börsenkurs vorweggenommen, dann würden sich die Insider gemäß

$$s_A = 1 - \frac{1}{n_A - 1}$$

so verhalten, als seien sie alleine am Markt (vgl. (3.17)).

Für $n_A = n_P = 1$ vereinfachen sich (3.64) und (3.65) zu

$$s_A = 1 - \frac{a}{z - a}$$

und

72 Siehe Anhang H.

$$s_P = 1 - \frac{1+g_P}{1-g_P/\bar{g}} \cdot \frac{z-a}{a} < 1 - \frac{z-a}{a} .$$

Daraus folgt unmittelbar, daß $s_A$ und $s_P$ unter der Voraussetzung $n_A = n_P = 1$ niemals beide positiv sein können. Das Faktum asymmetrisch verteilter Information ändert demzufolge nichts an dem für den Fall homogener Information bereits gezeigten Sachverhalt, daß es im Falle von nur zwei risikoaversen Wertpapierhändlern kein Nash Gleichgewicht geben kann, weil der Markt einfach zu eng wird.[73] Es genügen jedoch bereits drei risikoaverse Wertpapierhändler - seien sie homogen oder asymmetrisch informiert, um die Existenz eines eindeutigen Nash-Gleichgewichts zu gewährleisten.[74]

Wenn von wenigstens drei Händlern wenigstens zwei Händler Zugang zu einer sicheren Informationsquelle haben, gelingt es den besser informierten Händlern trotz liquiditätsbewußten Verhaltens nicht, eine "todsichere" Insiderinformation gewinnbringend zu verwerten. Es genügt also bereits ein Minimum an Konkurrenz, um die Wirkung liquiditätsbewußten Verhaltens verpuffen zu lassen, wenn der Informationsvorsprung der besser informierten Händler extrem ist. Diese im folgenden bewiesene Behauptung steht in Zusammenhang mit dem in Abschnitt 3.1 gezeigten Sachverhalt, daß sich drei risikoneutrale homogen informierte Wertpapierhändler soviel Konkurrenz machen, daß sie nichts mehr am Publikum verdienen können, obwohl sie sehr wohl antizpieren, daß sie den Börsenkurs beeinflussen. Und zwar deshalb, weil die Liquidität, die die einzelnen Wertpapierhändler im Gleichgewicht von ihren jeweiligen Mitkonkurrenten zur Verfügung gestellt bekommen, einfach noch zu groß ist, als daß sich der einzelne Insider in Abwesenheit anderer Gründe für das Maßhalten dem Drang widersetzen könnte, Kursabweichungen durch unendliche Ordervolumina in unendliche erwartete Gewinne umsetzen zu wollen.

Ein Händler mit direktem Zugang zu einer absolut sicheren Informationsquelle verfolgt

---

73 Vgl. hierzu die Diskussion für den Fall homogener Information, S. 30f.

74 Siehe Anhang K. Vgl. hierzu auch KYLE (1989), insbes. Theorem 5.1. Kyle analysiert den hier behandelten Fall mit dem Unterschied, daß die besser informierten Händler ihre Informationen aus jeweils anderen Quellen beziehen. Die in Theorem 5.1. formulierte Einschränkung für den Fall eines einzigen Insiders, bei dem die Annahme divergierender Analyseergebnisse offensichtlich keine Rolle spielt, erweist sich auf dem im Anhang beschrittenen erheblich transparenteren Lösungsweg als überflüssig.

die Bestandspolitik

$$B_A^* = \text{argmax}\, \{\, B_A \cdot (P_2 - P_1) \mid P_1 = e_A \cdot B_A + f(P_2, D_P, I_0)\,,\, e_A > 0 \,\}$$

$$= s_A \cdot (P_2 - P_1) \tag{3.66}$$

mit

$$s_A = \frac{1}{e_A} = n_P \cdot c_P \cdot s_P \cdot (1 - g_P/\bar{g}) + (n_A - 1) \cdot s_A \,.^{75} \tag{3.67}$$

Damit das von den schlechter informierten Händlern im Gleichgewicht bereitgestellte Maß an Liquidität dem von den besser informierten Händlern zur Durchführung ihrer Insidergeschäfte beanspruchten Maß an Liquidität entspricht, muß die Bedingung

$$n_P \cdot c_P \cdot s_P \cdot (1 - g_P/\bar{g}) = n_A \cdot s_A \cdot \frac{1-a}{a}$$

erfüllt sein, da der Markt andernfalls durch Überraschungen beim nunmehr mit dem endgültigen Liquidationserlös identischen Analyseergebnis aus dem Gleichgewicht gebracht würde. Einsetzen dieser Beziehung in (3.67) führt auf

$$s_A = s_A \cdot \left( \frac{n_A}{a} - 1 \right) . \tag{3.68}$$

Wegen $0 < a < 1$ wäre die rechte Seite von (3.68) für $n_A \geq 2$ stets größer als die linke, solange $s_A > 0$ gilt. Darin manifestiert sich, daß in diesem Fall einfach zuviel Liquidität vorhanden ist, als daß die besser informierten Wertpapierhändler dem Drang widerstehen könnten, mit unbeschränkt großen Ordervolumina von ihrem Informationsvorsprung profitieren zu wollen, so daß der Markt unendlich liquide wird, weil der Börsenkurs im Gleichgewicht nicht mehr vom Liquidationserlös abweichen darf. Damit ist

---

75 Zur Erklärung von (3.73) sei daran erinnert, daß die Enge des Marktes definitionsgemäß umgekehrt proportional zu der Liquidität ist, die die jeweils anderen Händler zur Verfügung stellen.

gezeigt, daß die unbeschränkte persönliche Liquidität der Wertpapierhändler die Konkurrenz im Falle einer sicheren Insiderinformation so sehr beflügelt, daß es keine Rolle mehr spielt, ob sich die Wertpapierhändler liquiditätsbewußt verhalten oder nicht. Der Markt wird unendlich liquide.[76]

Damit bleibt nur noch ein Fall, in dem die Antizipation der beschränkten Liquidität des Marktes auch bei sicherem Insiderwissen einen signifikanten Unterschied zu dem Verhalten eines Preisnehmers erwarten läßt: Das ist der Fall eines einzigen und somit *konkurrenzlosen* sicher informierten Insiders, in dem strategische Erwägungen des Insiders eine maximale Bedeutung erlangen. Dieser Fall verspricht Aufschluß darüber, inwieweit der durch (3.61) erweckte Eindruck, daß gerade ein qualitativ extremes Informationsgefälle unter dem Liquiditätsgesichtspunkt vollkommen unproblematisch ist, auf die unplausible Annahme zurückzuführen ist, daß der Insider keine Rücksicht darauf nimmt, daß er auf einem engen Markt operiert.

Wie bereits mehrfach erläutert, stützt das Nash Gleichgewicht die intuitiv plausible Überlegung, daß jeder rational agierende Marktteilnehmer mit der Liquidität "rechnet", die die anderen rational agierenden Händler zur Verfügung stellen. Da die Strategie eines sicher informierten rational handelnden Marktteilnehmers ausschließlich vom Verhalten der anderen Marktteilnehmer geprägt wird, wird das Marktgeschehen im Falle eines einzigen sicher informierten Wertpapierhändlers demnach letztlich durch das Verhalten der nicht direkt informierten Händler bestimmt. Im folgenden wird untersucht, welche Auswirkungen dies im einzelnen auf die Liquidität des Marktes hat, wenn die persönliche Liquidität der Wertpapierhändler weiterhin unbeschränkt bleibt.

Ein einzelner Insider kann mit der Liquidität rechnen, die ihm die schlechter informierten Händler zur Verfügung stellen. Die "Enge" des Marktes entspricht dann dem Kehrwert der von den schlechter informierten Händlern zur Verfügung gestellten Liquidität, d.h.

---

[76] Da die Wertpapierhändler in diesem Fall hinsichtlich der Höhe ihres Handelsbestands vollkommen indifferent sind, ist es theoretisch möglich, das Publikum durch Zuteilungen stets zu bedienen.

$$s_A = \frac{1}{e_A} = n_P \cdot c_P \cdot s_P \cdot (1 + g_P - g_P/a) \quad .^{77} \tag{3.69}$$

Der Insider stellt dem Publikum demnach genausoviel Liquidität zur Verfügung, wie alle Outsider zusammengenommen. Diese Ausgewogenheit im Liquiditätsangebot des Insiders und der Outsider impliziert ihrerseits, daß der Börsenkurs exakt die Hälfte der Insiderinformation bereits vorwegnimmt. Anderenfalls sind die Reaktionen des Insiders, der von seinem Informationsvorsprung zu profitieren versucht, und der schlechter informierten Wertpapierhändler, die als Reaktion auf die gleichzeitig einsetzenden Börsenkursveränderungen dagegenhalten, nicht kompatibel. Das kann man wie folgt sehen: Angenommen die Wertpapierhändler gehen zutreffenderweise davon aus, daß im Gleichgewicht die Beziehung

$$P_1 = a \cdot P_2 + (1/\ell) \cdot D_P + const$$

gilt, dann erhöht sich der Börsenkurs um $a$ Geldeinheiten, wenn sich der Liquidationserlös um eine Geldeinheit erhöht. Eine Erhöhung des Liquidationserlöses um eine Geldeinheit löst mithin bei dem Insider eine zusätzliche Nettonachfrage im Umfang von

$$s_A \cdot (1 - a)$$

Stücken aus, die mit dem zusätzlichen Angebot der Outsider in Höhe von

$$n_P \cdot c_P \cdot s_P \cdot (1 + g_P - g_P/a) \cdot a$$

übereinstimmen muß. Im Gleichgewicht muß daher

$$n_P \cdot c_P \cdot s_P \cdot (1 + g_P - g_P/a) = \frac{1-a}{a} \cdot s_A$$

---

77 Bei LELAND (1992) verhalten sich die schlechter informierten Wertpapierhändler nicht strategisch. (3.75) greift zur Beschreibung des Verhaltens der schlechter informierten Wertpapierhändler auf (3.33) anstatt (3.42) zurück, weil die Güte der Insiderinformation (3.27) für $z = 1$ nicht definiert ist.

gelten. Hieraus erhält man in Verbindung mit (3.69)[78]

$$s_A = s_A \cdot \frac{1-a}{a} \quad \Leftrightarrow \quad a = \frac{1}{2}\,, \tag{3.70}$$

was wiederum impliziert, daß sich die von den Outsidern insgesamt zur Verfügung gestellte Liquidiät auf

$$n_P \cdot c_P \cdot s_P \cdot (1 + g_P - g_P/a) = n_P \cdot c_P \cdot s_P \cdot (1 - g_P)$$

beläuft. Damit ist gezeigt, daß Veränderungen des Liquidationserlöses im Gleichgewicht stets zur Hälfte durch den Börsenkurs vorweggenommen werden. Das bedeutet, daß die Outsider dem Insider und dem Publikum exakt genausoviel Liquidität zur Verfügung stellen und daß der Insider seinerseits dem Publikum exakt genausoviel Liquidität zur Verfügung stellt, wie er für seine Insidertransaktionen in Anspruch nimmt. Formal betrachtet bedeutet das

$$s_A = n_P \cdot c_P \cdot s_P \cdot (1 - g_P) = \ell/2\ . \tag{3.71}$$

Somit bleibt nur noch die Liquidität zu bestimmen. Aus den bisherigen Ausführungen geht bereits hervor, daß die Liquidität vollständig durch das Verhalten der schlechter informierten Händler determiniert wird, daher wird nachfolgend von der Schreibweise

$$n := n_P$$

Gebrauch gemacht, um die Darstellung möglichst übersichtlich zu halten. Im nächsten Schritt zunächst die Funktion $s_P$ bestimmt, die wesentlich davon abhängt, wie eng die schlechter informierten Händler den Markt einschätzen. Jeder schlechter informierte Wertpapierhändler rechnet mit der von dem Insider und von den $n$ - 1 anderen Outsidern bereitgestellten Liquidität. Da der Insider genausoviel Liquidität zur Verfügung stellt, wie alle Outsider zusammengenommen und da die Outsider annahme-

[78] Dieses Resultat steht im Einklang mit Theorem 9.1 von KYLE (1989). In der Literatur wird es vermutlich in Anspielung auf das Angebotsverhalten eines Monopolisten bei linearer Nachfragekurve und konstanten Grenzkosten als typisch monopolistisch erklärt, vgl. z.B. O'HARA (1995), 264.

gemäß alle unter den gleichen Bedingungen operieren, gilt

$$e_P = \frac{1}{\frac{n-1}{n} \cdot s_A + s_A} = \frac{n}{2 \cdot n - 1} \cdot \frac{1}{n_P \cdot c_P \cdot s_P \cdot (1 - g_P)} . \tag{3.72}$$

Aus (3.72) kann man unmittelbar ersehen, daß der Markt von einem Händler ohne direkten Zugang zur Informationsquelle fast nur noch halb so eng wie vom Insider eingeschätzt wird, wenn die schlechter informierten Händler sehr zahlreich sind. Das liegt daran, daß der Insider selbst für die Hälfte der Liquidität des Marktes verantwortlich zeichnet und daher nur mit der anderen Hälfte rechnen kann. Anders sieht es bei den schlechter informierten Händlern aus. Je zahlreicher sie sind, desto geringer fällt der Anteil jedes einzelnen von ihnen an der von den schlechter informierten Händlern insgesamt angebotenen Liquidität aus. Daher kann einer von vielen schlechter informierten Händlern nahezu mit der gesamten Liquidität des Marktes rechnen.

Einsetzen von (3.72) in

$$s_P := \frac{(1/t_P) \cdot \mathrm{var}(P_2 \mid P_1, I_0)}{e_P + (1/t_P) \cdot \mathrm{var}(P_2 \mid P_1, I_0)}$$

$$= \frac{\frac{1}{c_P \cdot (1 + g_P)}}{e_P + \frac{1}{c_P \cdot (1 + g_P)}}$$

$$= \frac{1}{e_P \cdot c_P \cdot (1 + g_P) + 1}$$

führt auf

$$s_P = \frac{1}{\frac{1}{s_P}\cdot\frac{1}{2\cdot n-1}\cdot\frac{1+g_P}{1-g_P}+1}$$

bzw.

$$s_P = 1-\frac{1+g_P}{1-g_P}\cdot\frac{1}{2\cdot n-1}\ . \tag{3.73}$$

Einsetzen von (3.73) in (3.71) führt auf

$$\ell = 2\cdot n\cdot c_P\cdot\left(1-g_P-\frac{1}{2\cdot n-1}\cdot(1+g_P)\right)$$

$$= 2\cdot n\cdot c_P\cdot\frac{2\cdot n}{2\cdot n-1}\cdot\left(\frac{n-1}{n}-g_P\right)\ ,\ n\geq 2\ .^{79} \tag{3.74}$$

Um die Frage der Existenz eines Gleichgewichts endgültig beantworten zu können, muß noch geklärt werden, wieviel Information die schlechter informierten Händler aus dem Börsenkurs ziehen können. Aus

$$g_P := \frac{\mathrm{var}(P_2\mid I_0)}{\mathrm{var}(P_2\mid P_1,I_0)}-1 = \frac{a^2\cdot\mathrm{var}(P_2\mid I_0)}{a^2\cdot\mathrm{var}(F\mid I_0)\ +\ (1/\ell)^2\cdot\mathrm{var}(D_P\mid I_0)}$$

erhält man unter Berücksichtigung von $\mathrm{var}(F\mid I_0)=0$ und $a=1/2$

$$g_P := g(\ell) = \frac{\mathrm{var}(P_2\mid I_0)}{\mathrm{var}(D_P\mid I_0)}\cdot(\ell/2)^2\ . \tag{3.75}$$

---

[79] Vgl die die Diskussion in Abschnitt 3.1 zu der erforderlichen Mindestanzahl von Händlern.

Die Güte der Information, die der Börsenkurs preisgibt, nimmt demnach mit wachsender Liquidität zu.[80] Dieser Sachverhalt erklärt sich aus der Tatsache, daß die Nachfrage des Insiders, wie aus (vgl. (3.66) i.V.m. (3.71))

$$B_A^* = (\ell/2)\cdot(P_2 - P_1)$$

unmittelbar ersichtlich von der Liquidität determiniert wird. Man kann die Gleichgewichtsbedingung (3.74) somit auch in der Form

$$F(\,\ell\,) := \ell - 2\cdot n\cdot c_P\cdot\frac{2\cdot n}{2\cdot n-1}\cdot\left(\frac{n-1}{n} - g(\ell)\right) = 0 \tag{3.76}$$

schreiben.[81] F( · ) ist offensichtlich eine streng monoton steigende unbeschränkt wachsende Funktion der Liquidität $\ell$, die wegen $F(\,0\,) < 0$ die Abszisse auf jeden Fall in genau einem Punkt schneidet. Es gibt daher stets einen eindeutig definierten Gleichgewichtswert $\ell^* > 0$. Offensichlich ergibt sich aus der Implikation

$$g(\ell) > \frac{n-1}{n} \Rightarrow F(\ell) > 0 \text{ für } \ell > 0$$

ein Widerspruch zur Gleichgewichtsbedingung $F(\,\ell\,) = 0$. Daher muß im Gleichgewicht

$$g_P := g(\ell) < \frac{n-1}{n} < 1 \tag{3.77}$$

---

80 Der positive Einfluß der ex ante Unsicherheit auf die Güte des durch den Börsenkurs bewirkten Informations*flusses* läßt sich damit erklären, daß jeglicher Informationsfluß ausgeschlossen wäre, wenn der Liquidationserlös bereits in $t = 0$ mit Sicherheit bekannt wäre.

81 Explizite Lösungen lassen sich aus der Darstellung

$$\ell^2 + \frac{1}{c_P}\cdot\frac{2\cdot n-1}{n^2}\cdot\ell - 4\cdot\frac{n-1}{n}\cdot\frac{\text{var}(P_2\,|\,I_0)}{\text{var}(D_P\,|\,I_0)} = 0$$

ableiten.

gelten. Unter Berücksichtigung von (3.77) läßt sich zeigen,[82] daß

- die Liquidität mit c.p. zunehmender Anzahl nicht direkt informierter Wertpapierhändler zunimmt, da jeder von diesen einen Beitrag zur Liquidität leistet,
- die Liquidität mit c.p. wachsendem erwarteten Umsatz zunimmt, weil sich der Einfluß des Publikums auf den Börsenkurs vergrößert,
- die Liquidität abnimmt, wenn die schlechter informierten Wertpapierhändler infolge wachsender Risikoaversion verhaltener auf Börsenkursänderungen reagieren, und daß
- die Liquidität mit wachsender fundamentaler Unsicherheit abnimmt, weil die schlechter informierten Wertpapierhändler weniger heftig miteinander konkurrieren.

Dicsc Resultate bestätigen noch einmal, daß es die schlechter informierten Händler sind, die die Liquidität des Marktes determinieren, weil sich das Verhalten des Insiders ausschließlich am Verhalten der schlechter informierten Händler orientiert.

Wenn allgemein bekannt ist, daß einer von $n + 1$ Händlern einen sicheren Tip erhält, nimmt die Liquidität gegenüber dem Fall unveränderter Information ab (zu), wenn die Relationen[83]

$$d^{h/t} <(>) = \frac{1}{4 - 2 \cdot \frac{n+1}{n}} . \tag{3.78}$$

bzw.

$$d^{\ell h/t} <(>) \frac{1}{4 - \frac{2 \cdot n - 1}{n} \cdot \frac{n+1}{n}} . \tag{3.79}$$

---

82 Siehe Anhang J.

83 Siehe Anhang K.

erfüllt sind. Bei $d^h$ und $d^{\ell h}$ handelt es sich um den erwarteten Deckungsbeitrag aus dem Handel mit dem Publikum pro Wertpapierhändler, wenn der sichere Tip ausbleibt.[84] Die Relationen (3.78) gelten für den Fall, daß nur der Insider liquiditätsbewußt agiert, und die Relationen (3.79) gelten für den Fall, daß sich alle Händler liquiditätsbewußt verhalten.[85]

(3.78) und (3.79) treten unter den jeweils getroffenen Annahmen an die Stelle von (3.61), wobei zu berücksichtigen ist, daß die Durchschnittsbildung hier entfällt, da es im Referenzfall ohne Insiderinformation nur einen einzigen Typ von Wertpapierhändlern gibt. Dementsprechend sind (3.78) und (3.79) auch analog zu (3.61) zu interpretieren. Der Vergleich von (3.61) mit (3.78) bzw. (3.79) zeigt die grundsätzliche Bedeutung der Annahme fehlenden Liquiditätsbewußtseins für die Auswirkungen der hier betrachteten Extremvariante des Insiderhandels auf die Liquidität. Zwingend positiv sind die Konsequenzen für den Fall $z = 1$ offensichtlich nur, wenn der Insider dumm genug ist, sich das Geschäft selbst zu verderben, weil es ihm an Liquiditätsbewußtsein fehlt. Der Vergleich bestätigt aber auch den bereits in (3.61) zum Ausdruck kommenden Sachverhalt, wonach selbst die Extremform des Insiderhandels die Liquidität um so weniger gefährden kann je größer der Einfluß des Publikums auf das Kursgeschehen relativ zum Einfluß der Wertpapierhändler ist. Dieser relative Einfluß spiegelt sich, wie bereits erwähnt, in dem an der durchschnittlichen Risikotoleranz der Händler gemessenen Deckungsbeitrag, den ein Wertpapierhändler im Durchschnitt zu erwarten hätte, wenn die Weitergabe von Insiderinformationen durch den Analysten mit Sicherheit ausgeschlossen werden könnte, i.e. $d^h/t$ bzw. $d^{\ell h}/t$. Dies erklärt die durch (3.78) und (3.79) gestellten Mindestanforderungen an diesen charakteristischen Quotienten als Bedingung für einen positiven Liquiditätseffekt. Ein Vergleich von (3.78) und (3.79) zeigt unter Berücksichtigung von

$$\frac{2 \cdot n - 1}{n} < 2$$

daß die Bedingung für eine Erhöhung der Liquidität weniger restriktiv ist, wenn sich

---

84 Der hochgestellte Index $h$ steht für homogen, da die Information homogen bleibt, wenn der sichere Tip ausbleibt.

85 Der hochgestellte Index $\ell$ zeigt liquiditätsbewußtes Verhalten an.

nicht nur der Insider sondern auch die Outsider liquiditätsbewußt verhalten. Hier wirkt sich offensichtlich positiv aus, daß die Anwesenheit eines Insiders liquiditätsbewußt agierenden Outsidern nicht nur negative sondern auch positive Impulse zu geben vermag, weil diese antizipieren, daß sie bei Anwesenheit eines Insiders, der immerhin die Hälfte der Gesamtliquidität des Marktes auf sich vereinigt, vergleichsweise weniger Einfluß auf die Börsenkurs nehmen. Dieser Effekt spielt offensichtlich eine um so spürbarere Rolle je enger der Markt ist, was sich wiederum in

$$\frac{\mathrm{d}}{\mathrm{d}n}\left(\frac{2\cdot n-1}{n}-2\right)=\frac{\mathrm{d}}{\mathrm{d}n}\left(-\frac{1}{n}\right)>0$$

widerspiegelt.

Unter Berücksichtigung von

$$\frac{1}{4-\frac{2\cdot n-1}{n}\cdot\frac{n+1}{n}}<\frac{1}{4-2\cdot\frac{n+1}{n}}<1 \quad \text{für}^{86}\, n\geq 2$$

erweisen sich die Mindestanforderungen an eine Erhöhung der Liquidität letztlich als nicht sonderlich restriktiv,[87] wenn man bedenkt, daß der durchschnittlich erwartete Deckungsbeitrag aus dem Handel mit dem Publikum einen Risikoabschlag verkraften und danach wenigstens noch kostendeckend sein muß, damit die Händler in der Ausgangssituation überhaupt ein Interesse daran haben, zu handeln.[88]

Zusammenfassend bleibt festzustellen, daß sich die Liquidität bei exogen gegebener Partizipation im Extremfall eines einzigen perfekt informierten Insiders auch dann als recht robust erweist, wenn die Händler der nur beschränkten Liquidität des Marktes angemessene Beachtung schenken.

---

86 Zur Erinnerung: In Gegenwart eines Insiders müssen wenigstens zwei weitere Händler am Markt sein, damit ein Gleichgewicht existiert.

87 Anderer Meinung ist LELAND (1992), 870f., der den Fall nicht liquiditätsbewußt agierender Outsider untersucht. Allerdings sind weder die Herleitung der für die Aussage grundlegenden Gleichung (17) noch die den genannten Wertebereichen für die beiden Varianzen zugrundeliegende Interpretation nachvollziehbar.

88 Diese Aspekte finden in Kapitel 4 dieser Arbeit Beachtung.

### 3.2.3 Aggregation und Objektivierung nicht öffentlicher Information durch den Börsenkurs

In diesem Abschnitt soll untersucht werden, welche Auswirkungen sich auf die Liquidität ergeben, wenn der Börsenkurs Information nicht nur aggregiert sondern gleichzeitig objektiviert. Bislang wurde davon ausgegangen, daß die besser informierten Händler ein und denselben Analysten kennen und daher ein und dasselbe Analyseergebnis in Erfahrung bringen. Stattdessen wird im folgenden unterstellt, daß jeder besser informierter Händler seine eigene Informationsquelle, sozusagen seinen eigenen Analysten, hat. Die Analyseergebnisse

$$A_{Ii} = P_2 + F_i$$

sind daher höchstens zufällig identisch. Im folgenden wird davon ausgegangen, daß sämtliche Analysten vollkommen unabhängig voneinander arbeiten, dies allerdings mit der gleichen Zuverlässigkeit $z$. Formal betrachtet bedeutet das, daß die vom Liquidationserlös $P_2$ stochastisch unabhängigen Fehler $F_i$ untereinander ebenfalls stochastisch unabhängig und identisch verteilt sind. Da weiterhin mit Recht erwartet werden darf, daß jeder Analyst im Mittel keinen Fehler macht, darf angenommen werden, daß sich die individuellen Fehler $F_i$ aufgrund des (starken) Gesetzes der großen Zahl eliminieren, wenn der Markt sehr groß ist.[89] Dies macht den Börsenkurs - anders als bislang - auch für die privat informierten Händler zu einer wertvollen Informationsquelle.

Da sämtliche Informationsquellen von gleicher Güte sind, verfahren alle privat informierten Händler nach der gleichen optimalen Strategie. Eine gesonderte Kenntlichmachung individueller Strategien kann daher unterbleiben. Außerdem wird im folgenden wieder davon ausgegangen, daß sich die Börsenhändler wie Preisnehmer verhalten. Dies geschieht in der Absicht, die Darstellung nicht zu überfrachten, und stellt insofern keine weitere Beschränkung der Allgemeinheit mehr dar, als oben bereits vorausgesetzt wurde, daß der Markt sehr groß ist, um von einem von individuellen

89 Vgl. hierzu die ausführliche Diskussion bei ADMATI (1983), 17 - 20, und ADMATI (1985), 634 - 636.

Prognosefehlern unbeeinflußten Börsenkurs ausgehen zu können.[90]

Analog zu dem in Abschnitt 3.2.1 behandelten Fall mit einem einzigen Analysten sieht die optimale (Bestands-)Politik der Insider wie folgt aus (annahmegemäß gilt: $s_A = 1$)

$$B_A^* = \text{argmax sää}(W_2 \mid A_1, P_1, I_0) = t_A \cdot \frac{\text{E}(P_2 \mid A_1, P_1, I_0) - P_1}{\text{var}(P_2 \mid A_1, P_1, I_0)} .$$

Der Unterschied zu dem zuvor behandelten Fall eines einzigen Analysten besteht darin, daß nun neben dem Ergebnis der Analyse $A_1$ als auch der Börsenkurs $P_1$ in die Berechnung des Sicherheitsäquivalents eines Insiders eingeht.

Nimmt man an, daß der Markt groß genug ist, um die Korrelation der individuellen Prognosefehler $F_i$ mit dem Börsenkurs $P_1$ vernachlässigen zu können, dann läßt sich die optimale Bestandspolitik der Insider in Verbindung mit der verkürzenden Schreibweise

$$\mu_A := \text{E}(A_1 \mid I_0)$$

wie folgt erklären:[91]

$$B_A^* = c_A \cdot [(1 + g_A + g_P - g_P/a) \cdot (\mu - P_1) + g_A \cdot (A_1 - \mu_A) + (g_P/a) \cdot \text{E}(P_2 - P_1 \mid I_0)] . \quad (3.80)$$

Die Bestandspolitik der Händler, die kein Analyseergebnis in Erfahrung bringen, bleibt prinzipiell unverändert; es gilt (vgl. (3.32))

$$B_P^* = c_P \cdot s_P \cdot [(1 + g_P - g_P/a) \cdot (\mu - P_1) + (g_P/a) \cdot \text{E}(P_2 - P_1 \mid I_0)] . \quad (3.81)$$

Der Vergleich von (3.80) mit (3.21) läßt in Verbindung mit $0 < a < z < 1$ erkennen, daß die Insider auf jeden Fall weniger Liquidität bereitstellen, wenn der Börsenkurs

---

90 Zudem hat sich ja bereits gezeigt (vgl. Anhang K), daß die Informationsverarbeitung im Gleichgewicht im Prinzip nicht davon abhängt, ob die Händler rationale Erwartungen über die Konkurrenzsituation hegen oder ob sie den Börsenkurs als gegeben ansehen.

91 Vgl. Anhang O

ihre nicht öffentliche Information nicht nur aggregiert sondern im Zuge der Aggregation durch das Herausmitteln von Fehlern gleichzeitig objektiviert und damit auch für diese Gruppe von Händlern Signalcharakter erlangt.[92] Fraglich ist daher, wie sich die zusätzliche Objektivierung auf das Verhalten der Outsider auswirkt. Sollten auch sie mit einer Einschränkung ihres Liquiditätsangebots reagieren, wird die Liquidität des Marktes in jedem Falle durch die Objektivierungsfunktion des Börsenkurses beeinträchtigt. Ein möglicher Grund für eine solche Reaktion könnte sein, daß die Objektivierungsfunktion im Gleichgewicht für eine höhere Güte der durch den Börsenkurs übermittelten Information - sprich: für eine gesteigerte Informationseffizienz - sorgt, was die Outsider mit verstärkter Zurückhaltung beantworten würden. Im folgenden soll geprüft werden, ob dem tatsächlich so ist.

Natürlich hängt die Zwangsläufigkeit, mit der man als nicht direkt informierter Outsider vom Börsenkurs auf den Liquidationserlös schließen kann, auch bei differierenden Analyseergebnissen nicht nur davon ab, wie groß deren Einfluß auf den Börsenkurs ist, sondern auch davon, wie heftig der Börsenkurs auf die Transaktionen des Publikums reagiert. Ebensowenig ändert sich etwas an der Tatsache, daß die beiden Nachfragedeterminanten immer entweder gemeinsam an Gewicht gewinnen oder verlieren, weil der Kurs um so heftiger auf überraschende Analyseergebnisse reagieren muß, je weniger liquide der Markt ist und umgekehrt. Dieser Zusammenhang soll im folgenden genauer ausgearbeitet werden.

Die gleichgewichtige Liquidität ergibt sich ökonomisch betrachtet aus der Überlegung, daß die durch eine Erhöhung der Publikumsnachfrage (des Publikumsangebots) induzierte Kurserhöhung (Kurssenkung) so bemessen sein muß, daß die Gesamtheit aus besser und schlechter informierten Händlern bereit ist, die zusätzliche Nachfrage zu befriedigen bzw. das zusätzliche Angebot vom Markt zu nehmen. Ausgangspunkt der Überlegung sind somit auch hier wieder die Händlerreaktionen. Wenn die Mutmaßung

$$P_1 = a \cdot P_2 + (1/\ell) \cdot D_1 + const$$

[92] Hierbei ist zu beachten, daß diese Schlußfolgerung maßgeblich von der Annahme abhängt, daß der Markt groß genug ist, um die Korrelation der individuellen Prognosefehler $F_i$ mit dem Börsenkurs $P_1$ vernachlässigen zu können. Andernfalls erlaubt die Kombination aus Analyseergebnis und Börsenkurs nämlich präzisere Rückschlüsse als es die Summe aus $g_A$ und $g_P$ zum Ausdruck bringt. Bemerkenswert erscheint in diesem Zusammenhang, daß sich grundsätzlich andere Kursreaktionen ergeben können als im Kontext des hier zugrundeliegenden sog. "truth plus noise" Paradigmas, wenn die Interpretation bestimmter Signale von anderen Signalen abhängt; vgl. hierzu DOW/GORTON (1993).

zutrifft (da sich die individuellen Analysefehler auf einem großen Markt herausmitteln, tritt $P_2$ an die Stelle von $A_1$), dann löst eine Erhöhung der Nettonachfrage des Publikums um eine Mengeneinheit einen Kursschub um $(1/\ell)$ Geldeinheiten aus. Auf diesen Kurschub reagieren die Händler insgesamt mit einem zusätzlichen Angebot (das negative Vorzeichen deutet an, daß es sich um Angebot handelt) in Höhe von

$$-(n_A+n_P)\cdot\bar{c}\cdot(1/\ell)\cdot(\%\cdot(1+g_A+g_P-g_P/a)+(1-\%)\cdot(1+g_P-g_P/a))$$

Stücken. Im Gleichgewicht muß daher

$$(n_A+n_P)\cdot\bar{c}\cdot(1/\ell)\cdot(\%\cdot(1+g_A+g_P-g_P/a)+(1-\%)\cdot(1+g_P-g_P/a)) = 1 \tag{3.82}$$

gelten. Da die Überraschungskomponenten der Analyseergebnisse keine Nachfrageungleichgewichte auslösen dürfen, muß gleichzeitig die Bedingung

$$(1-\%)\cdot(1+g_P-g_P/a) = \%\cdot(g_A/a-(1+g_A+g_P-g_P/a)) \tag{3.83}$$

erfüllt sein. Setzt man diese Gleichgewichtsbedingung in (3.82) ein, so erhält man die bereits bekannte (vgl. (3.43)) Beziehung

$$\ell = n_A\cdot c_A\cdot(g_A/a)$$

$$a = n_A\cdot c_A\cdot g_A\cdot(1/\ell)\ . \tag{3.84}$$

Demnach verhalten sich der Einfluß des Publikums und der Einfluß des Insiderhandels nach wie vor direkt proportional zueinander. Damit ist die Güte der im Gleichgewicht durch den Börsenkurs übermittelten Information vollständig exogen durch[93]

$$g_P = \frac{g_A^2}{h} \tag{3.85}$$

93 Siehe Anhang M.

gegeben, so daß Existenz und Eindeutigkeit eines Gleichgewichts garantiert sind.

Ein Vergleich zwischen (3.85) und (3.45) läßt unmittelbar erkennen, daß die Güte der durch den Börsenkurs übermittelten Information tatsächlich zunimmt, wenn dieser die Informationen der besser informierten Händler nicht nur aggregiert sondern auch objektiviert. Damit steht fest, daß der Markt Liquidität einbüßt, wenn die private Information der besser informierten Händler durch den Börsenkurs nicht nur aggregiert sondern im Zuge der Aggregation auch objektiviert wird, weil sich die als unkorreliert angenommenen individuellen Analysefehler dem Gesetz der großen Zahl folgend gegeneinander aufheben.

Da die Liquidität abnimmt, muß das Ausmaß, in dem die private Information durch den Börsenkurs vorweggenommen wird, wegen (3.84) zunehmen, wenn der Börsenkurs objektivierend wirkt. Auch dafür gibt es eine unmittelbar einleuchtende Erklärung: Die beiden "Händlerlager" laufen nämlich tendenziell stärker in eine Richtung, wenn der Börsenkurs in Bewegung gerät, da sie dem Börsenkurs beide den gleichen Signalcharakter beimessen. Dies läßt sich aus dem Vergleich von (3.80) und (3.81) ersehen.

Die Ausführungen des folgenden Abschnitts sollen bislang gewonnene Einsichten über die Auswirkungen asymmetrischer Information auf die Liquidität weiter vertiefen. Dazu wird die in der angelsächsischen Literatur unter dem Begriff "sunshine trading" diskutierte[94] Möglichkeit des Publikums analysiert, andere auf den Zufallscharakter bestimmter Transaktionen hinzuweisen.

## 3.3 Der Einfluß der Markttransparenz (Sunshine Trading)

Im folgenden soll untersucht werden, wie es sich auf die Liquidität auswirkt, wenn es einigen Marktteilnehmern aus dem Kreise des Publikums gelingt, den Wertpapierhändlern glaubhaft zu machen, daß ihre Transaktionen aus Liquiditätsgründen getätigt werden, und daher nichts mit unerwarteten Informationen über den Fundamentalwert (= Liquidationserlös) zu tun haben.[95]

94 Vgl. ADAMATI/PFLEIDERER (1991).

95 Die Erweiterung des Gleichgewichts mit rationalen Erwartungen bei asymmetrisch verteilter Information um eine Gruppe von Marktteilnehmern, die die stochastische Nachfragekomponente

Formal wird dieses Szenario durch eine Zerlegung der Gesamtnettonachfrage des Publikums $D_P$ in zwei stochastisch voneinander unabhängige Komponenten $X$ und $Y$ abgebildet. Die Nettonachfrage des Publikums zerfällt demnach in

$$D_P = X + Y \ . \tag{3.86}$$

Hierbei repräsentiert $X$ die Komponente, über die die Händler zum Zeitpunkt des Handels aufgeklärt sind. Da die Transaktionen sämtlicher Marktteilnehmer aus dem Kreis des Publikums stochastisch voneinander unabhängig sind, gilt

$$\mathrm{var}(D_P \mid I_0) = \mathrm{var}(X \mid I_0) + \mathrm{var}(Y \mid I_0) \ .$$

Im folgenden wird zunächst untersucht, wie sich die Information über $X$ auf das Verhalten der besser informierten Händler auswirkt. Dabei wird wiederum zwischen den Fällen einer einzigen (Fall A) und vieler stochastisch voneinander unabhängiger Informationsquellen gleicher Güte (Fall B) unterschieden. In beiden Fällen gehen beide Gruppen von Händlern davon aus, daß sich der Zusammenhang zwischen dem Börsenkurs $P_1$ auf der einen Seite und den Nachfragedeterminanten Liquidationserlös[96] $P_2$ sowie der angekündigten Nettonachfrage $X$ und der unangekündigten Nettonachfrage $Y$ auf der anderen Seite wie folgt darstellt

$$P_1 = a \cdot P_2 + (1/\ell_X) \cdot X + (1/\ell_Y) \cdot Y + const \ . \tag{3.87}$$

Die Insider bauen ihre Bestände im Fall A (eine einzige Informationsquelle) gemäß[97]

$$B_A^* = c_A \cdot [(1+g_A) \cdot (\mu - P_1) + g_A \cdot (A_1 - \mu_A)] \tag{3.88}$$

und im Fall B (viele verschiedene voneinander unabhängige Informationsquellen) unter Berücksichtigung der Definition

kennen, geht auf GENNOTTE/LELAND (1990) zurück. Sie sehen in dieser Gruppe von Marktteilnehmern einen Garanten für die Liquidität bei asymmetrisch verteilter Information, vgl. hierzu insbesondere S. 1006 - 1008.

96 Zur Erinnerung: Der Liquidationserlös kristallisiert sich deshalb als Nachfragekomponente heraus, weil sich die individuellen Analysefehler herausmitteln.

97 Siehe Anhang N.

$$g_{\{P,X\}} := \frac{\mathrm{var}(P_2 \mid I_0)}{\mathrm{var}(P_2 \mid P_1, X, I_0)} - 1$$

gemäß[98]

$$B_A^* = c_A \cdot [(1+g_A+g_{\{P,X\}}) \cdot (\mu - P_1) + g_A \cdot (A_1 - \mu_A) + (g_{\{P,X\}}/a) \cdot (P_1 - \mathrm{E}(P_1 \mid X, I_0))] \ . \tag{3.89}$$

Die Outsider wählen ihre Handelsbestände gemäß[99]

$$B_P^* = c_P \cdot [(1+g_{\{P,X\}}) \cdot (\mu - P_1) + (g_{\{P,X\}}/a) \cdot (P_1 - \mathrm{E}(P_1 \mid X, I_0))] \ . \tag{3.90}$$

Die Übereinstimmung von (3.88) mit (3.21) (für $s_A = 1$) zeigt, daß die Ankündigung des Transaktionsvolumens $X$ für die Insider nur dann relevant ist, wenn der Börsenkurs auch für sie Signalcharakter besitzt. Letzteres ist dann der Fall, wenn der Börsenkurs Informationen gleichzeitig aggregiert und objektiviert. Vergleicht man (3.89) und (3.90) mit den entsprechenden Beziehungen für den Fall ohne "sunshine trading"

$$B_A^* = c_A \cdot [(1+g_A+g_P) \cdot (\mu - P_1) + g_A \cdot (A_1 - \mu_A) + (g_P/a) \cdot (P_1 - \mathrm{E}(P_1 \mid I_0))]$$

und

$$B_P^* = c_P \cdot [(1+g_P) \cdot (\mu - P_1) + (g_P/a) \cdot (P_1 - \mathrm{E}(P_1 \mid I_0))] \ ,$$

die sich aus (3.80) und (3.81) ableiten lassen, so stellt man fest, daß die Ankündigung von $X$ dafür sorgt, daß die durch $X$ ausgelöste Börsenkursänderung kein falsches Signal setzt. Änderungen von $X$ haben per saldo einen Signaleffekt von Null, weil sie $P_1$ und $\mathrm{E}(P_1 \mid X, I_0)$ um den gleichen Betrag verändern.

Im folgenden soll gezeigt werden, daß die Ankündigung von $X$ höchst unterschiedli-

98 Siehe Anhang O.

99 Da der Einfluß von $A_1$ auf die Nachfrage der Insider ausweislich (3.89) von allen anderen Einflüssen separiert werden kann, erkärt sich (3.90) unmittelbar aus (3.89).

che Auswirkungen auf die Teile des Publikums hat, die für $X$ bzw. $Y$ verantwortlich sind. Denjenigen, die "sunshine trading" praktizieren, gelingt es praktisch zwei Fliegen mit einer Klappe zu schlagen: Sie vermeiden es, daß die von Ihnen konkret geäußerte Nettonachfrage von den Outsidern oder von der gesamten Händlerschaft falsch interpretiert wird, und sorgen gleichzeitig wenigstens unter den Outsidern für mehr Konkurrenz, indem sie generell verläßlichere Rahmenbedingungen für die Interpretation des Marktgeschehens durch die Händler schaffen. Dazu macht man sich am besten zunächst klar, daß die Kenntnis des Transaktionsvolumens $X$ in Kombination mit dem Börsenkurs $P_I$ präzisere Rückschlüsse erlaubt als die Kursinformation alleine, weil das erwartete Volumen von Publikumstransaktionen, die als potentielle Auslöser von im Gleichgewicht nicht von allen Händlern eindeutig zu entschlüsselnden Börsenkursänderungen in Betracht kommen, wegen $\text{var}(Y \mid I_O) < \text{var}(D_P \mid I_O)$ kleiner wird. "Sunshine trading" erweist sich daher für seine Urheber als vorteilhaft.[100] Dieser Vorteil geht allerdings zu Lasten derjenigen, die sich nicht dazu im Stande sehen, glaubhaft zu versichern, daß ihre Nettonachfrage garantiert nichts mit besseren Informationen zu tun hat. Letztere können nämlich nicht verhindern, daß sie irreführende Signale setzen, und müssen daher um so größere Einbußen hinnehmen je stürmischer die Reaktionen der Händler auf diese Signale sind. Diese Behauptungen gelten unabhängig davon, ob der Börsenkurs eine Objektivierungsfunktion besitzt oder nicht, und lassen sich wie folgt bestätigen: Im ersten Schritt wird gezeigt, daß die Beziehung ( $\hat{a}$ und $\ell_Y$ bzw. $a$ und $\ell$ nehmen Bezug auf den Fall mit und ohne "sunshine trading")

$$\hat{a} \cdot \ell_Y = a \cdot \ell = n_A \cdot c_A \cdot g_A$$

sowohl im Fall A, in dem sich die Insider-Informationen aus einer einzigen Quelle speisen, so daß der Börsenkurs keine Objektivierungsfunktion besitzt, als auch im Fall B, in dem der Börsenkurs eine Objektivierungsfunktion besitzt, da er von einer

100 MADHAVAN (1996) zeigt, daß dies bei liquiditätsbewußtem Verhalten der Händler nur dann gilt, wenn die Konkurrenz der Händler untereinander hinreichend groß ist. Er wertet dieses Resultat als Beleg dafür, daß mehr *Transparenz*, i.e. mehr ***Information über das Marktgeschehen***, nicht zwingend für mehr Liquidität sorgt. Daß der Zusammenhang zwischen Transparenz und Liquidität entscheidend davon abhängt, wie flexibel die Marktteilnehmer ihr Verhalten an veränderte institutionelle Rahmenbedingungen anpassen, wird von PAGANO/RÖELL (1996) in einem anderen Kontext bestätigt. Sie zeigen, daß mehr Transparenz nur eingeschränkt unschädlich für das Publikum ist, wenn sich die Insider optimal darauf einstellen. In dieses Bild paßt auch, daß GERKE/BIENERT/SCHROEDER-WILDBERG (1995) das Ergebnis ihrer Experimentalstudie, demzufolge ein (teilweise) offenes Orderbuch für mehr Liquidität sorgt als ein geschlossenes Orderbuch, selbst mit Vorbehalt betrachten.

Vielzahl stochastisch voneinander unabhängiger Informationen beeinflußt wird, gilt. Ursächlich hierfür ist die Tatsache, daß das für $Y$ verantwortliche gewöhnliche Publikum die gleichen Markträumungsmechanismen in Gang setzt, wie das Publikum in den Modellen ohne "sunshine trading". Für den Fall A bestätigt man die obenstehende Beziehung durch Einsetzen der Bedingung

$$(1-\%)\cdot(1+g_{\{P,X\}}-g_{\{P,X\}}/\hat{a}) = \%\cdot(g_A/\hat{a}-(1+g_A)) \;,$$

die verhindert, daß unerwartete Analyseergebnisse zu Marktungleichgewichten führen, in die Bedingung

$$(1/\ell_Y)\cdot\bar{c}\cdot(n_A+n_P)\cdot(\%\cdot(1+g_A)+(1-\%)\cdot(1+g_{\{P,X\}}-g_{\{P,X\}}/\hat{a})) = 1 \;,$$

die verhindert, daß Änderungen von $Y$ zu Marktungleichgewichten führen.

Für den Fall B bestätigt man die Beziehung

$$\hat{a}\cdot\ell_Y = a\cdot\ell = n_A\cdot c_A\cdot g_A$$

vollkommen analog durch Einsetzen von

$$(1-\%)\cdot(1+g_{\{P,X\}}-g_{\{P,X\}}/\hat{a}) = \%\cdot(g_A/\hat{a}-(1+g_A+g_{\{P,X\}}-g_{\{P,X\}}/\hat{a}))$$

in

$$(1/\ell_Y)\cdot\bar{c}\cdot(n_A+n_P)\cdot(\%\cdot(1+g_A+g_{\{P,X\}}-g_{\{P,X\}}/\hat{a})+(1-\%)\cdot(1+g_{\{P,X\}}-g_{\{P,X\}}/\hat{a})) = 1 \;.$$

Nun läßt sich unter Berücksichtigung von

$$\hat{a}\cdot\ell_Y = a\cdot\ell$$

und

$$\mathrm{var}(Y \mid I_0) < \mathrm{var}(D_P \mid I_0)$$

und analog zu der Vogehensweise in den Anhängen D bzw. M für die Fälle A und B zeigen, daß im Fall A

$$g_{\{P,X\}} = \frac{(\hat{a}\cdot\ell_Y)^2\cdot \mathrm{var}(P_2 \mid I_O)}{(\hat{a}\cdot\ell_Y)^2\cdot \mathrm{var}(F \mid I_O) + \mathrm{var}(Y \mid I_O)}$$

$$> \frac{(a\cdot\ell)^2\cdot \mathrm{var}(P_2 \mid I_O)}{(a\cdot\ell)^2\cdot \mathrm{var}(F \mid I_O) + \mathrm{var}(D_P \mid I_O)} = g_P$$

und im Fall B

$$g_{\{P,X\}} = (\hat{a}\cdot\ell_Y)^2\cdot \frac{\mathrm{var}(P_2 \mid I_O)}{\mathrm{var}(Y \mid I_O)} > (a\cdot\ell)^2\cdot \frac{\mathrm{var}(P_2 \mid I_O)}{\mathrm{var}(D_P \mid I_O)} = g_P$$

gilt.

Die Vorteilhaftigkeit des "sunshine trading" für die Urheber ergibt sich unter Berücksichtigung von

$$g_{\{P,X\}} > g_P$$

und (zur Erinnerung: $\bar{g}$ (vgl. (3.37)) steht für die durchschnittliche Güte der Information)

$$\bar{g}(g_{\{P,X\}}) > \bar{g}(g_P)$$

für den Fall A unmittelbar aus dem Vergleich zwischen

$$\ell_X = (n_A+n_P)\cdot \bar{c}\cdot(1+\bar{g}(g_{\{P,X\}}))$$

und

$$\ell = (n_A+n_P)\cdot \bar{c}\cdot(1+\bar{g}(g_P)-(1-\%)\cdot g_P/a)$$

und analog für den Fall B aus dem Vergleich zwischen

$$\ell_X = (n_A+n_P)\cdot\bar{c}\cdot(1 + \%\cdot g_A + g_{\{P,X\}})$$

und

$$\ell = (n_A+n_P)\cdot\bar{c}\cdot(1 + \%\cdot g_A + g_P - g_P/a) \quad .$$

Die Benachteiligung des restlichen Publikums ergibt sich unter Berücksichtigung von

$$\bar{g}(g_{\{P,X\}}) > \bar{g}(g_P)$$

aus (vgl. (3.38))

$$\hat{a} := \mathrm{a}(\bar{g}(g_{\{P,X\}})) > \mathrm{a}(\bar{g}(g_P)) =: a \quad ,$$

was in Verbindung mit

$$\hat{a}\cdot\ell_Y = a\cdot\ell$$

auf

$$\ell_Y < \ell$$

führt.

Für den Fall B läßt sich die Behauptung in Verbindung mit der modifizierten Funktion

$$\mathrm{a}(x) := \frac{\%\cdot g_A+x}{1+\%\cdot g_A+x}$$

vollkommen analog beweisen.

Ungelöst bleibt das Problem, wie es gelingen soll, glaubhaft zu versichern, daß man aus Liquiditätsgründen handelt, wenn man davon nur profitieren aber niemals Schaden nehmen kann. Daß irgendjemand auf solche Erklärungen vertraut, kann man offensichtlich nur erwarten, wenn derjenige etwas zu verlieren hat, der eine solche Erklärung abgibt. Unter realistischeren Bedingungen ist dies durchaus der Fall, weil bewußtes Täuschen im Fall der Entdeckung zumindest den Verlust der Reputation als vertrauenswürdiger Handelspartner nach sich zieht. Hauptziel der hier vorgelegten Analyse des als "sunshine trading" bezeichneten Ankündigungseffektes war es, das Verständnis für die spezifische Art und Weise der Informationsverarbeitung im Gleichgewicht mit rationalen Erwartungen noch weiter zu vertiefen, so daß auf eine formale Analyse von Reputationseffekten[101] verzichtet werden kann.

## 3.4 Der Einfluß von Unsicherheit über den Transaktionskurs

Der bislang unterstellte Markträumungsmechanismus zeichnet sich dadurch aus, daß er den Marktteilnehmern kein Risiko aufbürdet. Daher konnte sich die bisherige Analyse auf das Fundamentalrisiko beschränken. Im folgenden wird exemplarisch gezeigt, daß durch den Markträumungsmechanimus selbst induzierte Risiken ebenfalls Einfluß auf die Liquidität haben.

Dabei wird ein in der Literatur weit verbreitetes Modell zugrundegelegt, in dem ein risikoneutraler market maker den Markt mit Liquidität versorgt.[102] Die Gesamtheit seiner potentiellen Kontrahenten setzt sich im allgemeinen aus $n_A$ Insidern und aus dem Publikum zusammen. Die innerhalb eines nicht näher bestimmten Zeitraums eingehenden unlimitierten Aufträge werden gesammelt (angelsächsisch: batch trading) und zu einem Gesamtkurs abgerechnet. Der market maker ist verpflichtet, Ungleichgewichte durch Selbsteintritt auszugleichen. Alle Insider kennen einen bestimmten Analysten, der den Insidern das Ergebnis $A_I$ seiner zum Zeitpunkt der Auftragserteilung noch nicht publizierten Analyse verrät. Der market maker kennt das Analyseergebnis im Zeitpunkt der Kursfeststellung nicht.

---

[101] Die Analyse von Reputationseffekten setzt einen Mehrperiodenkontext voraus. Mit der Bedeutung von Reputationseffekten auf Finanzmärkten beschäftigt sich z.B. NEUS (1993).

[102] Vgl. Das Modell geht auf KYLE (1984) und (1985) zurück. Risikoaverses Verhalten auf Seiten der Insider und des market makers wurde zuerst von SUBRAHMANYAM (1991) berücksichtigt. Ein Überblick über die vielzähligen Varianten, in denen dieses Modell zur Anwendung kommt, findet sich bei O'HARA (1995), Kapitel 4 und 5.

Das Muster der durch diese Rahmenbedingungen hervorgerufenen Interaktionen zeichnet sich am schärfsten ab, wenn die Insider einen sicheren Tip erhalten. In diesem Grenzfall orientiert sich das Verhalten der Insider nur noch am Verhalten der anderen Marktteilnehmer, weil es für sie kein Fundamentalrisiko mehr gibt. Im Falle eines einzigen Insiders führte dies unter den Bedingungen der Walrasianischen Limitorderauktion dazu, daß sich der Insider das einträgliche Geschäft mit dem Publikum mit den Outsidern teilt, um die Liquidität, die die Outsider dem Publikum zur Verfügung stellen, für eventuelle Insidergeschäfte in Anspruch nehmen zu können. Risiken existieren unter diesen Umständen für den Insider keine. Im market-maker-Szenario trifft dies nicht zu. Hier besteht für den Insider das Risiko, den Abrechnungskurs nicht im vorhinein fixieren zu können (Abrechnungsrisiko). Dieses Risiko spielt nur dann keine Rolle, wenn der Insider risikoneutral ist. In diesem Fall ist das Verhalten des Insiders von dem Bestreben geprägt, in maximal möglichem Umfang am market maker vorbei direkt mit dem Publikum zu handeln, um die Kursspanne des market makers zu sparen, was den market maker seinerseits dazu veranlaßt, mit einer maximalen Kursspanne zu arbeiten. Ein risikoaverser Insider sieht sich durch das Abrechnungsrisiko veranlaßt, vergleichsweise zurückhaltender zu agieren, was den market maker veranlaßt, die Kursspanne zu reduzieren. Allerdings wird die Liquidität nur dann durch das Abrechnungsrisiko begünstigt, wenn es wenig Konkurrenz unter den Insidern gibt, andernfalls führt das Abrechungsrisiko zu einer Beeinträchtigung der Liquidität. Diese Zusammenhänge werden im folgenden gezeigt.

Geht man vereinfachend davon aus, daß sich die Insider in keinerlei Hinsicht unterscheiden und nach dem Bekanntwerden des Analyseergebnisses einen Bestand in Höhe von $B_A^*$ Stücken als optimal ansehen, nachdem sie zuvor weder welche besaßen noch leerverkauft hatten, dann akkumuliert die Nachfrage der Insider und des Publikums zu einem Nachfrage- bzw. Angebotsüberhang in Höhe von (zur Erinnerung: $D_P$ ist die Nettonachfrage des Publikums)

$$\ddot{U} = D_P + D_A \tag{3.91}$$

mit

$$D_A := n_A \cdot B_A^* \ . \tag{3.92}$$

Der market maker ist verpflichtet, den Markt zu räumen. Daher schlägt der Nachfrageüberhang bei ihm mit umgekehrtem Vorzeichen als Bestandsänderung zu Buche. Dabei ist davon auszugehen, daß sich der market maker - sei es wettbewerbsbedingt[103] oder durch regulative Eingriffe gezwungen - darauf beschränkt, im Mittel keinen Disnutzen aus dem Handel zu haben. Im folgenden wird gezeigt, daß dieses Ziel unter den getroffenen Annahmen nur zu erreichen ist, wenn der market maker zu einem an die jeweilige Auftragslage angepaßten Börsenkurs $P_1$ abrechnet, der mit dem Umfang der durch ihn auszugleichenden Nachfrage- bzw. Angebotsungleichgewichte variiert.

Das Problem des market makers besteht darin, daß er nur den gesamten Nachfrage- oder Angebotsüberhang kennt, aber nicht erkennen kann, welcher Bruchteil des Umsatzes informationsinduziert und welcher Bruchteil auf das Publikum zurückgeht und daher rein zufällig ist. Unterstellt man dem market maker eine exponentielle Risiko-Nutzenfunktion und nimmt an, daß das sonstige Vermögen des market makers von allen hier betrachteten Zufallseinflüssen stochastisch unabhängig ist, dann erreicht der market maker sein Satisfizierungsziel genau dann, wenn die Bedingung

$$\text{sä}(-\ddot{U}\cdot SDB_2 \mid \ddot{U}, I_0) = 0$$

bzw.

$$-\ddot{U}\cdot\left(\mathrm{E}(SDB_2 \mid \ddot{U}, I_0) + \frac{\ddot{U}}{2\cdot t_M}\cdot \mathrm{var}(SDB_2 \mid \ddot{U}, I_0)\right) = 0 \qquad (3.93)$$

erfüllt ist. Falls der market maker tatsächlich einen Überhang vom Markt nehmen muß, d.h. falls $\ddot{U} \neq 0$ gilt, ist die Bedingung (3.93) nur erfüllt, wenn

$$\mathrm{E}(SDB_2 \mid \ddot{U}, I_0) + \frac{\ddot{U}}{2\cdot t_M}\cdot \mathrm{var}(SDB_2 \mid \ddot{U}, I_0) = 0$$

bzw. (zur Erinnerung: Definitionsgemäß gilt $SDB_2 := P_2 - P_1$)

[103] Vgl. DENNERT (1993) zur beschränkten Gültigkeit der Annahme vollständiger Konkurrenz als Begründung für ein solches Verhalten.

$$P_1 = \mathrm{E}(P_2 \mid \ddot{U}, I_0) + \frac{\ddot{U}}{2 \cdot t_M} \cdot \mathrm{var}(SDB_2 \mid \ddot{U}, I_0) \tag{3.94}$$

gilt. Damit ist die Kurspolitik des market makers aus der a posteriori Perspektive eindeutig charakterisiert. Weitere Aufschlüsse über die Verteilungskonsequenzen einer solchen Kurspolitik ergeben sich aus der Überlegung, daß der a priori Erwartungswert des (sicheren!) a posteriori Sicherheitsäquivalents ebenfalls Null sein muß. Es muß also

$$\mathrm{E}(\, \mathrm{sä}(-\ddot{U} \cdot SDB_2 \mid \ddot{U}, I_0) \mid I_0) = 0 \tag{3.95}$$

gelten. Da die Ausführungen dieses Abschnitt lediglich exemplarischen Charakter besitzen, erscheint es angebracht, im folgenden von dem einfacher zu handhabenden Spezialfall eines risikoneutralen market makers auszugehen.[104] In diesem Fall erhält man

$$P_1 = \mathrm{E}(P_2 \mid \ddot{U}, I_0) \tag{3.96}$$

und

$$\mathrm{E}(\, \mathrm{E}(-\ddot{U} \cdot SDB_2 \mid \ddot{U}, I_0) \mid I_0) = 0 \tag{3.97}$$

für (3.94) und (3.95). In Verbindung mit (3.94) ist (3.95) äquivalent zu

$$\mathrm{E}(\, \mathrm{E}(-\ddot{U} \cdot SDB_2 \mid \ddot{U}, I_0) \mid I_0)$$

$$= \mathrm{E}(\, -\mathrm{E}(\ddot{U} \mid I_0) \cdot \mathrm{E}(SDB_2 \mid \ddot{U}, I_0) \mid I_0)$$

$$= -\mathrm{E}(\ddot{U} \mid I_0) \cdot \mathrm{E}(\, \mathrm{E}(P_2 - P_1 \mid \ddot{U}, I_0) \mid I_0) = 0$$

104 Die Auswirkungen risikoaversen Verhaltens des market makers im Kontext des hier zugrundegelegten Modells untersucht SUBRAHMANYAM (1991).

Diese Bedingung ist wegen (3.96) für beliebige $E(\ddot{U} \mid I_0)$ erfüllt. Da die a priori erwartete Nettonachfrage des Publikums Null ist, und die Insider nur dann mit dem market maker handeln, wenn ihnen der Handel einen Vermögensvorteil beschert, ist die Annahme eines von Null verschiedenen erwarteten Nachfrageüberhangs äquivalent zu der Annahme, daß die Kurspolitik des market makers den Insidern einen erwarteten Vermögensvorteil verschafft. Da der market maker selbst keinen Vermögensnachteil zu erwarten hat, wenn er die Kurspolitik (3.101) betreibt, kann dieser erwartete Vermögensvorteil der Insider nur zu Lasten des Publikums gehen. Eine solche Kurspolitik wird im folgenden durch die Annahme

$$E(\ddot{U} \mid I_0) = 0$$

ausgeschlossen. Unter dieser Annahme konkretisiert sich (3.96) unter der Normalverteilungshypothese zu[105]

$$P_1 = E(P_2 \mid I_0) + (1/\ell) \cdot \ddot{U} = \mu + (1/\ell) \cdot \ddot{U} \tag{3.98}$$

mit

$$\ell := \frac{\operatorname{var}(\ddot{U} \mid I_0)}{\operatorname{cov}(P_2, \ddot{U} \mid I_0)} . \tag{3.99}$$

Im Grunde handelt es sich bei der durch (3.98) und (3.99) beschriebenen Kurspolitik des market makers um eine Abschreckungspolitik. Um sein Satisfizierungsniveau zu erreichen, ist der market maker gezwungen, den Insiderhandel durch die Ankündigung einer variablen Kursspanne einzudämmen. Da er nicht zwischen informations- und liquiditätsbedingtem Handel zu unterscheiden vermag, ist er gezwungen den Börsenkurs an den gesamten Nachfrage- bzw. Angebotsüberhang zu koppeln.

Da die Nettonachfrage des Publikums stochastisch unabhängig vom Liquidationserlös ist, gilt

[105] Siehe Anhang A.

$$\operatorname{cov}(P_2, \ddot{U} \mid I_O) = \operatorname{cov}(P_2, D_A \mid I_O) + \operatorname{cov}(P_2, D_P \mid I_O) = \operatorname{cov}(P_2, D_A \mid I_O) \ .$$

Daher läßt sich (3.99) auch wie folgt darstellen:

$$\ell = \frac{\operatorname{var}(\ddot{U} \mid I_O)}{\operatorname{cov}(P_2, D_A \mid I_O)}$$

$$= \frac{\operatorname{std}(\ddot{U} \mid I_O) \cdot \operatorname{std}(\ddot{U} \mid I_O)}{\operatorname{std}(D_A \mid I_O) \cdot \operatorname{std}(D_P \mid I_O)} \cdot \frac{\operatorname{std}(D_P \mid I_O)}{\operatorname{corr}(P_2, D_A \mid I_O) \cdot \operatorname{std}(P_2 \mid I_O)}$$

$$\ell = \frac{1}{\theta_A \cdot \theta_P} \cdot \frac{\sigma_D}{\operatorname{corr}(P_2, D_A \mid I_O) \cdot \sigma_P} \tag{3.100}$$

mit[106]

$$\theta_A := \frac{\operatorname{std}(D_A \mid I_O)}{\operatorname{std}(\ddot{U} \mid I_O)} = \frac{E(\mid D_A \mid \mid I_O)}{E(\mid \ddot{U} \mid \mid I_O)}$$

für den Quotienten aus dem erwarteten Transaktionsvolumen der Insider und dem erwarteten Volumen des Angebots- oder Nachfrageüberhangs, den der market maker durch Selbsteintritt ausgleichen muß, und

$$\theta_P := \frac{\operatorname{std}(D_P \mid I_O)}{\operatorname{std}(\ddot{U} \mid I_O)} = \frac{E(\mid D_P \mid \mid I_O)}{E(\mid \ddot{U} \mid \mid I_O)}$$

für den Quotienten aus dem erwarteten Volumen der Nettonachfrage des Publikums[107]

106 Vgl. hierzu die Überlegungen, die auf Gleichung (2.5) führen.

107 Mit der begrifflichen Differenzierung zwischen dem erwarteten Transaktionsvolumen der Insider und dem erwarteten Volumen der Nettonachfrage des Publikums soll zum Ausdruck gebracht werden, daß die Nachfrage der Insider vollkommen homogen ist, während die Nachfrage des Publikums i.i.d.-verteilt und somit heterogen ist.

und dem erwarteten Volumen des Überhangs.

Aus (3.100) läßt sich zunächst unmittelbar ablesen, daß die Liquidität c.p.

( a ) um so größer ist, je größer das erwartete Volumen der Nettonachfrage des Publikums ist, wenn man bedenkt, daß letzteres proportional zur Standardabweichung $\sigma_D$ wächst und

( b ) um so geringer ist, je stärker die Insider-Nachfrage mit dem Liquidationserlös korreliert, d.h. je besser die Insider informiert sind, und je mehr der Liquidationserlös schwankt.

Daß sich die Liquidität mit c.p. zunehmendem erwarteten Volumen der Nettonachfrage des Publikums erhöht, ist eine Folge der gleichzeitigen Zunahme des erwarteten Gesamtnachfrage-bzw. Gesamtangebotsvolumens. Bei gleichbleibender Liquidität impliziert diese Zunahme eine höhere erwartete Kursspanne und mithin auch einen höheren erwarteten Deckungsbeitrag des market makers. Solange der market maker im Mittel keine Überschüße erwirtschaften darf, muß sich die Liquidität daher zwangsläufig erhöhen, wenn ein höheres Volumen für die Publikumstransaktionen erwartet wird.

Die Bedeutung der Korrelation zwischen Insider-Nachfrage und Liquidationserlös einerseits und der Beurteilung der Streuung des Liquidationserlöses durch den market maker andererseits erschließt sich, wenn man bedenkt, daß diese beiden Faktoren die Größe des Informationsvorsprungs der Insider determinieren. Offensichtlich ist eine hohe positive Korrelation zwischen Insider-Nachfrage und Liquidationserlös ein Indiz für die Qualität der Insiderinformation. Allerdings verschafft auch eine todsichere Information den Insidern letztlich keinen Informationsvorsprung, wenn der market maker selbst punktgenau abschätzen kann, wie groß der Liquidationserlös sein wird. Das bedeutet umgekehrt, daß der Informationsvorsprung der Insider wächst, wenn die Streuung des Liquidationserlöses in den Augen des market makers c.p. wächst.[108]

Neben den soeben beschriebenen Einflüssen, die unmittelbar einsichtig erscheinen,

[108] Andere Erklärungen für den Einfluß des Fundamentalrisikos auf die Liquidität sind unter den getroffenen Annahmen schwer vorstellbar; jedenfallls erweist sich die auf den ersten Blick naheliegende Erklärung schnell als haltlos, daß der market maker mit wachsendem Risiko eine höhere Risikoprämie fordert, da ihm annahmegemäß jegliche Risikoprämie versagt bleibt.

hängt die Liquidität auch ganz entscheidend davon ab, wie abschreckend eine an den gesamten Nachfrage- bzw. Angebotsüberhang gekoppelte Kursspanne auf die Insider wirkt. Im folgenden wird gezeigt, daß dies eine Frage der Aufteilung der erwarteten Handelsströme ist. Dabei ist zu bedenken, daß für die Insider stets die Möglichkeit besteht, in gewissem Umfang unter Umgehung des market makers und mithin unter Vermeidung negativer Auswirkungen auf den Börsenkurs direkt mit dem Publikum Handel zu treiben. Im folgenden werden die Auswirkungen dieses Faktums auf die Liquidität sichtbar gemacht. Da stets die Chance besteht, daß das Publikum per saldo Material abgibt bzw. nachfragt, wenn die Insider kaufen bzw. verkaufen wollen, gilt offensichtlich

$$|D_A| + |D_P| \geq |D_A + D_P| \ . \tag{3.101}$$

Solange $D_A$ und $D_P$ nicht perfekt positiv korreliert sind, besitzen $D_A$ und $D_P$ mit positiver Wahrscheinlichkeit entgegengesetzte Vorzeichen. Daher impliziert (3.101)

$$E(|D_A| \mid I_0) + E(|D_P| \mid I_0) > E(|D_A + D_P| \mid I_0) \Leftrightarrow \theta_A + \theta_P > 1 \ . \tag{3.102}$$

Da die Nettonachfrage der Insider anahmegemäß von der Nettonachfrage des Publikums stochastisch unabhängig ist, gilt unter den getroffenen Verteilungsannahmen darüberhinaus

$$\frac{\mathrm{var}(D_A \mid I_0)}{\mathrm{var}(\ddot{U} \mid I_0)} + \frac{\mathrm{var}(D_P \mid I_0)}{\mathrm{var}(\ddot{U} \mid I_0)} = 1 \Leftrightarrow \theta_A^2 + \theta_P^2 = 1 \ . \tag{3.103}$$

Dies impliziert nicht nur eine Bestätigung von (3.102), denn es gilt ja $(\theta_A + \theta_P)^2 > \theta_A^2 + \theta_P^2 = 1$; es impliziert vielmehr auch die konkrete Beziehung

$$\theta_P = \sqrt{1 - \theta_A^2} \tag{3.104}$$

zwischen $\theta_P$ und $\theta_A$. Einsetzen von (3.104) in (3.100) führt auf

$$\ell = \sqrt{\frac{1}{\theta_A^2 \cdot (1-\theta_A^2)}} \cdot \frac{\text{std}(D_P \mid I_O)}{\text{corr}(P_2, D_A \mid I_O) \cdot \text{std}(P_2 \mid I_O)} \tag{3.105}$$

Hieran läßt sich unschwer ablesen, daß die Liquidität bei gegebener Korrelation an der Stelle

$$\theta_A = \theta_P = \sqrt{\frac{1}{2}}$$

ein Minimum besitzt. Die Existenz dieses Minimums wird verständlich, wenn man sich klarmacht, daß das Wachstum des erwarteten Überhangs dasjenige des erwarteten Insidertransaktionsvolumens relativ betrachtet exakt im Punkt $\theta_A = \theta_P$ bzw. $E(|D_A| \mid I_O) = E(|D_P| \mid I_O)$ überholt. Das läßt sich unmittelbar an der Elastizität

$$\left(\frac{\partial\, E(|\ddot{U}| \mid I_O)}{E(|\ddot{U}| \mid I_O)}\right) \Big/ \left(\frac{\partial\, E(|D_A| \mid I_O)}{E(|D_A| \mid I_O)}\right) = \frac{2 \cdot E(|D_A| \mid I_O)^2}{E(|D_A| \mid I_O)^2 + E(|D_P| \mid I_O)^2}$$

ablesen. Erklären läßt sich dieser Verlauf mit der Entwicklung der Wahrscheinlichkeit koinzidenter Transaktionen von Insidern und Publikum. Man halte sich dazu am besten die Verteilungen der Insidernachfrage und der Nettonachfrage des Publikums vor Augen. Beide haben einen Erwartungswert von Null und sind daher symmetrisch um den Nullpunkt normalverteilt. Solange $E(|D_A| \mid I_O) < E(|D_P| \mid I_O)$ gilt, gilt auch $\text{var}(|D_A| \mid I_O) < \text{var}(|D_P| \mid I_O)$; die Dichtefunktion der Insidernachfrage hat unter dieser Bedingung die Gestalt einer vergleichsweise höheren und schmäleren Glocke als die Dichtefunktion der Nettonachfrage des Publikums. Mit zunehmendem erwarteten Insiderhandelsvolumen wird die Dichtefunktion der Insidernachfrage der Dichtefunktion der Nettonachfrage des Publikums immer ähnlicher bis unter der Bedingung $\theta_A = \theta_P$ Deckungsgleichheit erreicht wird. Wenn das erwartete Insiderhandelsvolumen darüberhinaus noch weiter wächst, werden sich die Dichtefunktionen wieder unähnlicher. Die zunächst zu- und dann wieder abnehmende Ähnlichkeit bietet eine zumindest intuitiv plausible Erklärung dafür, warum - wie aus

$$E(|D_A| \mid I_O) + E(|D_P| \mid I_O) - E(|D_A + D_P| \mid I_O) = (\theta_A + \theta_P - 1) \cdot E(|D_A + D_P| \mid I_O)$$

$$= (\theta_A + \sqrt{1-\theta_A^2} - 1) \cdot E(|D_A + D_P| \,|\, I_0)$$

und

$$\frac{d}{d\theta_A}(\theta_A + \sqrt{1-\theta_A^2} - 1) = 1 - \frac{\theta_A}{\sqrt{1-\theta_A^2}} = 1 - \frac{\theta_A}{\theta_P}$$

ersichtlich - das Volumen der Transaktionen, die nicht über die Bücher des market makers laufen und daher auch keinen Einfluß auf die Kursspanne haben, an der Stelle $\theta_A = \theta_P$ maximal wird. Die Grundsatzentscheidung des market makers, seine Kursspanne an den Nachfrageüberhang zu koppeln, um die Insidernachfrage so stark einzudämmen, daß er im Mittel keinen Verlust macht, zwingt ihn dann dazu, dem An- und Abschwellen des an seinen Büchern vorbeifließenden Transaktionsvolumens durch eine entsprechende Anpassung des Liquiditätsparameters gegenzusteuern, damit seine "Abschreckungspolitik" hinreichend wirksam bleibt.

Die bislang getroffenen Aussagen über die Liquidität beruhen ausschließlich auf grundlegenden Verteilungsannahmen und der Zielfunktion des market makers. Weitere Aufschlüsse erfordern eine Analyse des Insiderverhaltens, die sich unmittelbar anschließt. Dabei wird wie bislang davon ausgegangen, daß der Informationsvorsprung der Insider in der Kenntnis des Analyseergebnisses

$$A_I = P_2 + F$$

besteht. Die Insider kennen die Kurspolitik des market makers. Allerdings wissen sie zum Zeitpunkt der Auftragserteilung nicht, wie groß der Angebots- oder Nachfrageüberhang sein wird.[109] Daher kennen sie auch den Börsenkurs nicht, zu dem ihre unlimitierten Börsenorder abgerechnet werden. Anders als wenn die Händler das Volumen ihrer Börsenorder direkt an den Börsenkurs koppeln, sind die Insider im hier beschriebenen Szenario daher einem Abrechnungsrisiko ausgesetzt. Dieses Abrechnungsrisiko spielt nur dann keine Rolle, wenn man den Insidern Risikoneutralität unterstellt. Wegen ihres Anfangsbestands von Null entspricht die Nachfrage der

109 Bei ROCHET/VILA (1994) ist den Insidern auch dies bekannt.

**Insider, die ausnahmslos das gleiche Entscheidungsproblem haben, dem optimalen Bestand**

$$B_A^* = \underset{B_A}{\operatorname{argmax}} \{ \text{sä}(W_2 \mid A_1, I_0) \mid P_1 = \mu + (1/\ell)\cdot(\ddot{U}-B_A) + \underbrace{(1/\ell)\cdot B_A}_{\substack{\text{bleibt von der Disposition}\\ \text{des Insiders unberührt}}} \}$$

$$= \frac{E(P_2 - P_1 \mid A_1, I_0)}{(1/\ell) + (1/t_A)\cdot \text{var}(P_2 - P_1 \mid A_1, I_0)} \,. \tag{3.106}$$

Im Unterschied dazu gilt im Falle der Walrasianischen Limitorderauktion

$$B_A^{*W} = \frac{E(P_2 \mid A_1, I_0) - P_1}{e_A + (1/t_A)\cdot \text{var}(P_2 \mid A_1, I_0)} \,. \tag{3.107}$$

Die flüchtigen Parallelen zwischen (3.106) und (3.107) sollten nicht darüber hinwegtäuschen, daß die Liquiditätsversorgung in beiden Modellen vollkommen anders funktioniert. Bei der Walrasianischen Limitorderauktion entspricht die Enge des Marktes $e_A$ der dem betrachteten Insider von jeweils allen anderen am Markt befindlichen Börsenhändlern zur Verfügung gestellten Liquidität. Sind ausschließlich Insider am Markt, dann sorgt mehr Konkurrenz unter diesen Bedingungen in jedem Falle für mehr Liquidität, weil sie die Insider dazu veranlaßt, ihre Zurückhaltung zu lockern. Und zwar sowohl die risikobedingte Zurückhaltung - aufgrund der breiteren Risikostreuung - als auch die liquiditätsbedingte Zurückhaltung, wobei letztere deshalb gelockert wird, weil die Lockerung der risikobedingten Zurückhaltung dazu führt, daß der Einfluß einzelner Börsenhändler auf den Börsenkurs schwindet.

Wenn der Markt in der oben beschriebenen Weise durch einen market maker geräumt wird, reagieren die Insider bei gegebener Kurspolitik des market makers zunächst mit verstärkter Zurückhaltung auf zusätzliche Konkurrenz. Ursächlich hierfür ist, daß es im Gegensatz zur Walrasianischen Limitorderauktion nicht möglich ist, die Nachfrage direkt an den Börsenkurs zu koppeln. Einem Insider bleibt in dieser Situation nichts anderes übrig, als sein Verhalten auf sämtliche anderen Insider zu projizieren und die sich daraus errechnenden Auswirkungen auf den erwarteten Börsenkurs in seinen Kalkül mit einzubeziehen. Durch Einsetzen von

$$E(P_1 \mid A_1, I_0) = E(P_2 \mid I_0) + (1/\ell)\cdot E(\ddot{U} \mid A_1, I_0) = E(P_2 \mid I_0) + (1/\ell)\cdot n_A \cdot B_A^*$$

in (3.106) und Auflösen nach $B_A^*$ erhält man

$$B_A^* = \frac{E(P_2 \mid A_1, I_0) - E(P_2 \mid I_0)}{(1/\ell)\cdot(n_A+1) + (1/t_A)\cdot \mathrm{var}(P_2 - P_1 \mid A_1, I_0)} . \qquad (3.108)$$

Hieran läßt sich unmittelbar ablesen, daß ein Insider bei gegebener Kurspolitik des market makers um so um mehr Behutsamkeit walten läßt, wenn es darum geht, seine Insiderinformation in klingende Münze umzusetzen, je größer die Konkurrenz unter den Insidern ist. Fraglich bleibt, ob der market maker bei wachsender Konkurrenz der größeren Anzahl von Insidern oder der verstärkten Zurückhaltung des einzelnen Insiders mehr Beachtung schenkt und dementsprechend mit einer Verringerung oder Erhöhung der Liquidität reagiert.[110]

Dazu ist das Verhalten der Insider noch eingehender zu untersuchen. Dementsprechend wird im folgenden gezeigt, daß (3.108) äquivalent zu

$$B_A^* = \frac{z\cdot(A_1 - \mu_A)}{(1/\ell)\cdot(n_A+1)+(1/t_A)\cdot \mathrm{r}(\ell)} \qquad (3.109)$$

ist: Die Übereinstimmung der Zähler von (3.108) und (3.109) ergibt sich unter Berücksichtigung der bereits bekannten Definition des Maßes

$$z := \frac{\mathrm{var}(P_2 \mid I_0)}{\mathrm{var}(A_1 \mid I_0)}$$

110 Dies soll im folgenden geprüft werden. Dabei wird ein offensichtlicher Nachteil der Markträumung durch einen einzigen market maker durch die Annahme eines risikoneutralen market makers ausgeblendet. Dieser Nachteil besteht darin, daß einem einzigen market maker mit der Verpflichtung zur Markträumung u.U. enorme Risiken aufgebürdet werden. Er interessiert hier nicht, da lediglich exemplarisch gezeigt werden soll, wie die Liquidität auch von durch den Markträumungsmechanismus selbst induzierten Risiken beeinflußt werden kann, die im Falle der bislang betrachteten Limitorderauktion ausgeschlossen waren.

für die Zuverlässigkeit des Analysten und der Definition

$$\mu_A := \mathrm{E}(A_1 \mid I_0)$$

aus

$$\mathrm{E}(P_2 \mid A_1, I_0) = \mathrm{E}(P_2 \mid I_0) + \frac{\mathrm{cov}(P_2, A_1 \mid I_0)}{\mathrm{var}(A_1 \mid I_0)} \cdot (A_1 - \mathrm{E}(A_1 \mid I_0))$$

bzw.

$$\mathrm{E}(P_2 \mid A_1, I_0) - \mathrm{E}(P_2 \mid I_0) = \frac{\mathrm{var}(P_2 \mid I_0)}{\mathrm{var}(A_1 \mid I_0)} \cdot (A_1 - \mathrm{E}(A_1 \mid I_0)) \ .$$

Die Übereinstimmung der Nenner von (3.108) und (3.109) wurzelt in den folgenden Überlegungen: Da alle Insider annahmegemäß identische Präferenzen haben und über die selbe Information verfügen, kann jeder Insider gewiß sein, daß alle anderen Insider exakt die gleiche Order erteilen wie er.[111] Die Insider sind sich daher zum Zeitpunkt der Auftragserteilung vollkommen sicher, was ihren Einfluß auf den Börsenkurs anbelangt. Unsicher sind sie sich lediglich, was den Einfluß des Publikums anbelangt. Unter zusätzlicher Berücksichtigung der Annahme, daß die Transaktionen des Publikums sowohl vom Liqidationserlös als auch vom Prognosefehler stochastisch unabhängig sind ($\mathrm{cov}(P_2, D_P \mid A_1, I_0) = \mathrm{cov}(P_2, D_P \mid I_0) = 0$), setzt sich das durch die Varianz der Differenz zwischen Liquidationserlös und Börsenkurs verkörperte Risiko eines Insiders wie folgt zusammen

$$\mathrm{r}(\ell) := \mathrm{var}(P_2 - P_1 \mid A_1, I_0)$$

$$= \mathrm{var}(P_2 - \ddot{U}/\ell \mid A_1, I_0)$$

[111] Die Anforderung an ein Nash-Gleichgewicht, wonach die Entscheidungen aller Akteure wechselseitig optimale Antworten auf das Verhalten der jeweils anderen Akteure sein müssen, ist damit automatisch erfüllt. Man spricht in diesem Zusammenhang von einem symmetrischen Nash Gleichgewicht.

$$= \text{var}(P_2 \mid A_1, I_0) - 2 \cdot (1/\ell) \cdot \text{cov}(P_2, \ddot{U} \mid A_1, I_0) + (1/\ell)^2 \cdot \text{var}(\ddot{U} \mid A_1, I_0)$$

$$= \text{var}(P_2 \mid A_1, I_0) - 2 \cdot (1/\ell) \cdot \text{cov}(P_2, D_I \mid A_1, I_0) + (1/\ell)^2 \cdot \text{var}(D_I \mid A_1, I_0)$$

$$= \text{var}(P_2 \mid A_1, I_0) + (1/\ell)^2 \cdot \text{var}(D_P \mid I_0)$$

$$= (1-z) \cdot \text{var}(P_2 \mid I_0) + (1/\ell)^2 \cdot \text{var}(D_P \mid I_0)$$

$$= (1-z) \cdot \sigma_P^2 + (1/\ell)^2 \cdot \sigma_D^2 \ . \tag{3.110}$$

Aus (3.109) läßt sich in Verbindung mit (3.110) unmittelbar ablesen, welche Faktoren es sind, die das Verhalten der Insider maßgeblich beeinflussen. Der Zähler läßt erkennen, daß die Insider um so sensitiver auf unerwartete Analyseresultate reagieren, je zuverlässiger ihre Informationsquelle ist. Im Nenner schlagen sich 3 Einflüsse nieder: Klar identifizierbar ist der Einfluß des Risikos $r(\ell)$, das sich aus zwei Komponenten zusammensetzt: Die erste Komponente entspricht dem fundamentalen Risiko schwankender Liquidationserlöse, welches um so geringer ist, je zuverlässiger die Insider die Situation des Unternehmens dank ihres Informanten beurteilen können. Die zweite Komponente entspricht dem Abrechnungsrisiko, welches aus der Tatsache resultiert, daß die Insider nicht mit Sicherheit wissen, zu welchem Kurs der market maker ihre nicht limitierten Aufträge abrechnet, weil sie die Nettonachfrage bzw. das Nettoangebot seitens des Publikums nicht kennen.[112] Dieses Risiko hängt aber ausschließlich vom Verhalten des Publikums ab, weil das Verhalten der jeweils anderen Insider und die Kurspolitik des market makers mit Bestimmtheit voraussagbar sind. Das Abrechnungsrisiko ist um so größer, je weniger liquide der Markt ist, weil der Börsenkurs um so sensibler auf unerwartete Transaktionen des Publikums reagiert, je weniger

112 GREENWALD/STEIN (1991) analysieren ein Modell, in dem konkurrierende market maker zwischen Händler und Publikum stehen. Unter diesen Bedingungen schlägt die durch das Abrechungsrisiko induzierte Beeinträchtigung der Bereitschaft zur Risikoübernahme auf Seiten der Händler auf das Verhalten der market maker zurück, was im Extremfall zum "crash" führen kann. Als Gegenmaßnahme schlagen die Autoren eine temporäre Aussetzung des Handels durch sog. "circuit-breaker" vor, die den Händlern Zeit einräumen sollen, das Transaktionsrisiko durch Informationsbeschaffungsmaßnahmen zu reduzieren.

liquide der Markt ist. Mit dem Abrechungsrisiko müssen die Insider auch dann kalkulieren, wenn sie den zukünftigen Liquidationserlös mit Sicherheit kennen ($z = 1$), weil die Transaktionen des Publikums und die dadurch ausgelösten Kursschwankungen dadurch nicht berechenbarer werden. Das Abrechnungsrisiko spielt nur dann keine Rolle, wenn die Insider risikoneutral sind ($1/t_A = 0$).

Durch Einsetzen von (3.109) in die allgemein gültige Beziehung

$$\text{corr}(P_2, D_A \mid I_0) = \text{corr}(P_2, n_A \cdot B_A^* \mid I_0) = \text{corr}(P_2, B_A^* \mid I_0)$$

erhält man

$$\text{corr}(P_2, D_A \mid I_0) = \sqrt{z} \; . \qquad (3.111)$$

Diese Beziehung führt noch einmal explizit vor Augen, daß die Korrelation der Insider-Nachfrage mit dem Liquidationserlös tatsächlich als Indiz für die Qualität der Insider-Information anzusehen ist, wenn man bedenkt, daß $z$ als Maß für die Zuverlässigkeit des Analysten, der die Insider-Information weitergibt, gelten darf.

Aus (3.105) geht in Verbindung mit (3.111) hervor, daß die Existenz und Eindeutigkeit eines Gleichgewichts nur davon abhängt, ob das Verhalten der Insider eindeutige Rückschlüsse auf den Quotienten aus erwartetem Insiderhandels- und erwartetem Eigenhandelsvolumen des market makers $\theta_A$ zuläßt. Es kann gezeigt werden,[113] daß

$$\theta_A^2 = \frac{n_A}{n_A + 1 + (1/t_A) \cdot r(\ell) \cdot \ell} \qquad (3.112)$$

gilt. Die Existenz eines Gleichgewichts vorausgesetzt,[114] zeigt sich in (3.112), daß die relative Bedeutung des Insiderhandels im Gleichgewicht im allgemeinen von der Anzahl bzw. Konkurrenz der am Markt befindlichen Insider, vom Risiko, dem sich jeder Insider ausgesetzt sieht, und von der Liquidität abhängt.

---

113 Siehe Anhang P.

114 In Anhang Q wird gezeigt, daß die Beziehungen (3.112) und (3.110) ein eindeutiges Gleichgewicht definieren.

Im folgenden soll gezeigt werden, daß der Einfluß des Abrechungsrisikos im hier beschriebenen Szenario ambivalent ist. Dazu wird vereinfachend von dem Fall perfekt informierter Insider ($z = 1$) ausgegangen. Es wird sich zeigen, daß die Berücksichtigung eines Abrechungsrisikos durch einen einzigen Insider stets zu einer Erhöhung der Liquidität führt, während sie bei hinreichender Konkurrenz der Insider untereinander zu einer Verringerung der Liquidität führt. Daß die Berücksichtigung des Abrechungsrisikos im Falle eines einzigen Insiders zu einer Erhöhung der Liquidität führen muß, kann man wie folgt sehen: Für $n_A = 1$ erhält man unmittelbar aus (3.112)

$$\theta_A^2 = \begin{cases} \frac{1}{2} & \text{für } l/t_A = 0 \\ \frac{1}{2+(l/t_A)\cdot r(\ell)\cdot \ell} & \text{für } l/t_A > 0 \end{cases} .$$

Demnach ist die Liquidität im Falle eines einzigen perfekt informierten risikoneutralen Insiders gerade minimal. Ursächlich für dieses Resultat ist, daß die Disposition des Insiders in diesem Fall ausschließlich durch taktische Erwägungen bestimmt werden. Das soll heißen, daß der Insider nur einer einzigen Restriktion unterliegt, die darin besteht, die ihrerseits rationalen Reaktionen anderer Marktteilnehmer (hier: des market makers) auf sein Verhalten zu antizipieren. In dieser Hinsicht ist das Resultat mit dem in Abschnitt 3.2.2 behandelten Fall eines einzigen Insiders im Kontext einer Walrasianischen Limitorderauktion zu vergleichen. Dessen Verhalten ist ebenfalls ausschließlich durch taktische Erwägungen im oben definierten Sinne bestimmt, die zu einer Kompromißlösung führen: Der Insider teilt sich das einträgliche Geschäft mit dem Publikum zu gleichen Teilen mit den Outsidern, um diese dazu zu bringen, ihm genausoviel Liquidität für seine Insidertransaktionen zur Verfügung zu stellen wie dem Publikum für dessen liquiditätsbedingte Transaktionen. Dominiert die Taktik das Marktgeschehen im hier zu diskutierenden Modell, dann ist das Nash-Gleichgewicht dadurch gekennzeichnet, daß der Insider der "Abschreckungspolitik" des market makers möglichst weitgehend aus dem Wege zu gehen versucht, indem er den Erwartungswert des Volumens der Transaktionen maximiert, die nicht über die Bücher des market makers laufen.[115] Dies läßt dem market maker keine andere Wahl, als mit

[115] Wie bereits erwähnt, impliziert diese Taktik, daß Insider- und Publikumsnachfrage ex ante betrachtet identisch verteilt sind. Diese Identität hat ihrerseits eine interessante Implikation, falls das Publikum nur aus einem einzigen Akteur besteht. Dann spielt es nämlich, wie PAGANO/RÖELL

einem Liquiditätsangebot zu reagieren, das gemessen an den exogenen Rahmendaten ein Minimum darstellt, so daß sich der Insider in der Anwendung seiner Ausweichtaktik bestärkt sehen muß. Durch Einsetzen von

$$\theta_{\lambda}^{2} = \frac{1}{2}$$

und

$$\mathrm{corr}(P_2, D_A \mid I_O) = \sqrt{z} = 1$$

in (3.105) ermittelt man, daß die Ausweichstrategie eines perfekt informierten Insiders, der sich frei von Konkurrenzzwängen oder Risikoüberlegungen optimal auf die "Abschreckungspolitik" des market makers einstellen kann auf eine für diese Form des Markträumungsmechanismus minimale Liquidität in Höhe von

$$\lambda := 2 \cdot \frac{\mathrm{std}(D_P \mid I_O)}{\mathrm{std}(P_2 \mid I_O)}$$

führt. Damit ist die Liquidität allerdings immer noch höher als wenn man in der gleichen Ausgangssituation einen Walrasianischen Markträumungsmechanismus installieren würde. Dies geht unmittelbar aus der Gleichgewichtsbedingung (vgl. (3.77))[116]

$$g(\ell) < \frac{n-1}{n}, n \geq 2$$

hervor, die wegen (vgl. (3.75))

(1996) zeigen, keine Rolle für die Liquidität, ob der market maker die Zusammensetzung des Nachfrage- bzw. Angebotsüberhangs kennt oder nicht. Transparenz ist demnach in diesem Fall ohne Belang für die Liquidität.

[116] Die Bedingung gilt für den Fall, daß sich In- und Outsider liquiditätsbewußt verhalten. Verhält sich nur der Insider liquiditätsbewußt, dann tritt die Bedingung $g(\ell) < 1$ an die Stelle der im Text genannten Bedingung. Wie man gleich sehen wird, bleibt die Gültigkeit der oben aufgestellten Behauptung davon unberührt.

$$g(\ell) = \frac{\mathrm{var}(P_2 \mid I_0)}{\mathrm{var}(D_P \mid I_0)} \cdot (\ell/2)^2$$

die Relation

$$\ell < \sqrt{\frac{n-1}{n}} \cdot \lambda < \lambda$$

impliziert. Ursächlich für dieses Resultat, ist die Tatsache, daß die Outsider im Falle eines Walrasianischen Markträumungsmechanismus nicht gezwungen sind zu handeln. Sie handeln vielmehr freiwillig und werden dies daher nur tun, wenn das ex-post (d.h. bezogen auf $t = 1$) Sicherheitsäquivalent ihrer Transaktionen positiv ist. In Abschnitt 4.1 wird gezeigt, daß dies einen positiven ex-ante Erwartungswert für den Deckungsbeitrag des Handels impliziert. Diese Bedingung impliziert ihrerseits die Existenz einer oberen Schranke für die Liquidität, weil das erwartete Volumen des für die Outsider verlustreichen Insiderhandels mit wachsender Liquidität zunimmt. Im folgenden wird gezeigt, daß diese obere Schranke exakt mit $\lambda$ identisch ist. Da die Outsider die Hälfte der auf dem Markt vorhandenen Liquidität zur Verfügung stellen gilt

$$B_P^* = (\ell/2) \cdot (\mu - P_1) \ .$$

Damit beläuft sich der ex-ante erwartete Deckungsbeitrag der Outsider insgesamt auf

$$\mathrm{E}(B_P^* \cdot SDB_2 \mid I_0) = (\ell/2) \cdot \mathrm{E}((\mu - P_1) \cdot (P_2 - P_1) \mid I_0) \ .$$

Aus der für den allgemeinen Fall gültigen Beziehung

$$P_1 = \mathrm{E}(P_2 \mid I_0) - \frac{1}{1+\bar{g}} \cdot \frac{\bar{b}_0}{\bar{c}} + a \cdot (A_1 - \mathrm{E}(A_1 \mid I_0)) + (1/\ell) \cdot D_P$$

erhält man in Verbindung mit der Schreibweise $\mu := \mathrm{E}(P_2 \mid I_0)$ unter den Annahmen $\bar{b}_0 = 0$ und $A_1 = P_2$ sowie der endogen determinierten Beziehung (vgl. (3.70)) $a = 1/2$

$$P_1 = (1/2)\cdot(\mu+P_2) + (1/\ell)\cdot D_P \ .$$

Damit rechnet sich der erwartete Deckungsbeitrag zu

$$E(B_P^*\cdot SDB_2 \mid I_0) = (\ell/2)\cdot E((\mu-P_1)\cdot(P_2-P_1) \mid I_0)$$

$$= (\ell/2)\cdot E((-(1/2)\cdot(P_2-\mu) - (1/\ell)\cdot D_P)\cdot((1/2)\cdot(P_2-\mu) - (1/\ell)\cdot D_P) \mid I_0)$$

$$= (\ell/2)\cdot[\underbrace{-(1/4)\cdot \mathrm{var}(P_2 \mid I_0)}_{\text{erw. Verluste aus Insidertransaktionen}} + \underbrace{(1/\ell)^2\cdot \mathrm{var}(D_P \mid I_0)}_{\text{erw. Gewinne aus Publikumstransaktionen}}] \ . \tag{3.113}$$

Aus (3.113) läßt sich die Implikation

$$E(B_P^*\cdot SDB_2 \mid I_0) > 0 \Rightarrow \ell < \lambda$$

unmittelbar ablesen. Damit ist gezeigt, daß die höhere Liquidität im market-maker-Szenario dem mit dem denkbar niedrigsten Satisfizierungsniveau gepaarten Kontrahierungszwang für den market maker zu verdanken ist. Damit erscheinen die unter ausschließlich taktischen Erwägungen wechselseitig optimalen Anpassungsreaktionen der Akteure und die sich daraus ergebenden Konsequenzen für die Liquidität im Nash-Gleichgewicht hinreichend charakterisiert.

Ein perfekt über den zukünftigen Liquidationserlös informierter Insider, der nicht risikoneutral sondern risikoavers ist, kann sich nicht ausschließlich auf "taktische Spielchen" einlassen. Vielmehr kommt er, um dem unvermeidlichen Abrechungsrisiko angemessen Rechung zu tragen, nicht um eine Drosselung des Insiderhandels umhin. Das bedeutet, daß ihm die oben beschriebene Ausweichtaktik nicht in dem Maße offensteht wie dem risikoneutralen Insider, was im Nash Gleichgewicht vom market maker antizipiert wird und diesem eine Erhöhung des Liquiditätsangebots ermöglicht, ohne daß er sein Satisfizierungsziel verfehlt. Allerdings kann die Berücksichtigung des Abrechnungsrisikos im Gleichgewicht u.U. das Gegenteil bewirken. Aus (3.105) geht in Verbindung mit (3.112) hervor, daß dies immer dann der Fall ist, wenn die Bedingung

$$1 - \frac{n_A}{n_A + 1} < \frac{n_A}{n_A + 1 + (1/t_A) \cdot r(\ell) \cdot \ell} < \frac{n_A}{n_A + 1}$$

erfüllt ist. Da die rechte der beiden obenstehenden Relationen wegen $r(\ell) > 0$ offensichtlich stets erfüllt ist, ist die zu der linken Relation äquivalente Relation

$$n_A^2 > 1 + (1/t_A) \cdot r(\ell) \cdot \ell \tag{3.114}$$

notwendig und hinreichend für einen negativen Liquiditätseffekt. Offensichtlich kommt es also dann zu einer Beeinträchtigung der Liquidität, wenn die Konkurrenz unter den Insidern groß genug ist. Das hängt damit zusammen, daß die Drosselung des erwarteten Insiderhandelsvolumens unter diesem Umständen relativ betrachtet eine noch stärkere Drosselung des vom market maker erwarteten Eigenhandelsvolumens nach sich zieht, was diesen veranlaßt, bei gegebenem Überhang mit einer Anhebung der Kursspanne gegenzusteuern. Da für $z = 1$

$$(1/t_A) \cdot r(\ell) \cdot \ell = (1/t_A) \cdot (\sigma_D^2/\ell)$$

gilt, und $\ell$ ein exogen bestimmtes Minimum nicht unterschreiten kann, kann unter der Bedingung

$$n_A^2 > 1 + \frac{\sigma_P \cdot \sigma_D}{2 \cdot t_A}$$

stets davon ausgegangen werden, daß die Berücksichtigung des Abrechnungsrisikos zu einer Beeinträchtigung der Liquidität führt. Auch diese hinreichende Bedingung bestätigt noch einmal, daß es auf eine hinreichend scharfe Konkurrenz unter den Insidern ankommt, damit es zu einer Beeinträchtigung der Liquidität kommt.

Dieses Resultat deutet zwar darauf hin, daß es nicht im Interesse des Publikums ist, das Transaktionsrisiko als Instrument zur Eindämmung des Insiderhandels einzusetzen, solange für hinreichende Konkurrenz unter den Insidern gesorgt ist. Es ist allerdings letztlich auch nur ein Indiz, da es offensichtlich wesentlich schwieriger ist, verallgemeinerbare Aussagen darüber zu treffen, wie die Liquidität durch nicht fundamentale von der konkreten Ausgestaltung des Markträumungsmechanismus abhängige

Risiken beeinflußt wird, als darüber, wie die Liquidität durch das fundamentale Risiko beeinflußt wird. Ein Kernproblem von Detailanalysen von Markträumungsmechanismen ist, daß sie häufig letztlich auf ad hoc Annahmen basieren, weil eine rigorose spieltheoretische Analyse des Strategienraumes der Akteure zu komplex ist. Das in diesem Abschnitt zugrundegelegte market maker Modell, das auf der ad hoc Annahme basiert, daß der market maker einen erwarteten Gewinn von Null erzielt,[117] ist ein gutes Beispiel hierfür. Die Tatsache, daß die Interaktionen von Marktteilnehmern auf realen Märkten schon alleine deswegen noch wesentlich vielschichtiger und komplexer sind als in dem hier zugrundegelegten Szenario, weil Marktteilnehmer die Wahl zwischen mehreren Orderformen haben,[118] läßt Zweifel daran aufkommen, ob es überhaupt möglich ist, verallgemeinerbare Aussagen theoretisch abzuleiten. Ein möglicher und mittlerweile verstärkt beschrittener Ausweg aus diesem Dilemma besteht darin, mit Hilfe von Experimentalstudien[119] zu untersuchen, wie Wirtschaftssubjekte in komplexen Entscheidungssituationen tatsächlich entscheiden. Ein Erkenntnisprozeß läßt sich auf diesem Wege aber auch nur in Gang setzen, wenn theoretisch begründete und nachprüfbare Vorstellungen über rationales Verhalten bestehen.

Die vorliegende Arbeit wird im folgenden Abschnitt wieder zu der Walrasianischen Limitorderauktion zurückkehren, die eine auf fundamentale Risiken konzentrierte Analyse erlaubt. Im Mittelpunkt der Untersuchung steht dann die Frage, wieviele Händler im Gleichgewicht am Markt sind, weil dies offensichtlich eine ganz entscheidende Determinante der Liquidität ist.

---

117 Eine spieltheoretisch fundierte Analyse der Strategien konkurrierender risikoneutraler market maker findet sich bei DENNERT (1993). Er zeigt daß mehr Konkurrenz durch mehr market maker nicht unbedingt für mehr Liquidität sorgt. Und zwar deshalb nicht, weil das Publikum nur mit dem billigsten market maker handelt, während die Insider mit allen market makern handeln. Dadurch nimmt das Risiko, in Insidergeschäfte verwickelt zu werden, für den einzelnen market maker mit wachsender Anzahl von market makern zu.

118 COHEN/MAIER/SCHWARTZ/WHITCOMB (1981) analysieren die Entscheidung zwischen unlimitierten und limitieren Aufträgen.

119 Vgl. GERKE/BIENERT (1994) zum Design einer Experimentalbörse. GÜTH/KRAHNEN/RIECK (1992) untersuchen bspw., ob und wie Insider von ihrem Informationsvorsprung Gebrauch machen, und wie Outsider auf die Gegenwart von Insidern reagieren. In ihrer Studie machen die Spieler einen weniger konsequenten Gebrauch von ihren Informationen als von der Theorie postuliert wird. Die Autoren weisen allerdings darauf hin, daß es verfrüht wäre, aus einem einzigen Experiment weitreichende Schlußfolgerungen zu ziehen.

# 4 Der Zusammenhang zwischen Konkurrenz und Liquidität bei endogener Partizipation

Um eine Antwort darauf geben zu können, wie viele Händler bei weiterhin exogen gegebenem erwartetem Transaktionsbedarf des Publikums im Gleichgewicht letztlich am Markt sind, muß man sich von der Ebene der Entscheidung über den optimalen Handelsbestand bzw. über die optimale Börsenorder auf die übergeordnete Ebene der Markteintrittsentscheidung begeben. Dabei werden zwei Szenarien betrachtet, die sich hinsichtlich der Marktzutrittsberechtigung unterscheiden: In einem Szenario ist der freie Marktzutritt jedem garantiert, der die für alle Händler gleichen Bedingungen der Teilnahme am Handel akzeptiert, und im anderen Szenario hat der Initiator eines Börsenprojekts die alleinige Entscheidungskompetenz über die Anzahl seiner Partner. In jedem Falle ist eine Beteiligung an den fixen Kosten des Handelssystems erforderlich.

In Abschnitt 4.1 wird die Markteintrittsentscheidung potentieller Händler zunächst unter den Gesichtspunkten der Kosten-, Erlös- und Risikoteilung sowie der Konkurrenz auf der Handelsebene analysiert. Das traditionelle Handelsmotiv einer optimalen Verteilung des insgesamt vorhandenen Bestands an riskanten Titeln auf die Marktteilnehmer spielt unter den getroffenen Annahmen keine Rolle. Mit Risikoteilung ist hier die Aufteilung der aus der Unsicherheit über den tatsächlichen Transaktionsbedarf des Publikums resultierenden Erlösunsicherheit der Wertpapierhändler auf eine größere Anzahl von Köpfen gemeint. Die Konkurrenz auf der Handelsebene determiniert den Verteilungsspielraum und ist insofern von der reinen Erlösteilung bei gegebenem Verteilungsspielraum zu unterscheiden. Grundsätzlich sprechen die Gesichtspunkte der Kosten- und Risikoteilung für eine möglichst große Anzahl von Mitkonkurrenten und die Gesichtspunkte der Erlösteilung und Konkurrenz für eine möglichst kleine Anzahl von Mitkonkurrenten. In Abschnitt 4.2 wird gezeigt, daß der Gesichtspunkt der Risikoteilung in Verbindung mit der Kostenteilung ein solches Gewicht erlangen kann, daß ein Monopol aus der Sicht des Initiators nicht mehr erstrebenswert erscheint. In Abschnitt 4.3 wird gezeigt, daß weniger Konkurrenz auf der Handelsebene infolge liquiditätsbewußten Verhaltens der Händler zu mehr Konkurrenz auf der Markteintrittsebene führt, weil der Markt attraktiver für die Händler wird. In Abschnitt 4.4 wird gezeigt, daß die Attraktivität des Marktes für die Händler mit der Aufteilung des Handelsvolumens auf mehrere Handelstermine ebenfalls zunimmt. Die Folgen für die Liquidität sind je nach der geltenden Marktzutrittsregelung diametral entgegengesetzt: Wenn der Marktzutritt frei ist, kommt es letztlich zu einer Erhöhung der Liquidität, weil sich die Anzahl der Händler im Gleichgewicht erhöht. Wenn der Initiator des Börsenprojektes über die Anzahl seiner Partner entscheidet, kommt es stattdessen zu einer verstärkten Abschottung des Marktes, weil die interpersonelle Risikoteilung wegen des intertemporären Diversifikationseffektes an Bedeutung verliert.

## 4.1 Kosten- und Erlösteilung, Risikoteilung und Verteilungsspielraum als Determinanten der Markteintrittsentscheidung

Rationale potentielle Wertpapierhändler machen die in $t = 0$ zu treffende Entscheidung für oder gegen den Markteintritt von den Auswirkungen auf des Endvermögen $W_2$ in $t = 2$ ab. Grundstock für dieses Endvermögen ist in jedem Falle das Anfangsvermögen $w_0$ in $t = 0$. Zu diesem Anfangsvermögen gehört eine Anzahl von $b_0$ Stücken des hier betrachteten riskanten Titels. Entscheidet sich ein Wertpapierhändler gegen die Teilnahme am Handel, dann ändert sich sein Bestand im Zeitverlauf nicht. Sein Endvermögen beträgt daher in diesem Falle (es ist weiterhin von einem sicheren Zinssatz von Null auszugehen)

$$W_2 = w_0 + b_0 \cdot SDB_1 + b_0 \cdot SDB_2 = w_0 + b_0 \cdot (SDB_1 + SDB_2) . \tag{4.1}$$

Zum besseren Verständnis sei in diesem Zusammenhang daran erinnert, daß es sich bei

$$SDB_t := P_t - P_{t-1}$$

um die jeweiligen Stückdeckungsbeiträge der Zeiträume zwischen den Zeitpunkten $t-1$ und $t$ handelt.

Wenn sich der Wertpapierhändler stattdessen dazu entscheidet, am Wertpapierhandel teilzunehmen, entstehen ihm zunächst in $t = 0$ zahlungswirksame fixe Kosten in Höhe von $k_f$. Damit erkauft er sich die Möglichkeit, seinen Handelsbestand in $t = 1$ optimal an die zu diesem Zeitpunkt herrschenden Marktverhältnisse anzupassen. Sein Endvermögen beläuft sich in diesem Falle auf

$$W_2^* = w_0 - k_f + b_0 \cdot SDB_1 + B_1^* \cdot SDB_2 \tag{4.2}$$

mit

$$B_1^* := \text{argmax} \{ \text{sä}(W_2 \mid I_1) \mid P_1 = e \cdot B_1 + \text{f}(I_1) \,; e \geq 0 \} \;. \tag{4.3}$$

Als risikoaverse Wirtschaftssubjekte kalkulieren alle potentiellen Wertpapierhändler bei der Entscheidung für oder gegen den Markteintritt mit dem Sicherheitsäquivalent ihres Endvermögens im Zeitpunkt $t = 2$, wobei sie die in $t = 0$ aktuell verfügbaren Informationen $I_0$ zugrundelegen. Ein potentieller Wertpapierhändler wird sich daher nur dann für den Markteintritt entscheiden, wenn

$$v := \text{sä}(W_2^* \mid I_0) - \text{sä}(W_2 \mid I_0) \geq 0 \tag{4.4}$$

gilt, d.h. wenn der Nettovorteil des Markteintritts nicht negativ ist.[120]

Da alle potentiellen Wertpapierhändler annahmegemäß eine exponentielle Risikonutzenfunktion und mithin konstante absolute Risikoaversion besitzen, lassen sich sichere und unsichere Größen bei der Berechnung des Sicherheitsäquivalents additiv separieren, d.h.

$$\text{sä}(W_2^* \mid I_0) = w_0 - k_f + \text{sä}(b_0 \cdot SDB_1 + B_1^* \cdot SDB_2 \mid I_0) \tag{4.5a}$$

und

$$\text{sä}(W_2 \mid I_0) = w_0 + \text{sä}(b_0 \cdot (SDB_1 + SDB_2) \mid I_0)$$

$$= w_0 + \text{sä}(\, b_0 \cdot (P_2 - P_0) \mid I_0 \,)$$

$$= w_0 - b_0 \cdot P_0 + \text{sä}(b_0 \cdot P_2 \mid I_0) \;. \tag{4.5b}$$

120 Die Annahme, daß sich ein potentieller Wertpapierhändler bei Indifferenz für den Markteintritt entscheidet, ist natürlich willkürlich.

Unter Berücksichtigung von (4.5a) und (4.5b) erhält man die folgende Darstellung für den Nettovorteil des Markteintritts

$$v \ := \ \text{sä}(b_0 \cdot SDB_1 + B_1^* \cdot SDB_2 \mid I_0) - (\text{sä}(b_0 \cdot P_2 \mid I_0) - b_0 \cdot P_0) - k_f \ . \qquad (4.6)$$

Während die Berechnung des Sicherheitsäquivalents $\text{sä}(b_0 \cdot P_2 \mid I_0)$ Standard ist, ist die Berechnung des Sicherheitsäquivalents $\text{sä}(b_0 \cdot SDB_1 + B_1^* \cdot SDB_2 \mid I_0)$ diffizil, weil $B_1^* \cdot SDB_2$ aus der Sicht des Zeitpunktes $t = 0$ ein Produkt zweier stochastischer Faktoren ist, da die Wertpapierhändler weder den Liquidationserlös $P_2$ noch den Börsenkurs $P_1$ noch den optimalen Handelsbestand $B_1^*$ mit Sicherheit vorhersagen können. Der Börsenkurs $P_1$ und der optimale Handelsbestand $B_1^*$ werden maßgeblich durch das nicht mit Sicherheit vorhersehbare Verhalten des Publikums bestimmt. Hinzu kommt noch, daß $B_1^* \cdot SDB_2$ und $b_0 \cdot SDB_1$ nicht stochastisch unabhängig voneinander sind. Dennoch läßt sich eine explizite Lösung für dieses Sicherheitsäquivalent ermitteln, wobei es sich empfiehlt, rekursiv vorzugehen und dabei von dem für das Bernoulliprinzip grundlegenden Unabhängigkeits- bzw. Substitutionsaxiom[121] in der im folgenden beschriebenen Weise Gebrauch zu machen: Seien $Z_1$ und $Z_2$ zwei Zufallsvariablen, deren Realisationen erst in den Zeitpunkten $t = 1$ bzw. $t = 2$ beobachtbar werden, dann gilt

$$\text{sä}(Z_1 + Z_2 \mid I_0) \ := \ u^{-1}(\,E(u(Z_1 + Z_2) \mid I_0)\,)$$

$$= \ u^{-1}(\,E(\,E(u(Z_1 + Z_2) \mid I_1) \mid I_0)\,)$$

$$= \ u^{-1}(\,E(\,u(\,u^{-1}(\,E(u(Z_1 + Z_2) \mid I_1)\,)\,) \mid I_0\,)\,)$$

$$= \ u^{-1}(\,E(\,u(\,\text{sä}(Z_1 + Z_2 \mid I_1)\,) \mid I_0\,)\,)$$

$$= \ \text{sä}(\,\text{sä}(Z_1 + Z_2 \mid I_1) \mid I_0\,) \ . \qquad (4.7)$$

---

121 Das Unabhängigkeitsaxiom impliziert, daß der Erwartungsnutzen einer risikobehafteten Alternative auch in einem Risikokontext durch den Nutzen des entsprechenden Sicherheitsäquivalents ersetzt werden darf; vgl. z.B. KRUSCHWITZ (1995), 114 - 118.

Bei konstanter absoluter Risikoaversion gilt somit

$$\text{sä}(Z_1+Z_2 \mid I_0) = \text{sä}(\,\text{sä}(Z_1 + Z_2 \mid I_1) \mid I_0\,) = \text{sä}(\,Z_1 + \text{sä}(Z_2 \mid I_1) \mid I_0\,)\,. \qquad (4.8)$$

Der Nettovorteil (4.6) ist mithin äquivalent zu

$$v = \text{sä}(\,b_0 \cdot SDB_1 + \text{sä}(B_1^* \cdot SDB_2 \mid I_1) \mid I_0\,) - (\text{sä}(b_0 \cdot P_2 \mid I_0) - b_0 \cdot P_0) - k_f\,. \qquad (4.9)$$

Dieser Nettovorteil soll im folgenden näher bestimmt werden. Dabei wird die Definition

$$c_0 := t/\text{var}(P_2 \mid I_0)$$

für die durch eine Veränderung des Börsenkurses um eine Einheit induzierte Veränderung der Anzahl von riskanten Titeln, die ein Wertpapierhändler nachfragt oder anbietet, der die in $t = 0$ verfügbare Information besitzt, in Gestalt von

$$c_1 := t/\text{var}(P_2 \mid I_1)$$

analog auf den Zeitpunkt $t = 1$ übertragen. Außerdem wird häufiger von der bereits eingeführten Schreibweise

$$\sigma_P^2 := \text{var}(P_2 \mid I_0)$$

für die Varianz des Liquidationserlöses aus der Sicht des Zeitpunktes $t = 0$ Gebrauch gemacht.

Da unverändert von konstanter absoluter Risikoaversion der Wertpapierhändler auszugehen ist, halten sämtliche Wertpapierhändler nach Abschluß des Handels in $t = 1$ trotz u.U. unterschiedlicher Anfangsbestände den gleichen Bestand

$$B_1^* = (1/n) \cdot (\sum_{i=1}^{n} b_{0i} - D_P)\,.$$

Wenn man zusätzlich annimmt, daß sich die Wertpapierhändler wie Preisnehmer verhalten, dann ergibt sich analog zu (3.2) die folgende Darstellung für den Börsenkurs in $t = 1$:

$$P_1 = E(P_2 \mid I_1) - (1/c_1) \cdot (1/n) \cdot (\sum_{i=1}^{n} b_{0i} - D_P)$$

$$= E(P_2 \mid I_1) - (1/c_1) \cdot B_1^* \ . \qquad (4.10)$$

Damit ergibt sich aus der Sicht von $t = 1$ ein Sicherheitsäquivalent für den Deckungsbeitrag der zweiten Periode in Höhe von

$$\text{sä}(B_1^* \cdot SDB_2 \mid I_1) = E(SDB_2 \mid I_1) \cdot B_1^* - (1/2) \cdot (1/t) \cdot \text{var}(SDB_2 \mid I_1) \cdot (B_1^*)^2$$

$$= E(P_2 - P_1 \mid I_1) \cdot B_1^* - (1/2) \cdot (1/c_1) \cdot (B_1^*)^2$$

$$= (1/2) \cdot (1/c_1) \cdot (B_1^*)^2 \ . \qquad (4.11)$$

Aus (4.11) läßt sich unmittelbar ersehen, daß die Chancen im Handel mit dem Publikum höher bewertet werden als die Risiken. Der Nettovorteil des Marktzutritts (4.09) für einen Händler mit Anfangsbestand $b_0$ konkretisiert sich somit unter Berücksichtigung von (4.11) zu

$$v = \text{sä}(\, b_0 \cdot SDB_1 + (1/2) \cdot (1/c_1) \cdot (B_1^*)^2 \mid I_0\,) - (\text{sä}(b_0 \cdot P_2 \mid I_0\,) - b_0 \cdot P_0) - k_f \ . \qquad (4.12)$$

Der optimale Bestand $B_1^*$ steht in einer eindeutigen Beziehung zum Börsenkurs und damit auch zum Deckungsbeitrag $SDB_1$. Beide werden unter den getroffenen Annahmen wesentlich vom Verhalten des Publikums beeinflußt, und sind daher stochastisch voneinander abhängig. Neben dem Verhalten des Publikums wird der Stückdeckungsbeitrag $SDB_1$ unter Umständen auch durch die Veröffentlichung bewertungsrelevanter Information zwischen dem Zeitpunkt der Entscheidung über den Marktzutritt $t = 0$ und dem Zeitpunkt des Handels $t = 1$ beeinflußt. Da das Verhalten des Publikums annahmegemäß von fundamentalen Einflüssen stochastisch unabhängig ist, liegt es nahe, den Börsenkurs $P_1$ in eine vom Informationsfluß und eine vom Verhalten des Publikums abhängige Zufallskomponente zu zerlegen,[122] um die Lösung des Entscheidungsproblems zu vereinfachen. Sei

$$\Phi_1 := \mathrm{E}(P_2 \mid I_1) - \mathrm{E}(P_2 \mid I_0) \tag{4.12}$$

dann gilt (siehe (4.10))

$$P_1 = \mathrm{E}(P_2 \mid I_0) + \Phi_1 - (1/c_1) \cdot B_1^* \ .$$

In Verbindung mit der Definition (4.12) erhält man

$$b_0 \cdot SDB_1 = b_0 \cdot (P_1 - P_0)$$

$$= b_0 \cdot (\mathrm{E}(P_2 \mid I_0) - P_0) + b_0 \cdot \Phi_1 - (1/c_1) \cdot b_0 \cdot B_1^* \ . \tag{4.13}$$

Unter Berücksichtigung von (4.13) und

$$\text{sä}(\, b_0 \cdot P_2 \mid I_0 \,) = b_0 \cdot \mathrm{E}(P_2 \mid I_0) - (1/2) \cdot (1/c_0) \cdot b_0^2$$

rechnet sich der Nettovorteil (4.12) zu

$$v = \text{sä}(b_0 \cdot \Phi_1 - (1/c_1) \cdot b_0 \cdot B_1^* + (1/2) \cdot (1/c_1) \cdot (B_1^*)^2 \mid I_0) + (1/2) \cdot (1/c_0) \cdot b_0^2 - k_f \ . \tag{4.14}$$

Da die Transaktionen des gesamten Publikums annahmegemäß von anderen Zufallseinflüssen stochastisch unabhängig sind, gilt

$$\mathrm{cov}(\, \Phi_1, B_1^* \mid I_0 \,) = -(1/n) \cdot \mathrm{cov}(\, \Phi_1, D_P \mid I_0 \,) = 0 \ . \tag{4.15}$$

---

122 Der Kerngedanke einer Separation von Informations- und Nachfrageeffekten findet sich bereits bei DANTHINE/MORESI (1993), 967, Gl. (8), die das Modell von GROSSMAN (1976) auf den 2-Perioden-Fall erweitert haben, um den Zusammenhang zwischen Information und Volatilität zu analysieren.

**Diese Unkorreliertheit impliziert in Verbindung mit dem Annahmenbündel aus exponentieller Nutzenfunktion und normalverteilten Erwartungen**[123]

$$\text{sä}(b_0 \cdot \Phi_1 - (1/c_1) \cdot b_0 \cdot B_1^* + (1/2) \cdot (1/c_1) \cdot (B_1^*)^2 \mid I_0)$$

$$:= \text{u}^{-1}(\text{E}(\text{ u}(b_0 \cdot \Phi_1 - (1/c_1) \cdot b_0 \cdot B_1^* + (1/2) \cdot (1/c_1) \cdot (B_1^*)^2) \mid I_0))$$

$$= \text{u}^{-1}(-(1/t) \cdot \text{E}(\text{ u}(b_0 \cdot \Phi_1) \mid I_0) \cdot \text{E}(\text{ u}(-(1/c_1) \cdot b_0 \cdot B_1^* + (1/2) \cdot (1/c_1) \cdot (B_1^*)^2) \mid I_0))$$

$$= \text{u}^{-1}(\text{ E}(\text{ u}(b_0 \cdot \Phi_1) \mid I_0)) + \text{u}^{-1}(\text{ E}(\text{ u}(-(1/c_1) \cdot b_0 \cdot B_1^* + (1/2) \cdot (1/c_1) \cdot (B_1^*)^2) \mid I_0))$$

$$= \text{sä}(b_0 \cdot \Phi_1 \mid I_0) + \text{sä}(-(1/c_1) \cdot b_0 \cdot B_1^* + (1/2) \cdot (1/c_1) \cdot (B_1^*)^2 \mid I_0) \ . \tag{4.16}$$

Unter Berücksichtigung von (4.16) und (definitionsgemäß gilt: $\text{E}(\Phi_1 \mid I_0) = 0$)

$$\text{sä}(b_0 \cdot \Phi_1 \mid I_0)$$

$$= \text{E}(\Phi_1 \mid I_0) \cdot b_0 - (1/2) \cdot (1/t) \cdot \text{var}(\Phi_1 \mid I_0) \cdot b_0^2$$

$$= -(1/2) \cdot (1/t) \cdot \text{var}(\Phi_1 \mid I_0) \cdot b_0^2 \tag{4.17}$$

und[124]

---

[123] Für $\text{u}(x) = -t \cdot \exp(-x/t)$ und $x = -(y \cdot z)/t$ gilt

$\text{u}^{-1}(x) = -t \cdot \ln(-x/t)$

$= -t \cdot \ln((-y/t) \cdot (-z/t))$

$= -t \cdot (\ln(-y/t) + \ln(-z/t))$

$= \text{u}^{-1}(y) + \text{u}^{-1}(z)$ .

[124] Der Übergang von der dritten zur vierten Zeile ist für gemeinsam normalverteilte Zufallsvariablen allgemein gültig; siehe hierzu Anhang W, insb. (W.6) unter Berücksichtigung von

$$\mathrm{var}(\Phi_1 \mid I_0)$$

$$:= \mathrm{var}(\, E(P_2 \mid I_1) - E(P_2 \mid I_0) \mid I_0)$$

$$= \mathrm{var}(E(P_2 \mid I_1) \mid I_0)$$

$$= \mathrm{var}(P_2 \mid I_0) - \mathrm{var}(P_2 \mid I_1)$$

rechnet sich der Nettovorteil des Marktzutritts (4.14) zu

$$v = \text{sä}(\, -(1/c_1)\cdot b_0 \cdot B_1^* + (1/2)\cdot(1/c_1)\cdot(B_1^*)^2 \mid I_0\,) + (1/2)\cdot(1/c_1)\cdot b_0^2 - k_f\,. \qquad (4.18)$$

Hierfür erhält man[125] (zur Erinnerung: Definitionsgemäß gilt $\sigma_D^2 := \mathrm{var}(D_P \mid I_0)$)

$$v = (t/2)\cdot \ln(\,1 + (1/t)\cdot(1/n)\cdot(\sigma_D^2/\ell)\,) + (1/2)\cdot(1/c_1)\cdot\frac{(E(B_1^* \mid I_0) - b_0)^2}{1 + (1/t)\cdot(1/n)\cdot(\sigma_D^2/\ell)} - k_f \,. \qquad (4.19)$$

Der Nutzen aus dem Marktzutritt zerfällt offensichtlich in zwei Komponenten. Im weiteren Verlauf wird sich zeigen, daß sich die erste Komponente aus dem im Handel mit dem Publikum erzielten Deckungsbeitrag speist. Die unmittelbar folgenden Ausführungen befassen sich zunächst mit der zweiten Komponente. Bei dieser handelt es sich um den Nutzen, der sich dadurch erzielen läßt, daß die Wertpapierhändler ihre Anfangsbestände an dem riskanten Titel in a priori absehbarer Weise optimal untereinander aufteilen. Die optimale Aufteilung des Gesamthandelsbestands auf die einzelnen Händler ist diesen bereits im vorhinein bekannt, weil sie sich untereinander so gut kennen, daß sie um ihre Anfangsausstattungen, Erwartungen und Präferenzen wissen.

Diese Überlegung bestätigt sich, wenn man den Nettovorteil des Marktzutritts ohne Publikum berechnet. In diesem Fall ist der optimale Bestand $B_1^*$, mit dem jeder Händ-

---

$E(\mathrm{var}(F_t \mid \underline{P}_t) \mid P_0) = \mathrm{var}(F_t \mid \underline{P}_t\,)$.

125 Siehe Anhang R.

ler $i$ aus dem Markt geht, bereits in $t = 0$ mit Sicherheit bekannt. Einsetzen von

$$B_1^* = b_1^* \; := (1/n) \cdot \sum_{i=1}^{n} b_i$$

in (4.18) liefert für diesen Fall einen Nettovorteil in Höhe von

$$v = (1/c_1) \cdot (b_1^* - b_0)^2 - k_f \quad . \tag{4.20}$$

Zum gleichen Ergebnis gelangt man, indem man $\sigma_D^2 = 0$ und $E(B_1^* \mid I_0) = b_1^*$ in (4.19) einsetzt, was gleichbedeutend mit der Annahme ist, daß das Publikum dem Markt fernbleibt. Es wird noch gezeigt werden, daß der Term $(1/n) \cdot (1/n) \cdot (\sigma_D^2/\ell)$ dem erwarteten Deckungsbeitrag eines Händlers aus dem Handel mit dem Publikum entspricht. Dies vorausgesetzt, ergibt der Vergleich von (4.20) mit (4.19), daß der Nutzen einer Optimierung der Allokation von Risiken auf die Wertpapierhändler um so stärker beeinträchtigt wird, je höher der erwartete Deckungsbeitrag aus dem Handel mit dem Publikum ist. Das erklärt sich aus dem Sachverhalt, daß ein höherer Deckungsbeitrag bei gegebenem Konkurrenzdruck einen größeren Einfluß des Publikums auf den Börsenkurs voraussetzt. Damit werden die zur Erreichung einer optimalen Allokation des Gesamthandelsbestands auf die Wertpapierhändler erforderlichen Transaktionen in verstärktem Maße dem bei Abwesenheit des Publikums nicht existierenden Risiko schwankender Börsenkurse ausgesetzt. Dies beeinträchtigt offensichtlich den Nutzen einer Optimierung der Risikoallokation.

Wenn das Gesamtrisiko der Händler bereits in der Ausgangssituation optimal auf diese verteilt ist, was bei vollkommen homogenen Händlern, wie aus

$$b_1^* = (1/n) \cdot \sum_{i=1}^{n} b_{0i} = (1/n) \cdot n \cdot \bar{b}_0 = \bar{b}_0$$

ersichtlich, der Fall ist, wenn das Gesamtrisiko gleichmäßig nach Köpfen verteilt ist, dann werden die soeben angestellten Überlegungen irrelevant, weil keine Optimierung mehr möglich ist.

Die vorliegende Arbeit sieht die spezifische Funktion von Wertpapierhändlern darin, das Publikum mit Liquidität zu versorgen. Da es sich bei der Optimierung der Risikoallokation zudem grundsätzlich um eine einmalige Angelegenheit[126] handelt, während der Handel mit dem Publikum bei nachhaltigem Liquiditätsbedarf grundsätzlich nachhaltige Zielbeiträge liefert, konzentriert sich die vorliegende Arbeit auf eine Analyse des Interessengeflechts zwischen Publikum und Wertpapierhändlern. Aus diesem Grunde findet der Nutzen der Optimierung der Allokation von Risiken auf die Wertpapierhändler im folgenden keine weitere Beachtung. Unter dieser Voraussetzung kann ohne weitere Beschränkung der Allgemeinheit davon ausgegangen werden kann, daß sämtliche als Wertpapierhändler in Betracht kommenden Wirtschaftssubjekte keinen Anfangsbestand in dem einzigen betrachteten riskanten Titel halten. In diesem Fall erhält man unmittelbar aus (4.6)

$$v = \text{sä}(B_1^* \cdot SDB_2 \mid I_0) - k_f \ . \tag{4.21}$$

Im folgenden wird gezeigt, daß es sich bei (4.21) um die Differenz zwischen dem mit einem Risikoabschlag versehenen erwarteten Deckungsbeitrag eines Wertpapierhändlers aus dem Handel mit dem Publikum einerseits und den fixen Kosten der Teilnahme am Handel andererseits handelt.[127] Bezeichnet man den erwarteten Deckungsbeitrag verkürzt mit $d$, dann gilt

$$d := \text{E}(B_1^* \cdot SDB_2 \mid I_0)$$

$$= \text{E}(B_1^* \cdot (P_2 - P_1) \mid I_0)$$

$$= \text{E}(B_1^* \cdot (P_2 - (\text{E}(P_2 \mid I_1) - (1/c_1) \cdot B_1^*)) \mid I_0)$$

---

[126] Ein weiteres gravierendes Problem stellt die Berücksichtigung von Risikoverbundeffekten bei der Ermittlung des Nutzens einer Optimierung der Risikoallokation dar, wenn die Entscheidung über die Teilnahme am Handel beispielsweise von der Handelsabteilung eines Kreditinstituts getroffen wird. Dabei ist zu berücksichtigen, daß Verbundeffekte im allgemeinen nicht nur sachlichen Koordinationsbedarf sondern aufgrund von divergierenden Interessen und unterschiedlichen Informationsständen auch personellen Koordinationsbedarf auslösen. Vgl. LAUX/LIERMANN (1993), 208 - 221, zu Interdependenzarten und Koordinationskonzepten. Eine instruktive Illustration der Verquickung von sachlichen und personellen Koordinationsproblemen am Beispiel der Investitionsbudgetierung findet sich bei EWERT/WAGENHOFER (1995), S. 455 - 506.

[127] In Anhang S wird gezeigt, wie man diese Beziehung herleitet, ohne vom Substitutionsaxiom Gebrauch zu machen.

$$= E((1/c_1)\cdot(B^{\dagger})^2 \mid I_0)$$

$$= (1/c_1)\cdot(1/n^2)\cdot\sigma_D^2$$

$$= (1/n)\cdot(\sigma_D^2/\ell)$$

$$= \underbrace{(1/n)}_{\text{Händleranteil}} \cdot \underbrace{\underbrace{(2/\pi)}_{\text{Konstante}} \cdot \underbrace{[\,E(|D_P| \mid I_0)\,]}_{\text{Mengenkomponente}} \cdot \underbrace{[\,(E(|D_P| \mid I_0)/\ell\,]}_{\text{Preiskomponente}}}_{\text{erw. Gesamtdeckungsbeitrag}} . \tag{4.22}$$

Der erwartete Deckungsbeitrag eines Händlers aus dem Handel mit dem Publikum entspricht dem auf diesen Händler entfallenden Anteil am erwarteten Gesamtdeckungsbeitrag. Letzterer läßt sich in eine Mengen- und eine Preiskomponente zerlegen und $\ell$ entspricht der durch eine Veränderung des Börsenkurses um eine Einheit bei sämtlichen Händlern insgesamt ausgelösten Nachfrageänderung, die als Maß für die Liquidität des Marktes anzusehen ist (vgl. (3.6)). Die Preiskomponente von (4.22) läßt deutlich erkennen, daß die Preiszugeständnisse, die das Publikum zu machen gezwungen ist, sowohl vom erwarteten Transaktionsvolumen als auch von der Händlerkonkurrenz bzw. Liquidität abhängen. Die Preiszugeständnisse sind c.p. um so größer, je größer das erwartete Volumen und je weniger liquide der Markt ist. Diese Preiszugeständnisse kommen natürlich den Händlern zugute.

Da die Händler risikoavers sind, wird der erwartete Deckungsbeitrag von jedem Händler allerdings nur mit dem Bruchteil (vH steht für "vom Hundert")

$$\text{vH}(\,d\,) := \frac{1}{2}\cdot\frac{\ln(\,1 + d/t\,)}{d/t} \tag{4.23}$$

in Ansatz gebracht. Aus (4.23) und

$$\frac{\text{dvH}}{\text{d}d} = \frac{1}{2}\cdot\frac{t}{d^2}\cdot\left(\frac{d/t}{1+d/t} - \ln(1+d/t)\right) \tag{4.24}$$

läßt sich unter Berücksichtigung der für alle $x > 0$ gültigen Relationen[128]

$$\frac{x}{1+x} < \ln(1+x) < x \tag{4.25}$$

ablesen, daß der Bruchteil vH( $d$ ) im Bereich $d > 0$ eine monoton fallende Funktion von $d$ ist, die unter keinen Umständen Werte außerhalb des Intervalls zwischen 0 und 50% annimmt. Das bedeutet m.a.W., daß der prozentuale Risikoabschlag $1 - vH$ stets größer als 50% ist und mit wachsendem erwartetem Deckungsbeitrag zunimmt. Die Höhe des Risikoabschlags wird verständlich, wenn man bedenkt, daß sowohl die Mengen- als auch die Preiskomponente des Deckungsbeitrags aus dem Handel mit dem Publikum risikobehaftet ist.

Bemerkenswert erscheint, daß

$$\frac{\mathrm{dvH}}{\mathrm{d}d} \cdot \frac{d}{vH} = -\frac{\mathrm{dvH}}{\mathrm{d}t} \cdot \frac{t}{vH} \tag{4.26}$$

gilt, d.h. daß die Elastizität des Bewertungsfaktors in bezug auf den erwarteten Deckungsbeitrag absolut betrachtet exakt seiner Elastizität in bezug auf den Risikotoleranzparameter entspricht.

Im folgenden wird davon ausgegangen, daß die Gesamtanschaffungsauszahlung für die Errichtung eines Marktes $z_0$ nach Köpfen auf die insgesamt $n$ am Handel teilnehmenden Händler aufgeteilt wird. Der Kosten-Nutzen-Kalkül eines Wertpapierhändlers besteht dann offensichtlich darin, den auf ihn entfallenden bewerteten Anteil an der insgesamt erwarteten Umverteilung zwischen Publikum und Wertpapierhändlern, die den erwarteten Gesamtdeckungsbeitrag determiniert, gegen seinen Anteil an den insgesamt anfallenden fixen Kosten des Handelsbetriebs aufzuwiegen. Mehr Konkurrenz

---

[128] Diese ergeben sich ihrerseits aus

$$\frac{x}{1+x} = \ln(1+x) = x \quad \text{für } x = 0$$

und

$$\frac{\partial}{\partial x}\left(\frac{x}{1+x}\right) < \frac{\partial}{\partial x}\ln(1+x) < 1 \quad \text{für } x > 0 \;.$$

hat damit erkennbar drei Effekte: Positiv wirkt sich die verstärkte Kostenteilung auf die Zielerreichnung des einzelnen Händlers aus. Negativ wirken sich die verstärkte Erlösteilung bei gegebenem Verteilungsspielraum und die Beeinträchtigung des Verteilungsspielraums durch mehr Konkurrenz aus (vgl. (4.22)). Weniger offensichtlich ist der Einfluß der Tatsache, daß mehr Konkurrenz mit einer breiteren Streuung des Investitionsrisikos einhergeht. Im Einklang mit dem allgemein üblichen Sprachgebrauch bezieht sich der Begriff Investitionsrisiko hier auf den Sachverhalt, daß eine sichere Auszahlung geleistet werden muß, um unsichere Rückflüsse zu erzielen. Die breitere Streuung des Investitionsrisikos hat einen positiven Effekt, der sich darin äußert, daß der Risikoabschlag vom erwarteten Deckungsbeitrag mit abnehmendem erwarteten Deckungsbeitrag eines Händler ebenfalls abnimmt.

Im nächsten Abschnitt wird analysiert, welche relative Bedeutung den bislang nur isoliert betrachteten Effekten zukommt, und welche Konsequenzen sich daraus für die gleichgewichtige Anzahl von Wertpapierhändlern ergeben.

## 4.2 Die Bestimmung der modellendogenen Anzahl von Wertpapierhändlern

Im folgenden wird analysiert, wieviele unter allen relevanten Gesichtspunkten homogene Wertpapierhändler "einen Markt machen", wenn die gesamte Anschaffungsauszahlung $z_0$ für das Handels- und Abwicklungssystem nach Köpfen auf die Händler aufgeteilt wird.[129]

Maßgeblich für die Markteintrittsentscheidung ist der Nettovorteil des Markteintritts

$$v(\,d(\,n\,),\,k_f(\,n\,)\,) = vH(\,d(\,n\,)\,)\cdot d(\,n\,) - k_f(\,n\,)\ . \tag{4.27}$$

Es wurde bereits erwähnt, daß der Kosten-Nutzen-Kalkül eines Wertpapierhändlers im Grunde darin besteht, den auf ihn entfallenden bewerteten Anteil an der insgesamt erwarteten Umverteilung vom Publikum zu den Wertpapierhändlern gegen seinen Anteil an den insgesamt anfallenden fixen Kosten des Handelsbetriebs aufzuwiegen. Es wurde bereits festgestellt, daß die insgesamt erwartete Umverteilung

[129] Vgl. EWERT/WAGENHOFER (1995), S. 547 - 562 zu Möglichkeiten und Problemen anderer Formen von Kostenallokationen.

$$u = \mathrm{u}(n) := \sigma_D^2/\ell = (1/n)\cdot(\sigma_D^2/c_1)\cdot \tag{4.28}$$

beträgt. Der erwartete Deckungsbeitrag eines Händlers aus dem Handel mit dem Publikum entspricht seinem Anteil an der insgesamt erwarteten Umverteilung. Daher gilt

$$d = \mathrm{d}(n) := \frac{\mathrm{u}(n)}{n}. \tag{4.29}$$

Da die gesamte Anschaffungsauszahlung $z_0$ für das Handels- und Abwicklungssystem nach Köpfen auf die Händler aufgeteilt wird, gilt ferner

$$k_f = \mathrm{k}(n) := \frac{z_0}{n}. \tag{4.30}$$

Der Nettovorteil des Marktzutritts entspricht daher dem folgenden trade-off

$$v = \mathrm{v}(n) := \mathrm{vH}(\frac{\mathrm{u}(n)}{n})\cdot\frac{\mathrm{u}(n)}{n} - \frac{z_0}{n}, \tag{4.31}$$

wobei die Gesamtanzahl $n \geq 1$ von Wertpapierhändlern vereinfachend als beliebig teilbar angenommen wird.

Im folgenden soll zunächst gezeigt werden, daß es sich unter keinen Umständen für irgendeinen Wertpapierhändler lohnt, einen "Markt zu machen", wenn das erwartete Transaktionsvolumen zwischen Publikum und Wertpapierhändlern kein angemessenes Verhältnis zu der für die Installation des Handelssystems erforderlichen Anschaffungsauszahlung $z_0$ aufweist. In Verbindung mit der Definition (vgl. (2.5))

$$b := \frac{\sigma_D}{z_0} = \sqrt{\pi/2}\cdot\frac{\mathrm{E}(|D_P|\,|\,I_0)}{z_0} \tag{4.32}$$

als Maß für die erwartete Beschäftigung des für den Handel mit dem Publikum eingesetzten Kapitals kann gezeigt werden, daß das Zustandekommen eines Marktes ist ausgeschlossen ist, wenn die Relation

$$b \leq 2 \cdot \sqrt{c_I/t} \tag{4.33}$$

erfüllt ist. Aus (4.33) geht hervor, daß die sich abzeichnende Schärfe des Wettbewerbs der Wertpapierhändler um das Geschäft mit dem Publikum (repräsentiert durch $c_I$) und die Höhe des Risikoabschlags vom erwarteten Deckungsbeitrag (repräsentiert durch $1/t$) maßgeblich dafür sind, was in diesem Zusammenhang als angemessen anzusehen ist. Die Mindestanforderung an das Verhältnis zwischen dem erwarteten Transaktionsvolumen und der erforderlichen Gesamtinvestitionsauszahlung ist c.p. um so größer, je kleiner die Risikotoleranz ist und je empfindlicher die Wertpapierhändler auf Börsenkursänderungen reagieren. Ersteres erklärt sich aus der mit abnehmender Risikotoleranz zunehmenden Diskrepanz in der Bewertung von unsicheren Erlösen und sicheren Kosten und letzteres erklärt sich aus der Schmälerung der Erlöse durch einen verschärften Wettbewerb.

Die behauptete Mindestanforderung an das Verhältnis zwischen dem erwarteten Transaktionsvolumen und den gesamten fixen Kosten kann in zwei Schritten belegt werden. Der erste Schritt besteht in dem Nachweis, daß die Anzahl der Wertpapierhändler nicht unbeschränkt wachsen kann, ohne daß es für den einzelnen Wertpapierhändler nachteilig wird, am Handel teilzunehmen, wenn die Implementierung eines Handelssystems mit einer Auszahlung $z_0 > 0$ verbunden ist. Wegen (vgl. (4.23) i.V.m. (4.25))

$$0 < \mathrm{vH}(\frac{\mathrm{u}(n)}{n}) < \frac{1}{2}$$

gilt nämlich

$$v < \frac{1}{2} \cdot \frac{\mathrm{u}(n)}{n} - \frac{z_0}{n} = \frac{\mathrm{u}(n) - 2 \cdot z_0}{2 \cdot n} . \tag{4.34}$$

Da $\mathrm{t}(n)$ eine monoton fallende Funktion von $n$ ist, die sich asymptotisch dem Wert Null annähert, muß die Differenz $\mathrm{u}(n)-2 \cdot z_0$ für $z_0 > 0$ mit wachsender Anzahl von Händlern zwangsläufig irgendwann negativ werden. Die Anzahl der Wertpapierhändler kann demnach deshalb nicht unbeschränkt wachsen, weil der insgesamt erwartete Deckungsbeitrag aus dem Handel mit dem Publikum zusammenschrumpft, wenn die Konkurrenz der Wertpapierhändler untereinander härter wird. Bildlich gesprochen bekommt nämlich jeder Wertpapierhändler mit jedem zusätzlichen Mitkonkurrenten ein kleineres Stück von einem kleiner werdenden aber gleich teuren Kuchen.

Der zweite Schritt ergibt sich in Verbindung mit der Darstellung

$$v := g(\, d(n),\, k(n)\,) = (t/2)\cdot \ln(\,1 + (1/t)\cdot d(n)\,) - k(n) \tag{4.35}$$

mit (vgl. (4.29) i.V.m. (4.28))

$$d(\,n\,) = (1/n^2)\cdot(\sigma_D^2/c_1) \; . \tag{4.36}$$

Hierfür erhält man

$$\frac{dv}{dn} = \frac{\partial g}{\partial d}\cdot\frac{dd}{dn} + \frac{\partial g}{\partial k}\cdot\frac{dk}{dn}$$

$$= \frac{1}{2}\cdot\frac{1}{1+d/t}\cdot\frac{dd}{dn} - \frac{dk}{dn}$$

$$= -\frac{1}{1+d/t}\cdot\frac{d}{n} + \frac{k}{n}$$

$$= \frac{z_0}{n^4}\cdot\frac{q(n)}{1+d/t}$$

mit

$$q(n) := n^2 - \frac{b\cdot\sigma_D}{c_1}\cdot n + \frac{\sigma_D^2}{t\cdot c_1} \, . \tag{4.37}$$

Die quadratische Funktion $q(\cdot)$ besitzt an der Stelle

$$x_2 := \frac{1}{2} \cdot \frac{b \cdot \sigma_D}{c_1}$$

ein Minimum. Daraus folgt, daß die Funktion v( · ) unter der Bedingung

$$q(x_2) \geq 0 \Leftrightarrow b \leq 2 \cdot \sqrt{c_1/t} \tag{4.38}$$

eine monton steigende Funktion der Gesamtanzahl von Händlern ist. Unter diesen Umständen wird der Markteintritt für den einzelnen Händler demnach um so vorteilhafter, je größer die Gesamtanzahl von Händlern ist. Nun wurde im ersten Schritt gezeigt, daß die Marktpräsenz für den einzelnen Händler ab einer gewissen Anzahl von Mitkonkurrenten immer uninteressant wird, wenn sie eine Beteiligung an der Anschaffungsauszahlung $z_0 > 0$ erfordert. Daher kann es sich für einen potentiellen Wertpapierhändler unabhängig von der Anzahl seiner Mitkonkurrenten unter der Voraussetzung (4.38) niemals lohnen, sich am Handel zu beteiligen.

Unter Berücksichtigung der Definition (zur Erinnerung: Annahmegemäß bleibt der Informationsstand zwischen $t = 0$ und $t = 1$ unverändert)

$$q := \frac{4 \cdot (c_1/t)}{b^2} \tag{4.39}$$

ist die für die Lebensfähigkeit des Marktes notwendige Bedingung

$$b > \sqrt{4 \cdot (c_1/t)} \tag{4.40}$$

äquivalent zu

$$0 < q < 1 .$$

Die quadratische Funktion q($n$) besitzt in diesen Fall zwei Nullstellen

$$x_1 := (z_0/t) \cdot \frac{2 \cdot (1 - \sqrt{1-q}\,)}{q} \tag{4.41}$$

und

$$x_3 := (z_0/t)\cdot\frac{2\cdot(1+\sqrt{1-q}\,)}{q}\,. \qquad (4.42)$$

Das bedeutet, daß der Markteintritt unter der Voraussetzung (4.40) mit wachsender Anzahl von Wertpapierhändlern vorteilhafter wird, solange sich die Anzahl der Wertpapierhändler im Intervall $(0, x_1)$ bewegt. Im Intervall $(x_1, x_3)$ wird der Vorteil kleiner und jenseits der Marke $x_3$ wird er wieder größer. Der Bereich $(x_3, \infty)$ ist für die weitere Analyse nicht von Bedeutung, weil es sich in diesem Bereich durchweg nicht lohnt, in den Markt einzutreten. Das folgt daraus, daß es stets eine kritische Anzahl gibt, ab welcher sich der Markteintritt nicht mehr lohnt. Da die Funktion $v(\cdot)$ im Intervall $(x_3, \infty)$ monoton wächst, muß ihr Funktionswert an der Minimalstelle $n = x_3$ bereits negativ sein und für $n > x_3$ auch negativ bleiben. Demnach erreicht der Vorteil aus der Marktpräsenz für jeden einzelnen Händler bei einer Anzahl von insgesamt $n = x_1$, $z_0/t < x_1 < 2\cdot(z_0/t)$, Wertpapierhändlern ein Maximum.[130] Durch Einsetzen bestätigt man, daß

$$b > \sqrt{(15/2)\cdot(c_1/t)}$$

eine hinreichende Bedingung für

$$v(z_0/t\,) > 0$$

ist. Hieraus folgt unter Berücksichtigung des oben skizzierten Verlaufs der Funktion $v(\cdot)$ wegen $v(x_1) \geq v(z_0/t\,)$, daß die Bedingungen einer ausreichenden Beschäftigung (quantifizierbar durch $b > \sqrt{(15/2)\cdot(c_1/t)}$) eines nicht vernachlässigbar geringen (quantifizierbar durch $z_0 > t$) Kapitals hinreichend für die Existenz einer bei freiem Marktzutritt gleichgewichtigen Anzahl von Wertpapierhändlern $n^*$, $1 < x_1 < n^* < x_3$ sind.

Im folgenden werden die Auswirkungen von Parameteränderungen auf die Liquidität bei freiem Marktzutritt einerseits und bei alleiniger Entscheidungskompetenz des

---

130 Siehe Anhang T zur Gültigkeit von $z_0/t < x_1 < 2\cdot(z_0/t)$.

Projektinitiators über die Anzahl seiner Partner andererseits untersucht. Im ersten Fall hat jeder potentielle Wertpapierhändler das Recht zur Teilnahme am Handel, sofern er sich an der Anschaffungsauszahlung $z_0$ für das Handelssystem beteiligt. Im zweiten Fall ist außerdem die Zustimmung des Projektinitiators erforderlich. Dabei wird stets vorausgesetzt, daß nur solche Wirtschaftssubjekte darüber nachdenken, sich als Wertpapierhändler zu betätigen, die in unbeschränktem Umfang Geschäfte tätigen können, ohne dabei Gefahr zu laufen, ihren Verpflichtungen nicht nachkommen zu können.[131]

---

[131] Wenn davon nicht ausgegangen werden kann, dann gibt es grundsätzlich zwei Möglichkeiten, die Liquiditätsversorgung sicherzustellen. Entweder man restringiert den Handel, beispielsweise durch die Einführung von Positionslimits, oder man prüft im Rahmen eines Zulassungsverfahrens, ob die strengen Voraussetzungen an die erforderliche persönliche Liquidität im Einzelfall erfüllt sind. Regulative Eingriffe sind damit immer gleichzeitig Garant und Gefahr für die Liquidität. Im ersten Fall werden unter Umständen per Dekret Liquiditätsengpässe geschaffen, die faktisch gar nicht bestehen. Im zweiten Fall muß damit gerechnet werden, daß Zulassungsvoraussetzungen als Abschottungsinstrument mißbraucht werden.

Die für Deutschland geltenden Zulassungsbestimmungen finden sich in den §§ 7, 7a BörsG, welches zuletzt durch das "Gesetz über den Wertpapierhandel und zur Änderung börsenrechtlicher und wertpapierrechtlicher Vorschriften (Zweites Finanzmarktförderungsgesetz)" vom 26. Juli 1994 (BGBl. I S. 1749, 1760) geändert wurde. Aufgrund dieser Gesetzesänderung hat der Vorstand der Frankfurter Wertpapierbörse am 16. Dezember 1994 eine neue Börsenordnung beschlossen. Im V. Abschnitt dieser Börsenordnung finden sich die Bestimmungen der §§ 7, 7a BörsG wieder. Gemäß § 7 (6) BörsG werden diese durch einige Ausführungsbestimmungen zur Frage des Nachweises der gesetzlichen Zulassungsvoraussetzungen ergänzt.

Der Gesetzgeber schreibt eine Zulassung durch die Geschäftsführung der Börse vor, die laut Gesetz zu erteilen ist, wenn 5 Zulassungsvoraussetzungen gegeben sind. Obwohl der Wortlaut keine Hinweise darauf gibt, ob diese Zulassungsvoraussetzungen alternativ oder kumulativ zu verstehen sind, läßt die erkennbare Sorge des Gesetzgebers um die Aufrechterhaltung geordneter Marktverhältnisse keinen anderen Schluß zu, als daß die Zulassung nur dann zu erteilen ist, wenn sämtliche Bedingungen vorliegen. Die Voraussetzungen knüpfen an der Liquidität, der ordnungsgemäßen Abwicklung der Börsengeschäfte und an persönlichen Merkmalen des Antragstellers bzw. dessen gesetzlichen Vertreters an.

Obwohl die Sorge des Gesetzgebers um die Aufrechterhaltung geordneter Marktverhältnisse grundsätzlich berechtigt erscheint, muß sich das vorliegende Regelwerk den Vorwurf gefallen lassen, in wenigstens zwei Punkten unnötig wettbewerbsgefährdend zu sein. Ein Punkt betrifft § 16 (2) Börsenordnung. Dieser bestimmt, unter welchen Bedingungen die ordnungsgemäße Abwicklung der Geschäfte am Börsenplatz als sichergestellt gilt. Da die Börsenordnung in diesem Zusammenhang nur von Kreditinstituten spricht, bleibt offen, ob Nicht-Kreditinstitute die Voraussetzung einer ordnungsgemäßen Abwicklung der Geschäfte überhaupt erfüllen können.

Der zweite Punkt betrifft den § 7 (4) Nr. 5 BörsG. Dort heißt es: "(Die Zulassung eines Unternehmens zur Teilnahme am Börsenhandel ... ist zu erteilen, wenn) bei dem Antragsteller, sofern er kein Kreditinstitut ist, keine Tatsachen die Annahme rechtfertigen, daß er unter Berücksichtigung des nachgewiesenen Eigenkapitals nicht die für eine ordnungsgemäße Teilnahme am Börsenhandel erforderliche wirtschaftliche Leistungsfähigkeit hat." Diese Formulierung ist zum einen mit dem Problem behaftet, daß vollkommen offen bleibt, woran die erforderliche wirtschaftliche Leistungsfähigkeit zu messen ist. Selbst wenn man gewillt ist, darin kein Problem zu sehen, ist die Voraussetzung strenggenommen überhaupt nicht erfüllbar, wenn man die Regelung des § 19 Börsenordnung wörtlich nimmt. Dieser zufolge liegt die Beweislast auf Seiten des Antragstellers. Nun erscheint es allerdings unmöglich die Nichtexistenz von Tatsachen zu beweisen, die eine bestimmte Annahme

### 4.2.1 Freier Marktzutritt

Ein Gleichgewicht bei freiem Marktzutritt setzt

$$v(n^*) = 0$$

$$\Leftrightarrow \ vH\left(\frac{u(n^*)}{n^*}\right) \cdot \frac{u(n^*)}{n^*} - \frac{z_0}{n^*}$$

$$\Leftrightarrow \ vH\left(\frac{u(n^*)}{n^*}\right) \cdot u(n^*) - z_0 \qquad (4.43)$$

voraus. Da der vom-Hundert-Satz vH( · ) stets kleiner als 50% ist, muß im Gleichgewicht unabhängig von der Anzahl der Wertpapierhändler

$$u(n^*) > 2 \cdot z_0 \qquad (4.44a)$$

gelten, d.h. daß der ingesamt erwartete Transfer vom Publikum zu den Wertpapierhändlern auf jeden Fall das Zweifache der Anschaffungsauszahlung für das Handels- und Abwicklungssystem übersteigen muß. Für vH( · ) ≡ 1, also ohne Risikoabschlag vom erwarteten Deckungsbeitrag aus dem Handel mit dem Publikum, erhielte man stattdessen

---

rechtfertigen. Solange § 7 (4) Nr. 5 BörsG nicht mit einer partiellen Beweislastumkehr gekoppelt wird, so daß die in Rede stehenden Tatsachen von der Geschäftsführung vorgebracht werden müssen, stellt diese Regelung die Entscheidung über die Zulassung zum Handel vollkommen in das Ermessen der Geschäftsführung.

Insgesamt bleibt festzustellen, daß die Zulassungsvoraussetzungen bei entsprechender Auslegung durch die Geschäftsführung für Nicht-Kreditinstitute eine kaum überwindbare Marktzutrittsbarriere darstellen. Da die Geschäftsführung von einem Gremium bestellt wird, welches zur Hälfte mit Bankenvertretern besetzt ist, und dem zur Beschlußfassung die einfache Mehrheit der Anwesenden genügt (§§ 5 (2), 8 (1) Börsenordnung), besteht die Gefahr, daß das aus der berechtigten Sorge des Gesetzgebers um die Aufrechterhaltung geordneter Marktverhältnisse geschaffene Regelwerk als Instrument der Interessenpolitik mißbraucht wird.

Dieser Sachverhalt gewinnt zusätzlich an Brisanz, wenn man bedenkt, daß die Universalbanken große Publikumsfonds verwalten. Dies versetzt sie nämlich in die beneidenswerte Lage, selbst für den Umsatz zu sorgen, der die "Kassen klingeln" läßt, wenn man es versteht, sich die unliebsame Konkurrenz anderer Wertpapierhändler mit Hilfe gesetzlicher Zulassungsbestimmungen vom Halse zu halten.

$$u(n^*) = z_0 \tag{4.44b}$$

als Gleichgewichtsbedingung. Das deutet zunächst einmal darauf hin, daß die Risikoaversion der Wertpapierhändler den Handel für das Publikum im Mittel teurer werden läßt. Tatsächlich ist es unter den hier getroffenen Annahmen allerdings so, daß die Risikoaversion der Wertpapierhändler den Handel erst möglich werden läßt, weil risikoneutrale Wertpapierhändler niemals gemeinsam einen Markt errichten würden, wenn die Errichtung Geld kostet. Sie müßten nämlich davon ausgehen, daß die Konkurrenz im späteren Handel so groß sein würde, daß es im Mittel nichts mehr zu verdienen gäbe.

Im folgenden soll der Einfluß von Parameteränderungen auf die Anzahl von Wertpapierhändlern im Gleichgewicht untersucht werden. Ein Gleichgewicht bei freiem Marktzutritt wird implizit durch die Bedingung

$$v(\, n^*(t, c_1, z_0, \sigma_D^2)\, , t\, , c_1\, , z_0\, , \sigma_D^2\, ) = 0$$

definiert. Sei $p$ irgendein Parameter, dann gilt

$$\frac{dn^*}{dp} = - \frac{\frac{\partial v}{\partial p}}{\frac{\partial v}{\partial n}} =: - \frac{v_p}{v_n} \, .$$

Wegen $n^* \in (x_1, x_3)$ gilt $v_n < 0$. In Verbindung mit der Definition für die Vorzeichenfunktion

$$\operatorname{sgn}(x) := \begin{cases} -1 & \text{für } x < 0 \\ 0 & \text{für } x = 0 \\ +1 & \text{für } x > 0 \end{cases}$$

gilt daher

$$\operatorname{sgn}\left(\frac{dn^*}{dp}\right) = \operatorname{sgn}(v_p) .$$

Aus (4.35) kann man in Verbindung mit (4.36) $v_{c_I} < 0$, $v_{\sigma_D} > 0$ und $v_{z_0} < 0$ unmittelbar ablesen. Somit gilt

$$\frac{dn^*}{dc_I} < 0 , \tag{4.45}$$

$$\frac{dn^*}{d\sigma_D} > 0 \tag{4.46}$$

und

$$\frac{dn^*}{dz_0} < 0 . \tag{4.47}$$

In (4.45) kommt zum Ausdruck, daß der Markt um so weniger attraktiv ist, je impulsiver die Wertpapierhändler auf Abweichungen des Börsenkurses vom Fundamentalwert reagieren, weil es dann weniger am Publikum zu verdienen gibt. In (4.46) kommt zum Ausdruck, daß ein Markt um so attraktiver wird, je größer das erwartete Transaktionsvolumen ist, weil es dann mehr am Publikum zu verdienen gibt. Dieser Gedanke erscheint nicht zuletzt aufgrund seiner Einfachheit als eines der verläßlichsten Argumente, die für eine Konsolidierung des Handels sprechen.[132] Im weiteren Verlauf der Arbeit wird sich allerdings zeigen, daß die wachsende Attraktivität eine Kehrseite hat: Eine größere Anziehungskraft auf noch nicht am Markt vertretene potentielle Wertpapierhändler geht nämlich mit einem verstärkten Anreiz zur Abschottung des Marktes gegen unliebsame Konkurrenz auf Seiten derjenigen Wertpapierhändler einher, die bereits auf dem Markt sind. In (4.47) kommt zum Ausdruck, daß der Markt um so weniger zahlenmäßige Konkurrenz der Wertpapierhändler untereinander ver-

---

132 Interessante Aspekte der räumlichen und zeitlichen Konsolidierung des Wertpapierhandels finden sich bei PAGANO (1989a) und ADMATI/PFLEIDERER (1988). Eine Skizze des Modells von Pagano findet sich bei O'HARA (1995), S. 223 - 227.

kraftet, je höher die fixen Gesamtkosten sind. Das mag zunächst überraschen, besitzt aber dennoch eine einleuchtende Erklärung: Mit einer Erhöhung der fixen Gesamtkosten wächst c.p. die Kostenbelastung des einzelnen Wertpapierhändlers. Da eine Kostenentlastung durch verstärkte Kostenteilung als Gegenmaßnahme nicht in Frage kommt, weil die damit zwangsläufig einhergehende zweifache Beeinträchtigung des auf jeden einzelnen Wertpapierhändler entfallenden erwarteten Erlöses stärker zu Buche schlägt als der Kostenentlastungseffekt, führt der einzige Weg zurück zum Gleichgewicht über eine Verringerung der Anzahl der am Markt befindlichen Wertpapierhändler.

Ferner gilt (vgl. (4.35))

$$v_t = (1/2)\cdot \ln(1+d/t) + (t/2)\cdot \frac{1}{1+d/t}\cdot\left(-\frac{d}{t^2} + \frac{\partial d}{\partial t}\cdot\frac{1}{t}\right)$$

$$= (1/2)\cdot\left(\ln(1+d/t) + \frac{d/t}{1+d/t}\cdot\underbrace{\left(-1+\frac{\partial d}{\partial t}\cdot\frac{t}{d}\right)}_{=-1}\right). \qquad (4.48)$$

Hieraus erhält man unter Berücksichtigung der für $x > 0$ gültigen Relationen (vgl. (4.25))

$$\frac{x}{1+x} < \ln(1+x) < x$$

das Intervall

$$-(1/2)\cdot\frac{d/t}{1+d/t} < v_t < (1/2)\cdot\frac{d/t}{1+d/t}\cdot(d/t-1)\ . \qquad (4.49)$$

Unter der Bedingung $z_0 > t$ muß im Gleichgewicht $d > t$ gelten, damit der Vorteil einer Teilnahme am Handel (4.35) nicht negativ wird. Der Einfluß einer Veränderung der Risikotoleranz auf die Anzahl der im Gleichgewicht am Markt befindlichen Händler kann mithin nicht unabhängig von der konkreten Parameterkonstellation bestimmt werden. Die Risikotoleranz hat somit als einziger Modellparameter einen ambivalenten Einfluß auf die Partizipation bei freiem Marktzutritt. Aus

$$\frac{\partial^2 v}{\partial t\, \partial n} = -\frac{d/t}{(1+d/t)^2} \cdot \frac{1}{n} \cdot (d/t - 1)$$

kann man ersehen, daß der Einfluß einer Zunahme der Risikotoleranz auf den Vorteil des Marktzutritts um so eher negativ ist, je größer die Anzahl der Wertpapierhändler im Gleichgewicht ist. Offensichtlich spielt die Anzahl der in der Ausgangssituation bereits auf dem Markt befindlichen Händler eine wichtige Rolle für die Beantwortung der Frage, ob die Partizipation mit zunehmender Risikotoleranz der Wertpapierhändler ab - oder zunimmt. Das hat den folgenden Hintergrund: Eine Veränderung der Risikoaversion läßt die Wertpapierhändler sowohl im Handel als auch bei der Bewertung des zu erwartenden Handelsergebnisses entweder vorsichtiger oder weniger vorsichtig werden. Hieraus ergeben sich jeweils entgegengesetzte Effekte: Im Handel mit dem Publikum ist wachsende bzw. nachlassende Vorsicht mit weniger bzw. mehr Wettbewerb gleichzusetzen. Dementsprechend ist ein höherer bzw. niedrigerer Deckungsbeitrag aus dem Handel zu erwarten. Bei der Bewertung der erwarteten Deckungsbeiträge äußert sich die wachsende bzw. nachlassende Vorsicht in höheren bzw. niedrigeren Risikoabschlägen. Höhere erwartete Deckungsbeiträge (Verteilungseffekt) gehen also mit höheren Risikoabschlägen (Bewertungseffekt) einher und umgekehrt. Mit wachsender Anzahl von Wertpapierhändlern gewinnt der Verteilungseffekt gegenüber dem Bewertungseffekt an Gewicht, weil sich die Risikoeinstellung sämtlicher Wertpapierhändler gleichzeitig ändert, so daß der Einfluß auf den erwarteten Deckungsbeitrag mit wachsender Anzahl von Wertpapierhändlern größer wird. Dies erklärt, warum eine allgemein verbreitet abnehmende Risikotoleranz tendenziell dann zusätzliche Wertpapierhändler zum Markteintritt bewegt, wenn der Markt bereits groß ist. Offensichtlich ist es die in diesem Fall zu erwartende deutliche Steigerung der erwarteten Deckungsbeiträge infolge des Verteilungseffektes, die den Markt für eine noch größere Anzahl von Händlern attraktiv macht.

### 4.2.2 Kontrolle des Marktzutritts durch einen Monopolisten

Wenn der Projektinitiator die alleinige Entscheidungskompetenz hinsichtlich der Anzahl seiner Partner hat, dann wird er stets dafür sorgen, daß die Gesamtanzahl von Händlern (von der Ganzzahligkeitsrestriktion abgesehen) dem Wert $n^* = x_1$ entspricht, der ihm einen maximalen Vorteil aus der Marktpräsenz verschafft. Es wird vorausgesetzt, daß es stets hinreichend viele potentielle Händler gibt, um diese Stärke zu realisieren. In diesem Fall wird der Projektinitiator bei hinreichender erwarteter Beschäftigung des eingesetzten Kapitals unter der Bedingung $z_0 > 2 \cdot t$ wegen $z_0/t < x_1 < 2 \cdot (z_0/t)$ wenigstens einen Mitkonkurrenten zulassen. Im folgenden wird untersucht, wie sich Änderungen der Modellparameter unter diesen Umständen auf die Anzahl der vom Projektinitiator zugelassenen Wertpapierhändler auswirken.

Aus (4.41) erhält man

$$\frac{\mathrm{d}n^*}{\mathrm{d}c_1} = \frac{\mathrm{d}x_1}{\mathrm{d}q} \cdot \frac{\partial q}{\partial c_1} > 0 \ . \qquad (4.50)$$

Der Initiator hält es demnach im eigenen Interesse für vorteilhaft, eine größere Anzahl von Partnern zuzulassen, wenn die Wertpapierhändler heftiger auf Börsenkursveränderungen reagieren.

Das Gegenteil gilt für eine Erhöhung des erwarteten Transaktionsvolumens. Von einer Erhöhung des erwarteten Transaktionsvolumens geht ausweislich

$$\frac{\mathrm{d}n^*}{\mathrm{d}\sigma_D} = \frac{\mathrm{d}x_1}{\mathrm{d}q} \cdot \frac{\partial q}{\partial b} \cdot \frac{\partial b}{\partial \sigma_D} < 0 \qquad (4.51)$$

ein Anreiz aus, die Anzahl der Partner weiter zu begrenzen.

Eine höhere Anschaffungsauszahlung weckt hingegen, wie aus

$$\frac{\mathrm{d}n^*}{\mathrm{d}z_0} = \frac{x_1}{z_0} + \frac{\mathrm{d}x_1}{\mathrm{d}q} \cdot \frac{\partial q}{\partial b} \cdot \frac{\partial b}{\partial z_0} > 0 \qquad (4.52)$$

ersichtlich, Interesse an verstärkter Beteiligung beim Initiator des Börsenprojektes.

Der Einfluß der Risikoaversion stellt sich wie folgt dar (Hinweis: Aus (4.39) ergibt sich in Verbindung mit der Definition von $c_1$, daß $q$ von $t$ unabhängig ist)

$$\frac{\mathrm{d}n^*}{\mathrm{d}t} = -2 \cdot (x_1/t) < 0 \ . \qquad (4.53)$$

Das Interesse des Initiators an einer größeren Anzahl von Mitkonkurrenten ist demnach um so geringer, je risikotoleranter die Wertpapierhändler allesamt sind. Schließlich gilt auch noch

$$\frac{dn^*}{db} = \frac{dx_I}{dq} \cdot \frac{\partial q}{\partial b} < 0 \,. \tag{4.54}$$

Von einer Erhöhung der erwarteten Beschäftigung des eingesetzten Kapitals geht demnach ebenfalls ein Anreiz aus, die Anzahl der Projektbeteiligten weiter zu begrenzen.

Sämtliche Parameter des Modells mit Ausnahme der Risikoaversion, deren Einfluß bei freiem Marktzutritt ambivalent ist, haben diametral entgegengesetzte Auswirkungen auf die Anzahl der am Markt vertretenen Händler, je nachdem, ob der Marktzutritt frei ist, oder ob er vom Initiator kontrolliert wird. Um dieses Resultat besser zu verstehen, erscheint es sinnvoll, sich zunächst klarzumachen, wie es dazu kommt, daß der Initiator überhaupt ein Interesse an einer bestimmten Anzahl von Mitkonkurrenten hat. Als Ursache für diesen Sachverhalt kommt offensichtlich einzig und allein die durch die Aufteilung der gesamten fixen Kosten auf eine größere Zahl von Wertpapierhändlern bewirkte Kostenentlastung des einzelnen Händlers in Betracht. Die Ursache ist also leicht auszumachen. Daß dieser Ursache eine solche Bedeutung zukommt, ist allerdings weniger offensichtlich. Kostenteilung bedeutet nämlich zwangsläufig auch Erlösteilung und solange die Rechnung der Wertpapierhändler irgendwie aufgehen soll, müssen die erwarteten Gesamterlöse größer sein als die gesamten fixen Kosten. Das bedeutet aber wiederum, daß der Nachteil einer verstärkten Erlösteilung für den einzelnen Händler stärker wiegen müßte als der Vorteil einer verstärkten Kostenteilung. Dieser Effekt wird noch zusätzlich dadurch verstärkt, daß der Verteilungsspielraum mit zunehmender Konkurrenz der Wertpapierhändler schrumpft. Dementsprechend würde man auch keine Anreize zu freiwilliger Konkurrenz der Wertpapierhändler entdecken, wenn man davon ausginge, daß der Kosten-Nutzen-Kalkül der Wertpapierhändler in einer Konfrontation des erwarteten Deckungsbeitrags aus dem Handel mit dem Publikum auf der einen Seite mit den anteiligen fixen Kosten auf der anderen Seite besteht. Für $vH(\cdot) \equiv 1$ beläuft sich der Nettovorteil des Marktzutritts gemäß (4.27) auf

$$v(n) = d(n) - k_f(n)$$

Aus

$$\frac{dv}{dn} = -(2/n)\cdot(d(n) - k_f(n))$$

läßt sich unmittelbar ersehen, daß der Nettovorteil des Marktzutritts in diesem Fall durch eine Erhöhung der Anzahl der Mitkonkurrenten stets beeinträchtigt wird, solange $d(n) > k_f(n)$ gilt, d.h. solange sich der Markteintritt überhaupt noch lohnt.

Der positive Kostenentlastungseffekt kann deshalb prinzipiell nur deshalb aus dem Schatten des von der konkurrenzbedingten Beschneidung des Verteilungsspielraums noch verstärkten negativen Erlösteilungseffektes treten, weil er Unterstützung durch den Risikoteilungseffekt erfährt, der sich gemäß (4.24) i.V.m. (4.25) in einem reduzierten Risikoabschlag auf den reduzierten erwarteten Deckungsbeitrag manifestiert. Wenn es zu freiwilliger Konkurrenz auf der Handelsebene kommt, dann offensichtlich deshalb, weil der Initiator das durch sichere fixe Kosten auf der einen und unsichere Erlöse auf der anderen Seite charakterisierte Investitionsrisiko nicht alleine tragen möchte. Es kann daher nicht überraschen, daß die Frage nach dem Grad der Abschottung des Marktes durch den Projektinitiator ebenfalls eine Frage der relativen Gewichtung von Erlösen und Kosten ist. Genau das spiegelt sich in den komparativ statischen Ergebnissen der Gl. (4.50) - (4.54) wider: Heftigere Nachfragereaktionen der Händler schmälern den erwarteten Deckungsbeitrag. Das führt zu einer Aufwertung des Kostenentlastungseffektes. Eine Erhöhung des erwarteten Transaktionsvolumens zwischen Publikum und Händlern bewirkt das genaue Gegenteil hiervon. Eine Erhöhung der gesamten fixen Kosten verleiht dem Kostenentlastungseffekt unmittelbar größere Bedeutung. Der Einfluß der Risikoaversion, der bei freiem Marktzutritt ambivalent ist, ist hier eindeutig, weil der Bewertungseffekt bei relativ geringer Anzahl von Konkurrenten den Verteilungseffekt dominiert. Erhöht sich z.B. die Risikoaversion, dann schenkt der Initiator der durch den höheren Risikoabschlag bewirkten relativen Aufwertung der Kosten und damit auch des Kostenentlastungseffektes mehr Beachtung als dem Zuwachs an Verteilungsspielraum. Nirgendwo kommt der Kern der Argumentation so deutlich zum Vorschein, wie in dem Einfluß der erwarteten Beschäftigung des eingesetzten Kapitals auf die optimale Partizipation: Je größer diese ist, desto uninteressanter wird es für den einzelnen Händler, mit anderen zu teilen. Daher nimmt der Grad der Abschottung des Marktes durch den Projektinitiator mit zunehmender erwarteter Beschäftigung des eingesetzten Kapitals zu.

Die diametral entgegengesetzten Effekte von Parameteränderungen auf die Partizipation bei garantiert freiem Marktzutritt einerseits und individuell reguliertem Marktzutritt andererseits erklären sich somit wie folgt: Bei freiem Marktzutritt können Parameteränderungen, die das Gleichgewicht zwischen riskanten Erlösen einerseits und sicheren Kosten andererseits zu Lasten der erwarteten Erlöse verschieben, nur durch weniger Wettbewerb kompensiert werden und umgekehrt. Bei durch den Projektinitiator kontrolliertem Marktzutritt lassen Parameteränderungen, die das Gleichgewicht zwischen riskanten Erlösen einerseits und sicheren Kosten andererseits zu Lasten der erwarteten Erlöse verschieben, den Vorteil einer verstärkten Kostenteilung in den Vordergrund treten und umgekehrt.

## 4.3 Der Einfluß des Liquiditätsbewußtseins der Wertpapierhändler

Wenn die Wertpapierhändler der Tatsache Beachtung schenken, daß sie auf einem engen Markt operieren und sich dementsprechend liquiditätsbewußt verhalten, reagieren sie weniger impulsiv auf Börsenkursänderungen. Unter den Bedingungen des Falles D in Abschnitt 3.1 erhöht sich die Nachfrage eines von insgesamt $n \geq 3$ liquiditätsbewußten Wertpapierhändlern mit homogenen Erwartungen und Präferenzen um

$$c_1 \cdot \mathrm{s}(n) = c_1 \cdot \left(1 - \frac{1}{n-1}\right)$$

Einheiten, wenn der Börsenkurs um eine Einheit fällt.

Da jeder der insgesamt $n \geq 3$ Händlern sein Liquiditätsangebot im Bewußtsein der nur beschränkten Liquidität des Marktes um den Faktor $1 - \mathrm{s}(n)$ gegenüber dem Basisfall (Preisnehmerverhalten) verringert, verringert sich die Liquidität des Marktes ebenfalls um diesen Faktor auf

$$\ell = \mathrm{s}(n) \cdot n \cdot c_1 \quad .$$

Im Vergleich zu dem Fall mangelnden Liquiditätsbewußtseins, in dem die insgesamt erwartete Umverteilung vom Publikum zu den Wertpapierhändlern (vgl. (4.28); der

**Subindex p wird hier und im folgenden hinzugefügt, um auf das zugrundeliegende Preisnehmerverhalten hinzuweisen)**

$$u_p = u_p(n) := \sigma_D^2/\ell_p$$

**beträgt, hat dies eine Erhöhung des der insgesamt erwarteten Umverteilung um den Faktor**

$$\frac{1}{s(n)} - 1 = \frac{1}{n-2}$$

**auf**

$$u = u(n) = \frac{1}{s(n)} \cdot u_p(n) \tag{4.55}$$

mit

$$\frac{1}{s(n)} = \left(1 + \frac{1}{n-2}\right) \tag{4.56}$$

zur Folge. Fraglich ist, welche Folgen diese Ausweitung des Verteilungsspielraums bei gegebener Anzahl von Händlern für das Publikum hat, wenn man der Marktzutritt frei ist. Dabei gilt es zu bedenken, daß ein Markt mit freiem Zutritt solange weitere Händler anzieht, solange der Nettovorteil des Marktzutritts positiv ist.

Im folgenden wird von der Existenz entsprechender Gleichgewichte ausgegangen. Sei $n_p^* \geq 3$ die gleichgewichtige Anzahl von nicht liquiditätsbewußten Wertpapierhändlern (Hinweis: Der Subindex $p$ deutet weiterhin auf die Preisnehmereigenschaft hin) für die die Bedingung

$$v(\, d_p(n_p^*),\, k(n_p^*)\,) = 0$$

erfüllt ist, dann gilt wegen

$$d(n_p^*) := \frac{u(n_p^*)}{n_p^*} = \frac{1}{s(n_p^*)} \cdot \frac{u_p(n_p^*)}{n_p^*} = \frac{1}{s(n_p^*)} \cdot d_p(n_p^*) > d_p(n_p^*) \qquad (4.57)$$

und $v_d > 0$ (Hinweis: $v_d$ bezeichnet die erste partielle Ableitung der Funktion $v(\cdot,\cdot)$ nach dem Argument *d*)

$$v(\, d(n_p^*), k(n_p^*)\,) > v(\, d_p(n_p^*), k(n_p^*)\,) \;.$$

Demnach erhöht sich der Nettovorteil des Markteintritts bei gegebener Anzahl von Händlern, wenn sich die Händler c.p. liquiditätsbewußt verhalten, so daß die gleichgewichtige Anzahl von liquiditätsbewußten Händlern bei freiem Marktzutritt $n^*$ größer sein muß als die Anzahl nicht liquiditätsbewußter Händler, sofern ein solches Gleichgewicht existiert.

Würden die Wertpapierhändler auf einen Risikoabschlag vom erwarteten Deckungsbeitrag aus dem Handel mit dem Publikum verzichten und den Nettovorteil mit

$$v(d,k) = d - k = \frac{u(n)}{n} - \frac{z_0}{n}$$

bewerten, dann wäre ein Gleichgewicht mit freiem Marktzutritt durch die Bedingung

$$v(d,k) = 0 \Leftrightarrow u(n^*) = z_0 \qquad (4.58)$$

gekennzeichnet. In diesem Fall würde der (konzertierte) Übergang der Wertpapierhändler zu liquiditätsbewußtem Verhalten wegen

$$d(n_p^*) > d_p(n_p^*)$$

solange zusätzliche Wertpapierhändler anziehen, bis die Bedingung (4.58) erreicht ist. Offensichtlich wird dieses Gleichgewicht unter den gegebenen Voraussetzungen wegen

$$u'(n) < u_p'(n) < 0 \qquad (4.59)$$

tatsächlich erreicht. Hierzu sei angemerkt, daß die in (4.59) zum Ausdruck kommende Diskrepanz daher rührt, daß liquiditätsbewußte Händler mit zunehmender Konkurrenz einen Teil der Zurückhaltung aufgeben, die Preisnehmer von vornherein vermissen lassen. Daher nimmt die erwartete Umverteilung mit wachsender Konkurrenz vergleichsweise stärker ab als im Vergleichsfall. Formal betrachtet ergibt sich das unmittelbar aus in Verbindung mit der Definition

$$f'( x ) := \frac{df}{dx}$$

für die erste Ableitung irgendeiner differenzierbaren Funktion f( $x$ ) und

$$s'( n ) > 0$$

unmittelbar aus (4.55).

Es bleibt festzuhalten, daß es bei freiem Marktzutritt für das Publikum vollkommen irrelevant wäre, ob sich die Wertpapierhändler liquiditätsbewußt verhalten oder nicht, wenn sie auf einen Risikoabschlag vom erwarteten Deckungsbeitrag aus dem Handel mit dem Publikum verzichten würden.[133]

Wenn die Wertpapierhändler ihrer Risikoaversion durch einen Risikoabschlag vom erwarteten Deckungsbeitrag gerecht werden, sind die zu vergleichenden Gleichgewichte durch die Bedingungen

$$v(d_p(n_p^*), k(n_p^*)) = vH( d_p(n_p^*) )\cdot d_p(n_p^*) - k(n_p^*) = 0 \ , \tag{4.60a}$$

$$v(d(n^*), k(n^*)) = vH( d(n^*) )\cdot d(n^*) - k(n^*) = 0 \tag{4.60b}$$

und

---

[133] Dabei sollte nicht übersehen werden, daß es natürlich inkonsistent ist, einen Kalkül aufzumachen, in dem das antizipierte Resultat risikoaversen Verhaltens risikoneutral bewertet wird. Der Risikoabschlag wird im Text nur deshalb zunächst vernachlässigt, um seine Bedeutung für das endgültige Resultat möglichst einprägsam hervortreten zu lassen.

$$n^* > n_p^*$$

charakterisiert. Aus den Implikationen

$$n^* > n_p^* \Rightarrow \mathrm{k}(n^*) < \mathrm{k}(n_p^*) \Rightarrow \mathrm{vH}(\, \mathrm{d}(n^*)\,) \cdot \mathrm{d}(n^*) < \mathrm{vH}(\, \mathrm{d_p}(n_p^*)\,) \cdot \mathrm{d_p}(n_p^*)$$

folgt unter Berücksichtigung von $v_d > 0$ die Relation

$$\mathrm{d}(n^*) < \mathrm{d_p}(n_p^*) \ ,$$

die unter Berücksichtigung von $vH_d < 0$ (vgl. (4.24) und (4.25)) ihrerseits die Relation

$$\mathrm{vH}(\, \mathrm{d}(n^*)\,) > \mathrm{vH}(\, \mathrm{d_p}(n_p^*)\,)$$

impliziert. Hieraus ergibt sich in Verbindung mit der durch (4.60a,b) implizierten Beziehung

$$\mathrm{vH}(\, \mathrm{d}(n^*)\,) \cdot \mathrm{u}(n^*) = z_0 = \mathrm{vH}(\, \mathrm{d}(n_p^*)\,) \cdot \mathrm{u}(n_p^*)$$

die Schlußfolgerung

$$\mathrm{u}(n^*) < \mathrm{u}(n_p^*) \ . \tag{4.61}$$

Bei freiem Marktzutritt profitiert das Publikum demnach sogar davon, daß die Konkurrenz auf der Handelsebene bei gegebener Partizipation von Wertpapierhändlern abnimmt, wenn diese der nur beschränkten Liquidität des Marktes gebührende Beachtung schenken. Ursächlich für die Paretoverbesserung ist die Risikoaversion der Wertpapierhändler. Die Paretoverbesserung wird durch eine breitere Streuung des Investitionsrisikos erreicht, die dadurch ermöglicht wird, daß der Verteilungsspielraum bei gegebener Partizipation infolge der verstärkten Zurückhaltung der Händler wächst. Diese Interpretation folgt unmittelbar aus der Beobachtung, daß es bei risikoneutralem Entscheidungsverhalten auf der Markteintrittsebene nicht zu einer Paretoverbesserung kommt.

Andererseits gibt die Ausweitung des Verteilungsspielraums durch liquiditätsbewußtes Verhalten Anlaß zu einer verstärkten Abschottung des Marktes durch den Projektinitiator, wenn dieser frei über die Anzahl seiner Partner entscheiden kann. Dies soll im folgenden gezeigt werden: Für

$$v := g(\, d(n), k(n)\,) = (t/2)\cdot \ln(1 + \frac{d(n)}{t}) - k(n)$$

erhält man

$$\frac{dv}{dn} = \frac{\partial g}{\partial d}\cdot\frac{dd}{dn} + \frac{\partial g}{\partial k}\cdot\frac{dk}{dn}$$

$$= \frac{1}{2}\cdot\frac{1}{1+d/t}\cdot\frac{dd}{dn} - \frac{dk}{dn}$$

$$= -\frac{1}{1+d/t}\cdot\frac{d}{n}\cdot\left(1 + \frac{1}{2}\cdot\frac{\partial s}{\partial n}\cdot\frac{n}{s}\right) + \frac{k}{n}$$

$$= -\frac{1}{s+d_p/t}\cdot\frac{d_p}{n}\cdot\left(1 + \frac{1}{2}\cdot\frac{ds}{dn}\cdot\frac{n}{s}\right) + \frac{k}{n} \quad .$$

Wegen $s < 1$ und $s'(\,n\,) > 0$ gilt offensichtlich

$$\frac{dv(d,k)}{dn} = -\frac{1}{s+d_p/t}\cdot\frac{d_p}{n}\cdot\left(1 + \frac{1}{2}\cdot\frac{ds}{dn}\cdot\frac{n}{s}\right) + \frac{k}{n} < -\frac{1}{1+d_p/t}\cdot\frac{d_p}{n} + \frac{k}{n} = \frac{dv(d_p,k)}{dn} ,$$

so daß die vom Projektinitiator zugelassene Anzahl liquiditätsbewußter Händler in jedem Falle kleiner ist, als die Anzahl $n_p^* = x_1$, die dann für ihn optimal wäre, wenn es allgemein an Liquiditätsbewußtsein fehlt. Der Anreiz, den Markt abzuriegeln, setzt deshalb früher ein, weil voraussehbar ist, daß die Wertpapierhändler mit zunehmender Konkurrenz einen Teil ihrer Zurückhaltung aufgeben. Das führt dazu, daß die Liquidität mit zunehmender Konkurrenz vergleichsweise stärker zunimmt als im Basisfall, in dem das Verhalten der Wertpapierhändler von der Anzahl der Konkurrenten unabhängig ist. Dieser Sachverhalt führt dazu, daß der erwartete Deckungsbeitrag bei zunehmender Konkurrenz vergleichsweise stärker abnimmt.

Zusammenfassend bleibt festzustellen, daß die Auswirkungen liquiditätsbewußten Verhaltens der Wertpapierhändler für das Publikum ambivalent sind. Ist der Marktzutritt frei, dann wird die Teilnahme am Handel für den einzelnen Wertpapierhändler bei gegebener Anzahl von Wertpapierhändlern attraktiver, wenn die Händler voraussetzen dürfen, daß sich alle am Markt befindlichen Händler liquiditätsbewußt verhalten werden. Und zwar deshalb, weil Liquiditätsbewußtsein zu vergleichsweise verhalteneren Reaktionen der Händler auf einen sich ändernden Börsenkurs führt. Die verstärkte Zurückhaltung ist bei gegebener Anzahl von Händlern gleichbedeutend mit weniger Konkurrenz, und weniger Konkurrenz bedeutet, daß das Ausmaß der erwarteten Umverteilung vom Publikum zu den Händlern wächst. Bei freiem Marktzutritt zieht die Ausdehnung des Verteilungsspielraums zusätzliche Händler an. Dies führt zu einer breiteren Streuung des Investitionsrisikos, die eine dem Publikum in Form niedrigerer Kosten für den sofortigen Abschluß zugutekommende Paretoverbesserung ermöglicht.

Deutlich negativ zu spüren bekommt das Publikum die Folgen liquiditätsbewußten Verhaltens der Händler, wenn es ausschließlich im Ermessen des Projektinitiators liegt, wieviele Händler er zuläßt. Aus der Tatsache, daß der Verteilungsspielraum mit jedem zusätzlichen Wertpapierhändler im Falle liquiditätsbewußten Verhaltens vergleichsweise stärker beschnitten wird als im Basisfall, da jeder Wertpapierhändler mit wachsender Anzahl von Mitkonkurrenten einen Teil seiner Zurückhaltung aufgibt, erwächst dem Projektinitiator ein Anreiz, den Markt noch früher abzuriegeln. Da sich die verbleibenden Händler zudem weniger Konkurrenz machen, als im Basisfall ist davon auszugehen, daß diese Doppelbelastung zu einer empfindlichen Beeinträchtigung der Interessen des Publikums führt.

## 4.4 Der Einfluß dynamischer Aspekte

Im folgenden soll untersucht werden, ob der die Markteintrittsentscheidung bestimmende trade-off zwischen Verteilungsspielraum, Kosten- und Erlösteilung, und Risikoteilung von dem Faktum beeinflußt wird, daß ein Markt üblicherweise errichtet wird, um dort wiederholt zu handeln.

Dazu wird davon ausgegangen, daß potentielle Wertpapierhändler im Zeitpunkt $t = 0$ über die Einrichtung eines Wertpapiermarktes entscheiden. Ein späterer Markteintritt ist ausgeschlossen. Die für die Einrichtung einer Börse erforderliche Anschaffungsauszahlung wird gleichmäßig auf sämtliche Händler aufgeteilt, so daß sich der Anteil des einzelnen Händlers nach der Anzahl der Händler bemißt. In der Folge findet eine Börsensitzung bei Eröffnung der Börse in $t = 1$ und eine weitere bei Börsenschluß in $t = 2$ statt. Von den insgesamt $m$ Marktteilnehmern aus dem Kreise des Publikums handeln $m_1$ bei Eröffnung und $m_2$ bei Börsenschluß. Dies führt zu einer jeweiligen Nettonachfrage des Publikums in Höhe von

$$D_1 := \sum_{j=1}^{m_1} S_j \tag{4.62a}$$

und

$$D_2 := \sum_{j=m_1+1}^{m_1+m_2} S_j \ . \tag{4.62b}$$

Sämtliche Transaktionen, die in $t = 1$ getätigt werden, werden zum Eröffnungskurs $P_1$ abgerechnet und sämtliche Transaktionen, die in $t = 2$ getätigt werden, werden zum Schlußkurs $P_2$ abgerechnet. In $t = 3$ wird der gehandelte riskante Titel zum Kurs von $P_3$ liquidiert. Die Auswirkungen liquiditätsbewußten Verhaltens der Wertpapierhändler erscheinen durch den vorangehenden Abschnitt hinreichend erklärt. Sie werden daher hier nicht berücksichtigt. Es wird vielmehr davon ausgegangen, daß sich alle potentiellen Händler wie Preisnehmer verhalten. Die Zielsetzung der Händler orientiert sich am Endvermögen in $t = 3$. Hat sich ein Händler in $t = 0$ für den Markteintritt entschieden, so fragt er in $t = 2$

$$B_2^* = \text{argmax} \{ \text{sä}(B_2 \cdot SDB_3 \mid I_2) \} \tag{4.63}$$

und in $t = 1$ (vgl. (4.8))

$$B_1^* = \text{argmax} \{ \text{sä}( B_1 \cdot SDB_2 + \text{sä}(B_2^* \cdot SDB_3 \mid I_2) \mid I_1) \} \tag{4.64}$$

nach. Sein Endvermögen beträgt dann

$$W_3^* = w_0 - k + b_0 \cdot SDB_1 + B_1^* \cdot SDB_2 + B_2^* \cdot SDB_3 \ .$$

Entschließt er sich gegen den Markteintritt, dann bleibt sein Anfangsbestand $b_0$ unverändert, und sein Endvermögen beträgt

$$W_3 = w_0 + b_0 \cdot (SDB_1 + SDB_2 + SDB_3) \ . \tag{4.65}$$

Ein potentieller Wertpapierhändler wird dann Zugang zu dem Markt suchen, wenn der Nettovorteil des Marktzutritts (der Subindex "2" bezeichnet die Anzahl der Handelstermine)

$$v_2 := \text{sä}(W_3^* \mid I_0) - \text{sä}(W_3 \mid I_0) \tag{4.66}$$

nicht negativ ist, d.h. wenn die Bedingung $v_2 \geq 0$ erfüllt ist. Da es im Hinblick auf die hier zu diskutierende Fragestellung sinnvoll erscheint, von dem Vorteil einer einmaligen Verbesserung der Risikoteilung zwischen den Händlern zu abstrahieren, um die Aufmerksamkeit nicht unnötig von den Beziehungen zwischen Wertpapierhändlern und Publikum abzulenken, wird auch im folgenden weiterhin davon ausgegangen, daß sämtliche als Wertpapierhändler in Betracht kommenden Wirtschaftssubjekte keinen Anfangsbestand in dem einzigen betrachteten riskanten Titel halten. Da der sichere Zinssatz außerdem weiterhin gleich Null ist, entspricht das Endvermögen dem sicheren Anfangsvermögen, wenn sich ein potentieller Wertpapierhändler dazu entscheidet, dem Markt fernzubleiben, so daß

$$v_2 = \text{sä}(B_1^* \cdot SDB_2 + B_2^* \cdot SDB_3 \mid I_0) - k \tag{4.67}$$

gilt. Bei der Kalkulation des für den Nettovorteil (4.67) maßgebenden Sicherheitsäquivalents muß antizipiert werden, daß die optimale Anpassung an die Marktentwicklung auch von den in den zukünftigen Entscheidungszeitpunkten, das sind die beiden Handelstermine $t = 1$ und $t = 2$, jeweils verfügbaren Informationen $I_1$ und $I_2$ abhängen wird. Dabei ist wie bislang davon auszugehen, daß es den Wertpapierhändlern möglich ist, den Börsencomputer mit ihren Nachfragefunktionen zu "füttern". Das bedeutet, daß die Gleichgewichtskurse $P_1$ und $P_2$ Bestandteil der in den beiden Entscheidungszeitpunkten als jeweils bekannt angenommenen Informationen $I_1$ bzw. $I_2$ sind, da es den Wertpapierhändlern möglich ist, eine auf die Gleichgewichtskurse bedingte

Strategie anwenden zu können.

Wie die optimale Anpassung an die Marktentwicklung aussehen wird, kann offensichtlich nur rekursiv[134] ermittelt werden. Wie bereits in Abschnitt 4.1 gezeigt, bewirkt die Annahme, daß die Höhe des zum jeweiligen Entscheidungszeitpunkt vorhandenen Vermögens keinen Einfluß auf die optimalen Entscheidungen hat (konstante absolute Risikoaversion), eine erhebliche Vereinfachung der Lösung des Problems, wenn man von dem für das Bernoulliprinzip konstitutiven Unabhängigkeits- bzw. Substitutionsaxiom Gebrauch macht. Analog zu (4.8) gilt hier

$$v_2 = \text{sä}(\,\text{sä}(\,B_1^* \cdot SDB_2 + \text{sä}(B_2^* \cdot SDB_3 \mid I_2) \mid I_1\,) \mid I_0) - k \;. \tag{4.68}$$

Um über den Markteintritt entscheiden zu können, muß ein Wertpapierhändler zunächst

$$B_2^* = \text{argmax}\,\{\,\text{sä}(B_2 \cdot SDB_3 \mid I_2)\,\}$$

und dann

$$B_1^* = \text{argmax}\,\{\,\text{sä}(\,B_1 \cdot SDB_2 + \text{sä}(B_2^* \cdot SDB_3 \mid I_2) \mid I_1)\,\}$$

bestimmen. Die Lösung des Entscheidungsproblems in $t = 2$ ist wohlbekannt:[135] Sie lautet

$$B_2^* = c_2 \cdot (\text{E}(P_3 \mid I_2) - P_2)$$

---

134 Nach dem Bellmannschen Prinzip der dynamischen Programmierung, vgl. BELLMAN (1957) oder z.B. das Lehrbuch von LAUX (1991), XI. Kapitel, muß man, um sich im Kontext eines sequentiellen Entscheidungsproblems optimal verhalten zu können, wissen, wie man sich in Zukunft optimal verhält, um die Auswirkungen der gerade anstehenden Entscheidung auf nachgelagerte Entscheidungen, die ihrerseits Einfluß die Zielerreichung haben, antizipieren zu können. Nur wenn von vorneherein feststeht, daß vorgelagerte Entscheidungen keinerlei Einfluß auf nachgelagerte Entscheidungen haben, kann man darauf natürlich verzichten. Im vorliegenden Fall ergibt sich die Notwendigkeit einer rekursiven Vorgehensweise daraus, daß der Deckungsbeitrag $DB_2$ nicht nur vom Handelsbestand $B_1$ sondern auch vom Schlußkurs abhängig ist. Der Schlußkurs hängt wiederum davon ab, in welchem Ausmaß das Publikum die Liquidität der Wertpapierhändler in Anspruch nimmt und wie heftig die Wertpapierhändler um das Geschäft mit dem Publikum konkurrieren.

135 Vgl. (2.13) mit $e = 0$ und $s = 1$.

mit

$$c_2 = \frac{t}{\text{var}(P_3 \mid I_2)} \ . \tag{4.69}$$

Unter den getroffenen Annahmen sind die Transaktionswünsche des Publikums die einzige Triebfeder für den Wertpapierhandel. Das bedeutet, daß die Summe der offenen Positionen sämtlicher Händler im Gleichgewicht Spiegelbild der Transaktionswünsche des Publikums sein muß. Wenn alle potentiellen Wertpapierhändler die gleiche Risikoaversion und dieselben Informationen haben, teilen sie sich das Geschäft mit dem Publikum ganz einfach nach Köpfen. Die Entwicklung des Handelsbestands der Wertpapierhändler wird daher vollständig durch das Verhalten des Publikums determiniert. Die optimale Bestandspolitik der Wertpapierhändler schlägt sich allerdings in den Börsenkursen nieder. Die Auswirkungen auf den jeweiligen Börsenkurs ergeben sich aus der Markträumungsbedingung. Bei Börsenschluß in $t = 2$ ist der Markt geräumt, wenn die Wertpapierhändler bereit sind, die aggregierte Nettonachfrage des Publikums aus *beiden* Handelsterminen zu absorbieren, d.h. in formaler Sprache, wenn die Bedingung

$$n \cdot B_2^* + D_1 + D_2 = 0$$

bzw.

$$n \cdot c_2 \cdot (\text{E}(P_3 \mid I_2) - P_2) + D_1 + D_2 = 0 \tag{4.70}$$

erfüllt ist. Durch Auflösen von (4.70) nach $P_2$ ermittelt man, daß dies bei einem Schlußkurs von

$$P_2 = \text{E}(P_3 \mid I_2) + (1/\ell_2) \cdot (D_1 + D_2) \tag{4.71}$$

mit

$$\ell_2 = n \cdot c_2 \tag{4.72}$$

der Fall ist. Der Schlußkurs wird also von zwei zum Zeitpunkt des Eröffnungshandels in $t = 1$ nicht mit Sicherheit vorhersehbaren Einflußgrößen mitbestimmt: Bei diesen Einflußgrößen handelt es sich zum einen um die Nettonachfrage des Publikums $D_2$ und zum anderen um den bei Börsenschluß erwarteten Liquidationserlös $E(P_3 \mid I_2)$. Prinzipiell hängt auch die Liquidität des Schlußhandels $\ell_2$ vom zuvor nicht mit Sicherheit voraussehbaren Informationsstand $I_2$ ab, weil die durch $c_2$ verkörperte Reaktion auf Börsenkursänderungen ebenfalls von den jeweils aktuell verfügbaren Informationen abhängig ist. Da die bedingten Varianzen normalverteilter Zufallsvariablen nicht stochastisch sind,[136] ist es den Wertpapierhändlern unter den hier getroffenen Annahmen allerdings möglich, bereits in $t = 0$ mit Sicherheit voraussagen zu können, wie diese Reaktionen in $t = 2$ ausfallen werden.

Das Sicherheitsäquivalent des Deckungsbeitrags aus dem Handel bei Börsenschluß rechnet sich unter Berücksichtigung von

$$P_2 = E(P_3 \mid I_2) + (1/\ell_2) \cdot (D_1 + D_2)$$

$$= E(P_3 \mid I_2) + (1/c_2) \cdot (D_1 + D_2)/n)$$

$$= E(P_3 \mid I_2) - (1/c_2) \cdot B_2^* \tag{4.73}$$

zu

$$\text{sä}(B_2^* \cdot SDB_3 \mid I_2) = (1/2) \cdot (1/c_2) \cdot (B_2^*)^2 \ . \tag{4.74}$$

Aus (4.74) läßt sich unmittelbar ersehen, daß die Chancen im Handel mit dem Publikum aus der Sicht des Zeitpunktes $t = 2$ höher bewertet werden als die Risiken. Die im nächsten Schritt zu bestimmende optimale Nachfrage bei Börseneröffnung konkretisiert sich somit unter Berücksichtigung von (4.74) zu

$$B_1^* = \text{argmax} \{ \text{sä}( B_1 \cdot SDB_2 + \text{sä}(B_2^* \cdot SDB_3 \mid I_2) \mid I_1) \}$$

---

136 Vgl. FOSTER/VISWANATHAN (1993), zu den Implikationen dieser Annahme für die Volatilität.

$$= \text{argmax} \{ \text{sä}( B_1 \cdot SDB_2 + (1/2) \cdot (1/c_2) \cdot (B_2^*)^2 \mid I_1 ) \} \ . \qquad (4.75)$$

In (4.75) zeigt sich, warum die optimale Bestandspolitik bei Börseneröffnung prinzipiell nicht unabhängig von der optimalen Bestandspolitik bei Börsenschluß ist: Die optimale Bestandspolitik $B_2^*$ beeinflußt nämlich nicht nur das Sicherheitsäquivalent sä($B_2^* \cdot SDB_3 \mid I_2$) sondern wegen ihres Einflusses auf den Schlußkurs (vgl. (4.73)) auch den Stückdeckungsbeitrag $SDB_2$. Da die optimale Bestandspolitik unter den getroffenen Annahmen allerdings vollständig durch das Verhalten des Publikums determiniert wird, hängt der Schlußkurs letztlich vom Verhalten des Publikums und vom ebenfalls nicht mit Sicherheit vorhersehbaren Informationsfluß ab. Da das Verhalten des Publikums annahmegemäß vom Informationsfluß stochastisch unabhängig ist, liegt es nahe, den Schlußkurs analog zu der Vorgehensweise in Abschnitt 4.1 in eine vom Informationsfluß und eine vom Verhalten des Publikums abhängige Zufallskomponente zu zerlegen,[137] um die Lösung des Entscheidungsproblems zu vereinfachen. Sei

$$\Phi_2 := \text{E}(P_3 \mid I_2) - \text{E}(P_3 \mid I_1) \qquad (4.76)$$

und

$$\Pi_2 := B_2^* - \text{E}(B_2^* \mid I_1) \ , \qquad (4.77)$$

dann gilt (siehe (4.73))

$$P_2 = \text{E}(P_3 \mid I_2) - (1/c_2) \cdot B_2^*$$

$$= \text{E}(P_3 \mid I_1) + \Phi_2 - (1/c_2) \cdot (\text{E}(B_2^* \mid I_1) + \Pi_2)$$

137 Wie bereits erwähnt , findet sich dieser Gedanke bereits bei DANTHINE/MORESI (1993), 967, Gl. (8). Aus der Darstellung bei Danthine/Moresi läßt sich allerdings nur indirekt auf ökonomische Zusammenhänge schließen, vgl. z.B. den Ausdruck für das Sicherheitsäquivalent Gl. (20), 975. Die stochastische Unabhängigkeit der beiden Zufallskomponenten gibt Anlaß zu der Vermutung, daß ein myopisches Verhalten der Wertpapierhändler optimal sein könnte, wenn das Verhalten der Teilgruppe des Publikums, die bei Börsenschluß handelt, ebenfalls stochastisch unabhängig von dem Verhalten der Teilgruppe ist, die bei Börseneröffnung handelt. Diese Vermutung wird sich im weiteren Verlauf der Ausführungen bestätigen.

$$= \mathrm{E}(P_3 \mid I_1) - (1/c_2)\cdot \mathrm{E}(B_2^* \mid I_1) + \Phi_2 - (1/c_2)\cdot \Pi_2$$

$$= \mathrm{E}(\,\mathrm{E}(P_3 \mid I_2) - (1/c_2)\cdot B_2^* \mid I_1) + \Phi_2 - (1/c_2)\cdot \Pi_2$$

$$= \mathrm{E}(P_2 \mid I_1) + \Phi_2 - (1/c_2)\cdot \Pi_2 \ . \tag{4.78}$$

Substituiert man den Schlußkurs $P_2$ in (4.75) (zur Erinnerung: $SDB_2 := P_2 - P_1$) durch (4.78), dann erhält man nach wenigen einfachen Umformungen die folgende Darstellung:

$$\text{sä}(\,B_1\cdot SDB_2 + \text{sä}(B_2^*\cdot SDB_3 \mid I_2) \mid I_1)$$

$$= \mathrm{E}(SDB_2 \mid I_1)\cdot B_1 + (1/2)\cdot(1/c_2)\cdot \mathrm{E}(B_2^* \mid I_1)^2$$
$$+ \text{sä}(\,\Phi_2\cdot B_1 + (1/c_2)\cdot(\mathrm{E}(B_2^* \mid I_1) - B_1)\cdot \Pi_2 + (1/2)\cdot(1/c_2)\cdot \Pi_2^2 \mid I_1) \ . \tag{4.79}$$

Da potentielle Wertpapierhändler annahmegemäß homogene Erwartungen und Präferenzen besitzen, ist von vornherein klar, daß sie sich das Geschäft mit dem Publikum nach Köpfen teilen, d.h. es gilt

$$B_2^* = -\frac{D_1 + D_2}{n}$$

und das impliziert

$$\Pi_2 := B_2^* - \mathrm{E}(B_2^* \mid I_1) = -(1/n)\cdot(D_2 - \mathrm{E}(D_2 \mid I_1)) \ . \tag{4.80}$$

Da die Transaktionen des gesamten Publikums annahmegemäß von anderen Zufallseinflüssen stochastisch unabhängig sind, gilt

$$\mathrm{cov}(\,\Phi_2,\, \Pi_2 \mid I_1\,) = -(1/n)\cdot \mathrm{cov}(\,\Phi_2,\, D_2 \mid I_1\,) = 0 \ . \tag{4.81}$$

Diese Unkorreliertheit impliziert in Verbindung mit dem Annahmenbündel aus exponentieller Nutzenfunktion und normalverteilten Erwartungen (vgl. Fn. 123 unter Berücksichtigung der definitionsgemäß geltenden Beziehung $E(\Phi_2 \mid I_1) = 0$)

$$\text{sä}(\Phi_2 \cdot B_1 + (1/c_2) \cdot (E(B_2^* \mid I_1) - B_1) \cdot \Pi_2 + (1/2) \cdot (1/c_2) \cdot \Pi_2^2 \mid I_1)$$

$$= \text{sä}(\Phi_2 \cdot B_1 \mid I_1) + \text{sä}((1/c_2) \cdot (E(B_2^* \mid I_1) - B_1) \cdot \Pi_2 + (1/2) \cdot (1/c_2) \cdot \Pi_2^2 \mid I_1)$$

$$= -(1/2) \cdot (1/t) \cdot \text{var}(\Phi_2 \mid I_1) \cdot B_1^2$$

$$+ \text{sä}((1/c_2) \cdot (E(B_2^* \mid I_1) - B_1) \cdot \Pi_2 + (1/2) \cdot (1/c_2) \cdot \Pi_2^2 \mid I_1) \,. \tag{4.82}$$

Damit stellt sich das Sicherheitsäquivalent aus der Sicht des Zeitpunktes $t = 1$ wie folgt dar (vgl. (4.79)

$$\text{sä}(B_1 \cdot SDB_2 + \text{sä}(B_2^* \cdot SDB_3 \mid I_2) \mid I_1)$$

$$= E(SDB_2 \mid I_1) \cdot B_1 - (1/2) \cdot (1/t) \cdot \text{var}(\Phi_2 \mid I_1) \cdot B_1^2 + (1/2) \cdot (1/c_2) \cdot E(B_2^* \mid I_1)^2$$

$$+ \text{sä}((1/c_2) \cdot (E(B_2^* \mid I_1) - B_1) \cdot \Pi_2 + (1/2) \cdot (1/c_2) \cdot \Pi_2^2 \mid I_1) \,. \tag{4.83}$$

Die Darstellung (4.83) ist Ausgangspunkt der weiteren Analyse in den beiden folgenden Unterabschnitten. Im unmittelbar folgenden Unterabschnitt 4.4.1 wird gezeigt, daß die Wertpapierhändler ein Interesse an einer möglichst gleichmäßigen Aufteilung des gesamten erwarteten Umsatzes auf die beiden Handelstermine haben. In Unterabschnitt 4.4.2 wird untersucht, wie es sich auf die Liquidität auswirkt, wenn das Verhalten der beiden Teilgruppen des Publikums nicht stochastisch unabhängig voneinander ist.

### 4.4.1 Nachhaltige Umsätze

Da die Publikumsnachfrage generell von fundamentalen Einflüssen unabhängig ist, gilt

$$E(D_2 \mid I_1) = E(D_2 \mid D_1, I_0) \ . \tag{4.84}$$

Wenn das Verhalten der beiden Teilgruppen des Publikums stochastisch unabhängig voneinander ist, dann gilt darüber hinaus

$$E(D_2 \mid D_1, I_0) = E(D_2 \mid I_0) = 0 \ . \tag{4.85}$$

Unter Berücksichtigung von (4.84) und (4.85) gelangt man somit aufgrund von

$$E(B_2^* \mid I_1) = -\frac{E(D_1 + D_2 \mid I_1)}{n} = -(1/n)\cdot(D_1 + E(D_2 \mid I_1)) = -(1/n)\cdot D_1 = B_1 \tag{4.86}$$

zu der Schlußfolgerung, daß die Wertpapierhändler bei Börseneröffnung in der durch das Verhalten des Publikums begründeten Erwartung handeln, daß sich die im Zuge der Börseneröffnung eingegangene offene Position bis zum Liquidationszeitpunkt nicht mehr verändern wird. Da Publikumstransaktionen und bewertungsrelevante Zufallseinflüsse zudem stochastisch unabhängig voneinander sind, hat dies zur Folge, daß sich exakt der Eröffnungskurs einstellt, der sich bei nur einmaligem Handel einstellen würde, und zwar unabhängig davon, ob die Veröffentlichung bewertungsrelevanter Information zwischen den beiden Handelsterminen denkbar oder undenkbar ist. Dies kann wie folgt gezeigt werden: Da die Wertpapierhändler keinen Einfluß auf das Verhalten des Publikums haben, kann die Schlußfolgerung (4.86) bei der Maximierung des Sicherheitsäquivalents (4.83) vorweggenommen werden.[138] Unter der Annahme unkorrelierter Transaktionen der beiden Teilgruppen des Publikums entspricht die optimale Nachfrage bei Börseneröffnung somit

$$B_1^* = \text{argmax}\ \{ E(SDB_2 \mid I_1)\cdot B_1 - (1/2)\cdot(1/t)\cdot \text{var}(\Phi_2 \mid I_1)\cdot B_1^2 \} \ . \tag{4.87}$$

Im Gleichgewicht muß daher sowohl die notwendige Bedingung

$$E(SDB_2 \mid I_1) - (1/t)\cdot \text{var}(\Phi_2 \mid I_1)\cdot B_1^* = 0 \tag{4.88}$$

---

[138] Diese heuristische Überlegung wird sich im Rahmen einer rigorosen Herleitung im Abschnitt 4.4.2 bestätigen.

als auch die Markträumungsbedingung

$$n \cdot B_1^* + D_1 = 0 \tag{4.89}$$

erfüllt sein. Die Markträumungsbedingung (4.89) impliziert i.V.m. (4.86)

$$B_1^* = -(1/n) \cdot D_1 = \mathrm{E}(B_2^* \mid I_1) \ . \tag{4.90}$$

Hierin bestätigt sich zunächst, daß die durch (4.86) postulierte Erwartung tatsächlich mit einem Gleichgewicht vereinbar ist. Außerdem impliziert (4.90)

$$\mathrm{E}(P_2 \mid I_1) = \mathrm{E}(\, \mathrm{E}(P_3 \mid I_2) - (1/c_2) \cdot B_2^* \mid I_1)$$

$$= \mathrm{E}(P_3 \mid I_1) - (1/c_2) \cdot \mathrm{E}(B_2^* \mid I_1)$$

$$= \mathrm{E}(P_3 \mid I_1) - (1/c_2) \cdot B_1^* \ . \tag{4.91}$$

Einsetzen von (4.91) in die Beziehung

$$P_1 = \mathrm{E}(P_2 \mid I_1) - (1/t) \cdot \mathrm{var}(\Phi_2 \mid I_1) \cdot B_1^* \ , \tag{4.92}$$

die man durch Auflösen von (4.88) nach dem Eröffnungskurs erhält, führt auf

$$P_1 = \mathrm{E}(P_3 \mid I_1) - ((1/c_2) + (1/t) \cdot \mathrm{var}(\Phi_2 \mid I_1)) \cdot B_1^* \ . \tag{4.93}$$

Wenn ausgeschlossen werden kann, daß zwischen den beiden Handelsterminen bis dato unbekannte bewertungsrelevante Tatsachen bekannt werden, gilt

$$\mathrm{var}(\Phi_2 \mid I_1) = 0$$

und

$$1/c_2 = (1/t)\cdot \mathrm{var}(P_3 \mid I_2) = (1/t)\cdot \mathrm{var}(P_3 \mid I_1) \ ,$$

so daß man für (4.93)

$$P_1 = \mathrm{E}(P_3 \mid I_1) - (1/t)\cdot \mathrm{var}(P_3 \mid I_1)\cdot B_1^{\dagger} = \mathrm{E}(P_3 \mid I_1) - (1/c_1)\cdot B_1^{\dagger} \qquad (4.94)$$

erhält. Aus (4.94) läßt sich unmittelbar ablesen, daß die Existenz eines zweiten Handelstermins bei gegebenem Transaktionsvolumen keinerlei Auswirkungen auf den Börsenkurs hat.

Wenn nicht ausgeschlossen werden kann, daß zwischen den beiden Handelsterminen bis dato unbekannte bewertungsrelevante Tatsachen bekannt werden, gilt (vgl. Fn. 124)

$$\mathrm{var}(\Phi_2 \mid I_1)$$

$$:= \mathrm{var}(\mathrm{E}(P_3 \mid I_2) - \mathrm{E}(P_3 \mid I_1) \mid I_1)$$

$$= \mathrm{var}(\mathrm{E}(P_3 \mid I_2) \mid I_1)$$

$$= \mathrm{var}(P_3 \mid I_1) - \mathrm{var}(P_3 \mid I_2) \ ,$$

so daß man ebenfalls auf die Bestimmungsgleichung (4.94) für den Eröffnungskurs stößt. Hierin kommt zum Ausdruck, daß es keinen Grund gibt, von einem myopischen Nachfrageverhalten abzurücken, wenn die Entwicklung des Handelsbestands und der Informationsfluß stochastisch unabhängig voneinander sind und wenn zu erwarten ist, daß offene Positionen, die sich im ersten Handel aufbauen, über den zweiten Handelstermin hinweg bis zum Liquidationszeitpunkt gehalten werden.

Nachdem die optimale Bestandspolitik der Wertpapierhändler und die daraus resultierenden Börsenkursreaktionen eindeutig bestimmt sind, so daß die Konsequenzen des Markteintritts bei optimaler Anpassung an die Marktentwicklung absehbar sind, gilt es die Frage zu beantworten, ob sich der Markteintritt lohnt.

Es kann gezeigt werden,[139] daß der Nettovorteil des Markteintritts (4.68) unter den hier getroffenen Annahmen äquivalent zu

$$v_2 = \mathrm{vH}(d_1) \cdot d_1 + \mathrm{vH}(d_2) \cdot d_2 - k \tag{4.95}$$

ist. Hierbei repräsentieren

$$d_1 := \mathrm{d}_1(n) = \frac{\mathrm{u}_1(n)}{n} = (1/n) \cdot (1/\ell_1) \cdot \mathrm{var}(D_1 \mid I_0) \tag{4.96}$$

und

$$d_2 := \mathrm{d}_2(n) = \frac{\mathrm{u}_2(n)}{n} = (1/n) \cdot (1/\ell_2) \cdot \mathrm{var}(D_2 \mid I_0) \tag{4.97}$$

die in $t = 0$ erwarteten Deckungsbeiträge eines Händlers aus dem Handel mit den Teilgruppen des Publikums, die in $t = 1$ bzw. $t = 2$ am Markt sind.

Es wurde angenommen, daß eine Anzahl $m_1$ von insgesamt $m$ Marktteilnehmern aus dem Kreis des Publikums mit einer Gesamtnachfrage in Höhe von $D_1$ bei Eröffnung am Markt sind. Die restlichen $m - m_1$ Marktteilnehmer mit einer Gesamtnachfrage in Höhe von $D_2$ sind bei Börsenschluß am Markt. Wenn stattdessen das gesamte Publikum gleich bei Eröffnung am Markt wäre, dann könnte jeder Wertpapierhändler mit einem erwarteten Deckungsbeitrag in Höhe von (zur Erinnerung: Bei $S$ handelt es sich um die von den einzelnen Mitgliedern des Publikums ge- oder verkaufte Stückzahl an riskanten Titeln)

$$d := u/n = (1/n) \cdot (1/\ell_1) \cdot \mathrm{var}(D_1 + D_2 \mid I_0) = (1/n) \cdot (1/\ell_1) \cdot m \cdot \mathrm{var}(S \mid I_0) \tag{4.98}$$

rechnen. In Verbindung mit der Definition

---

139 Siehe Anhang U.

$$\% := \frac{m_1}{m} \tag{4.99}$$

kann man (4.98) und (4.99) unter Berücksichtigung von (4.98) daher auch wie folgt schreiben

$$d_1 = (1/n)\cdot(1/\ell_1)\cdot m_1\cdot \mathrm{var}(S \mid I_0) = \%\cdot d \tag{4.100}$$

und

$$d_2 = (1/n)\cdot(1/\ell_2)\cdot m_2\cdot \mathrm{var}(S \mid I_0) = (\ell_1/\ell_2)\cdot(1-\%)\cdot d\ . \tag{4.101}$$

Um die Auswirkungen der Nachhaltigkeit der Umsätze möglichst isoliert zu erfassen, wird angenommen, daß die Wertpapierhändler a priori mit Sicherheit ausschließen, daß sie in der Zeit zwischen dem Eröffnungs- und dem Schlußhandel neue Informationen erhalten werden. In diesem Fall bleibt die Liquidität bei gegebener Anzahl von Wertpapierhändlern konstant. Für $\ell_2 = \ell_1$ erhält man in Verbindung mit den Definitionen

$$f(x) := \frac{1}{2}\cdot\frac{\ln(1+x/t)}{a} \tag{4.102}$$

und

$$\mathrm{vH}(x) := \frac{1}{2}\cdot\frac{\ln(1+x/t)}{x/t} \tag{4.103}$$

die Beziehung

$$v_2 = f(\%\cdot d) + f((1-\%)\cdot d) - k = \mathrm{vH}_2(\%, d)\cdot d - k \tag{4.104}$$

mit

$$\mathrm{vH}_2(\%, d) := \%\cdot\mathrm{vH}(\%\cdot d) + (1-\%)\cdot\mathrm{vH}((1-\%)\cdot d) \tag{4.105}$$

Da es sich bei dem Bewertungsfaktor vH( · ) um eine monoton fallende Funktion handelt (vgl. (4.24) i.V.m. (4.25)), gilt für $0 < \% < 1$ offensichtlich $\mathrm{vH}(\%\cdot d) > \mathrm{vH}(d)$ und $\mathrm{vH}((1-\%)\cdot d) > \mathrm{vH}(d)$ und daher

$$\mathrm{vH}_2(\%, d) > \mathrm{vH}(d) \Leftrightarrow v_2 > v \text{ für } 0 < \% < 1 .$$

Offensichtlich sehen es die Wertpapierhändler als vorteilhaft an, wenn sich das einträgliche Geschäft mit dem Publikum nicht auf einen Handelstermin konzentriert, sondern c.p.[140] auf zwei Handeltermine verteilt, und zwar unabhängig von der genauen Aufteilung des erwarteten Umsatzes auf die beiden Handelstermine. Aus

$$v_2 = f(\%\cdot d) + f((1-\%)\cdot d) - k = f((1 + \%\cdot(1-\%)\cdot(d/t))\cdot d) - k$$

läßt sich darüberhinaus unmittelbar ersehen, daß die Aufteilung des erwarteten Umsatzes und mithin des erwarteten Deckungsbeitrags auf zwei Handelstermine den Interessen der Händler c.p um so mehr entgegenkommt, je risikoaverser sie sind und je größer der erwartete Umsatz ist.

Die Konkavität der Funktion $f(\cdot)$ impliziert in Verbindung mit

$$\frac{\partial v_2}{\partial \%} = (f'(\%\cdot d) - f'((1-\%)\cdot d)) \cdot d$$

und

$$\frac{\partial^2 v_2}{\partial \%^2} = (f''(\%\cdot d) + f''((1-\%)\cdot d)) \cdot d^2 < 0 ,$$

140 Dabei ist beachten, daß die ceteris paribus Annahme eine Verbesserung des Informationsstatus' der Wertpapierhändler im Zeitablauf ausschließt, weil die die Fähigkeit, präzisere Prognosen zu stellen, dazu führen würde, daß sich der Wettbewerb der Wertpapierhändler untereinander im Zeitverlauf verschärft. Durch diese Verschärfung würde sich die Liquidität im Zeitverlauf erhöhen. Nutznießer dieser Entwicklung wäre der Teil des Publikums, der zu den späteren Terminen handelt. Ingesamt würde sich der erwartete Vermögenstransfer durch den im Zeitverlauf steigenden Druck auf die Händlermarge bei insgesamt konstantem erwarteten Umsatz verringern. Mit Blick auf die Realität sollte der Informationseffekt allerdings nicht überbewertet werden, da seine Bedeutung im Modell durch den kurzen endlichen Zeithorizont stark begünstigt wird.

daß die gleichmäßige Aufteilung des erwarteten Erlöses auf die beiden Handelstermine den Interessen der Händler am meisten entgegenkommt. Es ist also offensichtlich eine Implikation risikoaversen Verhaltens, daß die Wertpapierhändler bei gegebenem erwarteten Gesamtvolumen eine nachhaltige gleichmäßige Umsatzentwicklung dem Einmalgeschäft vorziehen.

Letztlich wird die erforderliche Investition in die Handelstechnologie von den Wertpapierhändlern als weniger riskant angesehen, wenn sie c.p. mit einer nachhaltigen Umsatzentwicklung rechnen können. Dieser Risikoreduktion sind allerdings klar umrissene Grenzen gesteckt. Das ergibt sich aus der folgenden Überlegung: Offensichtlich läßt sich die beim Übergang von einem auf zwei Handelstermine praktizierte Vorgehensweise auf eine beliebige Anzahl von Handelsterminen ausdehnen. Man könnte also im Extremfall davon ausgehen, daß die Wertpapierhändler mit allen $m$ Marktteilnehmern aus dem Kreis des Publikums nacheinander handeln. In diesem Fall gilt dann

$$v_m = m \cdot f(d/m) - k \quad .$$

Hieraus folgt in Verbindung mit der schon häufig benutzten, für $x > 0$ allgemeingültigen Beziehung $\ln(1+x) < x$

$$v_m < d/2 - k \quad .$$

Der Risikoabschlag vom insgesamt erwarteten Deckungsbeitrag würde die 50%-Marke demnach auch in diesem Extremfall immer noch übersteigen.

Für das Publikum hat die Berücksichtigung des geringeren Investitionsrisikos aufgrund einer nachhaltigen Umsatzentwicklung die gleichen Konsequenzen wie der im vorangehenden Abschnitt analysierte Effekt: Bei freiem Marktzutritt verbessert sich die Situation des Publikums, weil sich die Partizipation erhöht und bei durch den Projektinitiator reguliertem Marktzutritt verschlechtert sie sich, weil der Projektinitiator den Markt vergleichsweise stärker abriegelt. Dieses Resultat läßt sich analog zu den zentralen Aussagen des Abschnitts 4.3 begründen. Dort sorgt ein offener Markt dafür, daß die Ausweitung des Verteilungsspielraums bei gegebener Partizipation letztlich zu einer breiteren Streuung des Investitionsrisikos führt, die mit sinkenden Kosten des sofortigen Abschlusses für das Publikum einhergeht. Analog dazu führt die durch eine nachhaltige Umsatzentwicklung bewirkte Risikoreduktion ebenfalls zu verstärkter Partizipation, wenn der Marktzutritt frei ist, weil der Markt c.p. attraktiver für die Händler wird. Umgekehrt hat ein attraktiver werdender Markt stets negative Konsequenzen für das Publikum, wenn der Marktzutritt durch den Projektinitiator kanalisiert wird, weil Kosten- und Risikoteilungserüberlegungen in dem Maß an Bedeutung verlieren, in dem die Vorteile aus der Marktpräsenz größer werden.

Im folgenden letzten Abschnitt soll noch der Einfluß autokorrelierter Transaktionen der beiden Teilgruppen des Publikums untersucht werden. In diesem Zusammenhang wird die Auswirkung der Aufteilung des (erwarteten) Umsatzes auf zwei oder mehrere Handelstermine auf die Zielerreichung der Wertpapierhändler noch klarer in den Vordergrund treten.

### 4.4.2 Risiko- und Ertragseffekte autokorrelierter Publikumstransaktionen

Sind die Transaktionen der zum Börsenschluß am Markt befindlichen Teilgruppe des Publikums mit den Transaktionen der zur Börseneröffnung am Markt befindlichen Teilgruppe korreliert, dann gilt wegen

$$E(D_2 \mid I_0) = E(D_1 \mid I_0) = 0$$

die folgende Beziehung für den bedingten Erwartungswert der Nettonachfrage der zweiten Teilgruppe des Publikums

$$E(D_2 \mid I_1) = E(D_2 \mid D_1, I_0)$$

$$= E(D_2 \mid I_0) + \frac{\text{cov}(D_2, D_1 \mid I_0)}{\text{var}(D_1 \mid I_0)} \cdot (D_1 - E(D_1 \mid I_0))$$

$$= \gamma \cdot D_1 \tag{4.106}$$

mit

$$\gamma := \operatorname{corr}(D_2, D_1 \mid I_0) \cdot \frac{\operatorname{std}(D_2 \mid I_0)}{\operatorname{std}(D_1 \mid I_0)} . \tag{4.107}$$

Da die Wertpapierhändler a priori sowohl für $t = 1$ als auch für $t = 2$ eine Nettonachfrage von Null erwarten, bringt $\gamma$ das Ausmaß einer gleichzeitig mit der Feststellung des Eröffnungskurses stattfindenen Erwartungskorrektur zum Ausdruck. Relativ zur Nettonachfrage der ersten Teilgruppe fällt diese Erwartungskorrektur um so stärker aus, je größer die relative Bedeutung der zweiten Teilgruppe gemessen an der Relation der a priori erwarteten Transaktionsvolumina ist und je stärker die Transaktionen der beiden Teilgruppen absolut betrachtet korreliert sind.

Da potentielle Wertpapierhändler annahmegemäß weiterhin homogene Erwartungen und Präferenzen besitzen, ist weiterhin von vornherein klar, daß sie sich das Geschäft mit dem Publikum nach Köpfen teilen. Allerdings dürfen die Wertpapierhändler nun, außer im Spezialfall $\gamma = 0$, in dem Moment, in dem sie eine offene Position eingehen, nicht mehr erwarten, daß sich diese Position bis zum Liquidationszeitpunkt nicht mehr ändern wird. Diese Überlegung kann nicht ohne Auswirkungen auf den Eröffnungskurs bleiben. Es kann gezeigt werden,[141] daß die aus der Lösung des Entscheidungsproblems

$$\text{sä}(\, B_1 \cdot SDB_2 + \text{sä}(B_2^* \cdot SDB_3 \mid I_2) \mid I_1) \rightarrow \max_{B_1}$$

resultierende Bestandspolitik der Wertpapierhändler zu dem Eröffnungskurs

$$P_1 = \mathrm{E}(P_3 \mid I_1) - (1/c_1 + \gamma \cdot (1/c_2) \cdot (1 - \phi)) \cdot B_1^* \tag{4.108}$$

mit

$$\phi := \frac{(1/t) \cdot (1/c_2) \cdot \operatorname{var}(\Pi_2 \mid I_1)}{1 + (1/t) \cdot (1/c_2) \cdot \operatorname{var}(\Pi_2 \mid I_1)} \tag{4.109}$$

---

141 Siehe Anhang V.

führt. Sofern der Markt bei Börsenschluß nicht unendlich liquide wird, gilt $1/c_2 > 0$. Für diesen Fall folgt wegen $0 \leq \phi < 1$ aus (4.108), daß das Ausmaß der durch Publikumstransaktionen verursachten Abweichungen des Eröffnungskurses vom erwarteten Liquidationserlös sowohl von der Heftigkeit als auch von der Richtung der durch die Publikumstransaktionen induzierten Erwartungsrevision bei den Wertpapierhändlern abhängt. Letztere werden durch den Parameter $\gamma$ festgelegt. Wenn sich die Wertpapierhändler veranlaßt sehen, ihre Erwartungen über die weitere Nachfrageentwicklung in zyklischer Weise zu revidieren ($\gamma > 0$), werden die Abweichungen zwischen Eröffnungskurs und erwartetem Liquidationserlös größer, und wenn sich die Wertpapierhändler veranlaßt sehen, ihre Erwartungen über die zukünftige Publikumsnachfrage in antizyklischer Weise zu revidieren ($\gamma < 0$), werden die Abweichungen zwischen Eröffnungskurs und erwartetem Liquidationserlös kleiner. Falls die Erwartungen nicht revidiert werden ($\gamma = 0$) erhält man die im vorigen Abschnitt abgeleitete Beziehung (4.94). Dieses Resultat erklärt sich aus dem Umstand, daß Wertpapierhändler, die eine positive (negative) Nettonachfrage des Publikums bei Börseneröffnung als Indiz für eine ebenfalls positive (negative) Nettonachfrage des Publikums bei Börsenschluß werten, in jedem Fall einen weiteren Ausbau ihrer offenen Position erwarten, während Wertpapierhändler, die eine positive (negative) Nettonachfrage des Publikums bei Börseneröffnung als Indiz für eine negative (positive) Nettonachfrage des Publikums bei Börsenschluß werten, umgekehrt in jedem Fall einen Abbau ihrer offenen Position erwarten. Im ersten Fall antizipieren die Wertpapierhändler eine weitere Zunahme des Positionsrisikos, und im zweiten Fall antizipieren sie eine Abnahme des Positionsrisikos. Daher reagieren sie im ersten Fall vergleichsweise verhaltener und im zweiten Fall vergleichsweise heftiger auf einen sich ändernden Börsenkurs. Das ist gleichbedeutend mit einem weniger scharfen Wettbewerb und weniger Liquidität im ersten und einem schärferen Wettbewerb und entsprechend mehr Liquidität im zweiten Fall.

Es kann gezeigt werden,[142] daß sich der Nettovorteil des Marktzutritts für beliebig korrelierte Publikumstransaktionen zu

$$v_2 = (t/2)\cdot \ln((1+z/t)\cdot(1+x/t) + y/t) \qquad (4.110)$$

142 Siehe Anhang W.

mit

$$x := \mathrm{E}(B_1^* \cdot (SDB_3 + SDB_2) \mid I_0) = (1/c_1 + \gamma \cdot (1/c_2) \cdot (1-\phi)) \cdot \mathrm{var}(B_1^* \mid I_0) \;, \quad (4.111)$$

$$y := \mathrm{E}((\mathrm{E}(B_2^* \mid I_1) - B_1^*) \cdot \mathrm{E}(SDB_3 \mid I_1) \mid I_0) = (1/c_2) \cdot (\gamma + \gamma^2) \cdot \mathrm{var}(B_1^* \mid I_0) \quad (4.112)$$

und

$$z := \mathrm{E}(\mathrm{E}((B_2^* - \mathrm{E}(B_2^* \mid I_1)) \cdot SDB_3 \mid I_1) \mid I_0) = (1/c_2) \cdot (1-\gamma^2) \cdot \mathrm{var}(B_1^* \mid I_0) \quad (4.113)$$

rechnet. Der Nettovorteil der Teilnahme an mehr als einer Börsensitzung ist offensichtlich eine Funktion der erwarteten Erfolgsbeiträge der bei Börseneröffnung etablierten offenen Position und der später erforderlich werdenden (optimalen) Anpassungen dieser offenen Position an die jeweils gegebene Nachfrage des Publikums. Der Entscheidung, die offene Position $B_1^*$ einzugehen, wird die Erfolgskomponente

$$x := \mathrm{E}(B_1^* \cdot (SDB_3 + SDB_2) \mid I_0)$$

zugerechnet, woraus ersichtlicht wird, daß bei der entscheidungsorientierten Zurechnung zunächst unterstellt wird, daß die bei Börseneröffnung eingegangene offene Position bis zum Planungshorizont gehalten wird.

Der Term

$$y := \mathrm{E}((\mathrm{E}(B_2^* \mid I_1) - B_1^*) \cdot \mathrm{E}(SDB_3 \mid I_1) \mid I_0)$$

$$= \mathrm{E}(\mathrm{E}((B_2^* - B_1^*) \cdot SDB_3 \mid I_1) \mid I_0) - \mathrm{E}(\mathrm{cov}(B_2^*, SDB_3 \mid I_1) \mid I_0)$$

erfaßt die Erfolgskonsequenzen für den Fall, daß sich diese Unterstellung zeitgleich mit der Feststellung des Eröffnungskurses als nicht weiter haltbar herausstellt. Dieser Fall kann allerdings nur dann eintreten, wenn davon auszugehen ist, daß die Transaktionen der zweiten Teilgruppe des Publikums mit denjenigen der ersten Teilgruppe korreliert sind, so daß die Wertpapierhändler die Nachfrage der ersten Teilgruppe als

Indiz für die Nachfrage der zweiten Teilgruppe ansehen.

Nach dieser Korrektur ist lediglich noch der Erfolg von auch in $t = 1$ noch nicht erwarteten Bestandsänderungen während des Schlußhandels zu berücksichtigen.[143] Diesem entspricht die Komponente

$$z := \mathrm{E}(\mathrm{E}((B_2^* - \mathrm{E}(B_2^* \mid I_1)) \cdot SDB_3 \mid I_1) \mid I_0) \ .$$

Die Bedeutung der Erfolgskomponenten des Nettovorteils (4.110) erscheint damit hinreichend geklärt. Eine separate Bewertung dieser Erfolgskomponenten ist nur in dem im vorigen Abschnitt behandelten Fall nicht korrelierter Publikumstransaktionen möglich. In diesem Fall gehen die Wertpapierhändler mit der Vorstellung in den Eröffnungshandel, daß sich die Position, die sie im Laufe des Eröffnungshandels eingehen, auch während des Schlußhandels nicht mehr ändern wird; es gilt also $\mathrm{E}(B_2^* \mid I_1) = B_1^*$ und daraus folgt zum einen $y = 0$ und

$$z = \mathrm{E}(\mathrm{E}((B_2^* - B_1^*) \cdot SDB_3 \mid I_1) \mid I_0) = \mathrm{E}((B_2^* - B_1^*) \cdot SDB_3 \mid I_0) = d_2 \ .$$

Damit erhält man für unkorrelierte Publikumstransaktionen ($\gamma = 0$) die bereits bekannte Beziehung (vgl. (4.95))

$$v_2 = \mathrm{vH}(d_1) \cdot d_1 + \mathrm{vH}(d_2) \cdot d_2 - k \ .$$

Eine verursachungsgerechte Zurechnung des bewerteten Erfolgs eines Wertpapierhändlers auf die beiden Kundengruppen, i.e. die beiden Teilgruppen des Publikums, ist demnach nur möglich, wenn die Transaktionen beider Kundengruppen stochastisch unabhängig voneinander sind.

Im folgenden wird abschließend untersucht, in welcher Weise die Interessen der Wertpapierhändler von der Korrelation der Publikumstransaktionen berüht werden. Um

143 Man könnte diese Vorgehensweise mit dem Prinzip der Kongruenz von Kompetenz und Verantwortung (controllability) in Verbindung bringen, wenn man sie so interpretiert, daß der der Entscheidung über den optimalen Bestand $B_2^*$ zuzurechnende Erfolg nicht durch die finanziellen Konsequenzen bereits vorher absehbarer unvermeidlicher Anpassungsmaßnahmen verzerrt werden soll; vgl. EWERT/WAGENHOFER (1995), 385 u. 494, zu den Grenzen dieses Prinzips.

diese Frage zu beantworten, werden zunächst zwei Spezialfälle betrachtet. Beiden Spezialfällen liegen die Annahmen zugrunde, daß das Bekanntwerden neuer bewertungsrelevanter Information in der Zeit unmittelbar nach der Feststellung des Eröffnungskurses bis zur Feststellung des Schlußkurses mit Sicherheit ausgeschlossen werden kann und daß a priori mit gleich hohen erwarteten Transaktionsvolumina an den beiden Handelsterminen zu rechnen ist. Aus (4.107) läßt sich die Äquivalenz

$$\mathrm{std}(D_2 \mid I_0) = \mathrm{std}(D_1 \mid I_0) \iff \gamma = \mathrm{corr}(D_2, D_1 \mid I_0)$$

unmittelbar ablesen. Das bedeutet, daß das Ausmaß, in dem die Wertpapierhändler gleichzeitig mit der Feststellung des Eröffnungskurses ihre Erwartungen über die weitere Nachfrageentwicklung korrigieren, exakt mit dem Korrelationskoeffizienten für die Nachfrage der beiden Publikumsgruppen übereinstimmt.

Im Fall (a) ist von einer perfekt negativen Korrelation ($\gamma = -1$) auszugehen. Das bedeutet in Verbindung mit der Übereinstimmung der a priori erwarteten Transaktionsvolumina, daß die zweite Teilgruppe stets genausoviele Titel auf den Markt bringt, wie von der ersten Teilgruppe vom Markt genommen wurden, bzw. genausoviele Titel vom Markt nimmt, wie von der ersten Teilgruppe auf den Markt geworfen wurden. Es gilt also

$$D_2 = -D_1 \Rightarrow B_2^* = -\frac{D_1 + D_2}{n} = 0 \ .$$

In diesem Fall gehen die Wertpapierhändler, die ausnahmslos mit einer geschlossenen Position in den Markt gegangen sind, demnach auch ausnahmslos mit einer geschlossenen Position aus dem Markt. Aufgrund der Wettbewerbssituation führt die Tatsache, daß die Wertpapierhändler kein Risiko mehr tragen, zu einem Schlußkurs, der dem aktuell erwarteten Liquidationserlös entspricht, d.h. in formaler Sprache

$$B_2^* = 0 \Rightarrow P_2 = \mathrm{E}(P_3 \mid I_2) - (1/c_2) \cdot B_2^* = \mathrm{E}(P_3 \mid I_2) \ .$$

Da eine fundamental begründete Bewertungsänderung annahmegemäß ausgeschlossen ist, stimmt der bei Börsenschluß erwartete Liquidationserlös mit dem bei Börseneröffnung erwarteten Liquidationserlös überein, d.h.

$$\Phi_2 = 0 \Leftrightarrow \mathrm{E}(P_3 \mid I_2) = \mathrm{E}(P_3 \mid I_1) \Rightarrow P_2 = \mathrm{E}(P_3 \mid I_1) \ .$$

Damit stellt sich die Frage nach dem Eröffnungskurs. Ausweislich (4.108) gilt allgemein

$$P_1 = \mathrm{E}(P_3 \mid I_1) - (1/c_1 + \gamma \cdot (1/c_2) \cdot (1-\phi)) \cdot B_1^* \ .$$

Da die weitere Entwicklung der Nachfrage und mithin auch des Handelsbestands der Wertpapierhändler unter den getroffenen Annahmen mit Sicherheit absehbar ist, nachdem die erste Teilgruppe am Markt war, gilt (zur Erinnerung: $\Pi_2 := B_2^* - \mathrm{E}(B_2^* \mid I_1)$)

$$\phi := \frac{(1/t) \cdot (1/c_2) \cdot \mathrm{var}(\Pi_2 \mid I_1)}{1 + (1/t) \cdot (1/c_2) \cdot \mathrm{var}(\Pi_2 \mid I_1)} = 0 \ .$$

Außerdem läßt die Abwesenheit neuer Informationen zwischen den beiden Kursfeststellungsterminen die Sensitivitäten, mit denen die Wertpapierhändler auf Börsenkursänderungen reagieren, unverändert, d.h. in formaler Sprache

$$\Phi_2 = 0 \Leftrightarrow \mathrm{var}(P_3 \mid I_2) = \mathrm{var}(P_3 \mid I_1) \Rightarrow c_1 = c_2 \ .$$

Unter den Annahmen $\gamma = -1$ und $\Phi_2 = 0$ erhält man somit wegen $\phi = 0$ und $c_1 = c_2$

$$P_1 = \mathrm{E}(P_3 \mid I_1) - (1/c_1 + \gamma \cdot (1/c_2) \cdot (1-\phi)) \cdot B_1^* = \mathrm{E}(P_3 \mid I_1) \ ,$$

und gelangt somit zu dem Ergebnis, daß der Börsenkurs konstant bleibt. Ursächlich für dieses Resultat ist die Tatsache, daß den Wertpapierhändlern von vornherein klar ist, daß nicht nur langfristig betrachtet kein Risiko besteht, weil sich die zweite Teilgruppe garantiert spiegelbildlich zur ersten Teilgruppe verhält, sondern daß auch die vorübergehende Übernahme einer offenen Position für die Dauer der Börsenzeit vollkommen risikolos ist, da der Börsenkurs mangels Informationen, die für eine Neubewertung sorgen könnten, garantiert konstant bleibt. Offensichtlich besteht also zu keinem Zeitpunkt des Betrachtungszeitraums irgendein Risiko. In einer Situation, in der die Risikoscheu der Wertpapierhändler der einzige "Bremsklotz" ist, der sie von einem ungezügelten Wettbewerb um das Geschäft mit dem Publikum abhält, muß dies den Wettbewerb zwangsläufig so stark anheizen, daß es für die Wertpapierhändler nichts mehr zu verdienen gibt. Wenn sich unter den getroffenen Annahmen jemals ein Markt etablieren würde, wäre er unendlich liquide. Auf die Initiative der Wertpapierhändler darf man dabei allerdings nicht setzen, weil ein unendlich liquider Markt für sie vollkommen unattraktiv ist. Diese Überlegung findet man schnell bestätigt, wenn man die Parameterkonstellation $\gamma = -1$, $\phi = 0$ und $c_1 = c_2$ in

$$x = (1/c_1 + \gamma \cdot (1/c_2) \cdot (1-\phi)) \cdot (1/n^2) \cdot \text{var}(D_1 \mid I_0) ,$$

$$y = (1/c_2) \cdot (\gamma + \gamma^2) \cdot (1/n^2) \cdot \text{var}(D_1 \mid I_0)$$

und

$$z = (1/c_2) \cdot (1-\gamma^2) \cdot (1/n^2) \cdot \text{var}(D_2 \mid I_0)$$

einsetzt, was wegen $x = y = z = 0$ in Verbindung mit (4.110) für $z_0 \geq 0$ auf $v_2 \leq 0$ führt. Unter den getroffenen Annahmen ist es offensichtlich notwendig, daß für die Wertpapierhändler ein Restrisiko verbleibt, damit Märkte überhaupt entstehen können. Andernfalls ist nämlich absehbar, daß die harte Konkurrenz dazu führen wird, daß die Wertpapierhändler "auf ihren Kosten sitzen bleiben". Die Möglichkeit fundamental begründeter Neubewertungen ist daher bei dem hier angenommenen Transaktionsmuster mit perfekt negativ korrelierten Transaktionen eine unabdingbare Voraussetzung für die Entstehung von Märkten. In diesem Fall erhält man $y = z = 0$ sowie[144]

$$x = (1/c_1 - 1/c_2) \cdot (1/n^2) \cdot \text{var}(D_1 \mid I_0) = (1/t) \cdot \text{var}(\Phi_2 \mid I_1) \cdot (1/n^2) \cdot \text{var}(D_1 \mid I_0) .$$

Hieraus läßt sich die konstitutive Bedeutung des Risikos einer fundamentalen Neubewertung zwischen den beiden Handelsterminen in Verbindung mit der Risikoaversion unmittelbar ablesen. Diese Bedeutung rührt daher, daß die nach wie vor nur vorübergehende Risikoübernahme durch die Wertpapierhändler nicht garantiert risikolos ist, wenn nicht auszuschließen ist, daß zwischenzeitlich bekanntwerdende Informationen

144 Vgl. Fn. 124 zur Gültigkeit von $1/c_1 - 1/c_2 = (1/t) \cdot \text{var}(\Phi_2 \mid I_1)$.

für ein sich änderndes Kursniveau sorgen könnten.

Im Fall (b) wird angenommen, daß die zweite Teilgruppe die erste Teilgruppe perfekt imitiert. Das ist gleichbedeutend mit einer perfekt positiven Korrelation ($\gamma = 1$). Schließt man eine fundamental begründete Bewertungsänderung auch hier zunächst wieder aus, dann gilt $E(P_3 \mid I_2) = E(P_3 \mid I_1)$ und mithin für den Schlußkurs

$$P_2 = E(P_3 \mid I_1) - (1/c_2) \cdot B_2^* \quad .$$

Da sich an der Tatsache, daß die weitere Entwicklung der Nachfrage mit Sicherheit absehbar ist, nachdem die erste Teilgruppe am Markt war, ebenfalls nichts ändert, ist der Fall (b) durch die Parameterkonstellation $\gamma = 1$, $\phi = 0$ und $c_1 = c_2$ charakterisiert. Ausweislich (4.108) stellt sich bei dieser Parameterkonstellation ein Eröffnungskurs in Höhe von

$$P_1 = E(P_3 \mid I_1) - (1/c_1 + \gamma \cdot (1/c_2) \cdot (1-\phi)) \cdot B_1^* = E(P_3 \mid I_1) - 2 \cdot (1/c_2) \cdot B_1^*$$

ein. Nun gilt im vorliegenden Fall

$$D_2 = D_1 \Rightarrow B_2^* = 2 \cdot B_1^* \; .$$

und mithin

$$P_1 = E(P_3 \mid I_1) - (1/c_2) \cdot B_2^* = P_2 \quad .$$

Wieder kommt man zu dem Ergebnis, daß der Börsenkurs konstant bleibt. Jetzt ist dafür offensichtlich die Tatsache verantwortlich, daß jeder Wertpapierhändler schon beim ersten Handelstermin genau weiß, daß er mit einer offenen Position aus dem Markt gehen wird, die genau doppelt so groß ist, wie die sich gerade aufbauende offene Position. Er agiert daher genauso als wäre seine offene Position bereits doppelt so groß. Wenn eine zwischenzeitliche fundamentale Neubewertung ausgeschlossen ist, bedeutet das, daß nicht nur das Publikum an beiden Handelsterminen exakt das gleiche Verhalten zeigt, sondern auch die Wertpapierhändler. Das bedeutet, daß man die beiden Handelstermine gedanklich zusammenfassen können müßte. In der Tat erhält man unter den getroffenen Annahmen

$$x = (1/c_1 + \gamma \cdot (1/c_2) \cdot (1-\phi)) \cdot (1/n^2) \cdot \mathrm{var}(D_1 \mid I_0) = 2 \cdot (1/c_1) \cdot (1/n^2) \cdot \mathrm{var}(D_1 \mid I_0)$$

und

$$y = (1/c_2) \cdot (\gamma + \gamma^2) \cdot (1/n^2) \cdot \mathrm{var}(D_1 \mid I_0) = 2 \cdot (1/c_1) \cdot (1/n^2) \cdot \mathrm{var}(D_1 \mid I_0) = x$$

sowie

$$z = 0 .$$

Damit erhält man einen Nettovorteil in Höhe von (vgl. (4.110))

$$v_2 = (t/2) \cdot \ln((1 + x/t) + y/t) - k$$

$$= (t/2) \cdot \ln(1 + 2 \cdot x/t) - k$$

$$= (t/2) \cdot \ln(1 + 4 \cdot (1/t) \cdot (1/c_1) \cdot (1/n^2) \cdot \mathrm{var}(D_1 \mid I_0)) - k$$

$$= (t/2) \cdot \ln(1 + (1/t) \cdot (1/n) \cdot (1/\ell_1) \cdot \mathrm{var}(2 \cdot D_1 \mid I_0)) - k ,$$

der exakt dem Nettovorteil entspricht, den der Wertpapierhändler zu erwarten hätte, wenn die zweite Teilgruppe zeitgleich mit der ersten handeln würde, ohne davon abzurücken, genau das zu tun, was die erste Teilgruppe tut, und damit für eine Verdoppelung des Transaktionsvolumens zu sorgen.[145]

Zusammenfassend bleibt festzustellen, daß eine Zunahme der Korrelation der Publikumsnachfrage sowohl das Risiko als auch den erwarteten Erlös der Wertpapierhändler in die Höhe gehen läßt. Die beiden soeben analysierten Spezialfälle markieren in dieser Hinsicht offensichtlich zwei Extrempole. Gemeinsam ist ihnen, daß im Zeitpunkt der Feststellung des Eröffnungskurses alles schon bekannt ist, was zum Zeit-

145 Dieser Vergleich "hinkt" natürlich, wenn die Imitation nur bei zeitlich versetztem Handel möglich ist.

punkt der Feststellung des Schlußkurses auch bekannt sein wird, so daß Eröffnungs- und Schlußkurs identisch sind. Die Konsequenzen sind indes diametral entgegengesetzt: Bei perfekt negativer Korrelation ist unter diesen Umständen jegliches Risiko ausgeschaltet, weil seitens der Händler Gewißheit besteht, daß offene Positionen bei Börsenschluß zu dem Kurs glattgestellt werden können, zu dem sie eingegangen wurden. Bei perfekt positiver Korrelation kommt es dagegen zu einer maximalen Akkumulation von Risiken, weil sich faktisch die gleichen Konsequenzen ergeben, als würde die Nachfrage zwar zeitgleich eintreffen, sich aber dennoch unter keinen Umständen saldieren. Gleichzeitig verkörpert der Fall perfekt negativer Korrelation ein Minimum an erwartetem Erlös und der Fall perfekt positiver Korrelation ein Maximum an erwartetem Erlös.

Hinzu kommt der im vorigen Abschnitt gezeigte Sachverhalt, daß die Verteilung des erwarteten Transaktionsvolumens auf zwei Handelstermine einen Diversifikationseffekt erzeugt, der sich per se positiv auf die Zielerreichung eines Händlers auswirkt. Die intertemporale Diversifikation dürfte letztlich dafür verantwortlich sein, daß der optimale trade-off zwischen den durch die Korrelation der Publikumstransaktionen induzierten Erlös- und Risikoeffekten niemals im Bereich negativer Korrelation, sondern bei einem Korrelationskoeffizienten in Höhe von[146]

$$\gamma^* = \min\left(\frac{t^2}{\operatorname{var}(P_3 \mid I_0) \cdot \operatorname{var}(B_1^* \mid I_0)}, 1\right)$$

erreicht wird. Der optimale Autokorrelationskoeffizient rückt offensichtlich um so näher an den Wert eins heran, je weniger risikoavers die Wertpapierhändler sind und je geringer das fundamentale Risiko ist. Da jeder einzelne Wertpapierhändler bei freiem Marktzutritt ein vergleichsweise geringeres Risiko trägt als bei kontrolliertem Marktzutritt mit geringerer Gesamtanzahl von Händlern, darf gefolgert werden, daß die Autokorrelation bei freiem Marktzutritt ausgeprägt positiv sein müßte, um eine optimale Liquiditätsversorgung zu gewährleisten, während bei kontrolliertem Marktzutritt eine schwach positive Autokorrelation genügt, um den Anreiz zur Abschottung des Marktes maximal zu verstärken.

---

146 Siehe Anhang X.

# 5 Zusammenfassung und Forschungsperspektive

Die vorliegende Arbeit betrachtet Finanztitelmärkte als Einrichtungen, die dem Zweck dienen, die Nachfrage nach und das Angebot an "Liquidität" zusammenzuführen. Liquide im Sinne der vorliegenden Arbeit ist, wer unbeschränkt über Zahlungsmittel und riskante Titel verfügen kann. Nicht liquide im Sinne der vorliegenden Arbeit ist, wer in eine Zwangslage geraten kann, in der es notwendig wird, riskante Titel gegen Zahlungsmittel zu tauschen, oder wer es umgekehrt als zwingend erachtet, Zahlungsmittel unverzüglich gegen riskante Titel zu tauschen. Wirtschaftssubjekte, auf die letzteres zutrifft, bilden das sog. Publikum. Da notwendige Transaktionen annahmegemäß keinen Aufschub dulden, dürfen sie nicht an Bedingungen geknüpft werden. Das schließt den Verzicht auf Kurslimits und die Inkaufnahme von Preiszugeständnissen ein. Die nicht auszuschließenden Preiszugeständnisse sind Kosten des sofortigen Abschlusses. Je höher die Kosten des sofortigen Abschlusses bei gegebenem Transaktionsvolumen sind, desto weniger liquide gilt ein Markt.

Da das Publikum wegen des Verzichts auf Kurslimits jeden Preis akzeptieren muß, ist es ganz offensichtlich auf ein gewisses Maß an Konkurrenz unter potentiellen Kontrahenten angewiesen, damit die Kosten des sofortigen Abschlusses bei gegebenem Transaktionsvolumen im Rahmen bleiben. Demnach ist Konkurrenz ein Garant für die Liquidität des Marktes.

In Kapitel 3 werden daher die Rahmenbedingungen für die Konkurrenz einer gegebenen Anzahl von Wirtschaftssubjekten untersucht, die dem Publikum als Kontrahenten gegenüberstehen. Diese Wirtschaftssubjekte werden als Wertpapierhändler oder einfach nur als Händler bezeichnet. Als Maß für die Schärfe der Konkurrenz auf einem Markt dient die Summe der Impulse, die pro Abweichungseinheit von Abweichungen zwischen Börsenkurs und erwartetem Liquidationserlös (Fundamentalwert) auf die Nachfrage der Händler ausgehen. Aussagen über die Liquidität von Märkten bei gegebener Anzahl von Händlern (Partizipation) erfordern daher die Identifikation und Analyse der Einflußfaktoren dieser Impulse. Besonders wichtig erscheinen in diesem Zusammenhang persönliche Merkmale der Händler, die Zusammensetzung der Marktteilnehmer (Marktstruktur) und der Markträumungsmechanismus. Wichtige Einflußfaktoren aus dem Bereich der Persönlichkeitsmerkmale sind die Risikoaversion der Händler, die Fähigkeit der Händler, die Konkurrenzsituation richtig einzuschätzen

(Liquiditätsbewußtsein), und eventuelle Beschränkungen des maximal möglichen Engagements. Die Marktstruktur verdient in Verbindung mit der Einschätzung der Konkurrenzsituation und mit der Möglichkeit eines Informationsgefälles besondere Beachtung. Die Bedeutung des Markträumungsmechanismus ist in Verbindung mit der Risikoaversion der Wertpapierhändler vor allen Dingen unter Risikogesichtspunkten zu betrachten. Dabei geht es nicht um das Fundamentalrisiko, sondern um Risiken, die der Markträumungsmechanismus den Händlern zusätzlich zum Fundamentalrisiko aufbürdet.

Generell wird davon ausgegangen, daß jedem Wertpapierhändler weder persönlich noch durch den Markträumungsmechanismus irgendwelche Schranken für das maximal mögliche Engagement gesetzt werden. Ein solche Annahme ist natürlich insbesondere in Extremsituationen nicht unkritisch; ihre Lockerung bietet daher eine interessante Perspektive für die weitere Forschung. Im übrigen ist der Annahmenkatalog durchaus realistisch im Sinne stilisierter Fakten. Dreh- und Angelpunkt ist die Risikoaversion der Wertpapierhändler. Sie impliziert, daß die Wertpapierhändler Liquidität mit Risikoauf- und abschlägen kalkulieren, und daher selbst unter der Bedingung vollkommener Konkurrenz nicht bereit sind, Liquidität kostenlos anzubieten, obwohl sie persönlich Liquidität im Übermaß besitzen. Die daraus für das Publikum resultierenden Kosten des sofortigen Abschlusses lassen sich wie folgt erklären: Wenn das Publikum per saldo anbietet, müssen die Wertpapierhändler "Material" vom Markt nehmen. Das kann die Aufstockung einer durchschnittlichen long-Position, den Abbau einer durchschnittlichen short-Position oder den Wechsel von einer durchschnittlichen short- zu einer durchschnittlichen long-Positionen bedeuten, hat aber aufgrund der annahmegemäß konstanten absoluten Risikoaversion in allen Fällen die gleichen Auswirkungen auf den Börsenkurs. Er muß fallen. Insoweit sich das durchschnittliche Risiko via Abbau von short-Positionen verringern läßt, kommt es zu einer Abnahme des Risikoaufschlags auf den Fundamentalwert. Und insoweit das durchschnittliche Risiko via Aufstockung von long-Positionen erhöht werden muß, kommt es zu einer Erhöhung des Risikoabschlags vom Fundamentalwert. Das gilt vollkommen analog für den Fall, daß das Publikum per saldo nachfragt. In diesem Fall kann es zur Aufstockung einer durchschnittlichen short-Position, zum Abbau einer durchschnittlichen long-Position oder zu einem Wechsel von einer durchschnittlichen long- zu einer durchschnittlichen short-Position kommen. Auch in diesen Fällen ergeben sich stets die gleichen Auswirkungen auf den Börsenkurs. Er muß steigen. In jedem Fall entstehen dem Publikum als Gruppe betrachtet Kosten des sofortigen Abschlusses, weil der Börsenkurs fällt, wenn das Publikum per saldo Material abgibt und steigt, wenn das Publikum per saldo Material vom Markt nimmt. Ursächlich für diese Kosten ist die Existenz von Risiken in Verbindung mit der Risikoaversion der Wertpapierhändler.

In dem in Kapitel 3 zunächst präsentierten Basisfall werden die von Abweichungen zwischen Börsenkurs und Fundamentalwert bei den Händlern ausgelösten Impulse, gegen den Kurstrend zu halten, wenn der Kurs in Bewegung gerät, vollständig durch die Beurteilung und Bewertung des Fundamentalrisikos determiniert. Daher wird auch die Liquidität des Marktes bei gegebener Partizipation vollständig von der Risikobeurteilung und - bewertung derterminiert. Dabei ist die Risikobeurteilung offensichtlich eine Frage der Informationen, die die Händler zum Zeitpunkt des Handels besitzen, und die Risikobewertung eine Frage der Risikoaversion der Händler. Der Basisfall ist dadurch gekennzeichnet, daß die tatsächliche Konkurrenzsituation auf dem Markt keine Rückwirkungen auf das Verhalten der Händler hat, weil diese von der ad hoc Annahme vollkommener Konkurrenz ausgehen.

Nun ist es allerdings unrealistisch, davon auszugehen, daß ein Markt, der ausschließlich der Liquiditätsversorgung des Publikums dient, so viele Händler ernährt, daß diese mit Recht annehmen dürfen, keinen Einfluß mehr auf den Börsenkurs zu haben. Letztlich hat ein einzelner Marktteilnehmer nämlich erst dann keinen Einfluß mehr auf den Börsenkurs, wenn der Markt unendlich liquide ist. Wenn dies der Fall ist, dann läßt sich allerdings auch nur noch mit Glück am Publikum verdienen. Liquiditätsbewußtsein im Sinne der vorliegenden Arbeit setzt voraus, daß sich die Wertpapierhändler dieser Tatsache bewußt sind. Wenn man Liquiditätsbewußtsein auf Seiten der Wertpapierhändler unterstellt, dann ist die Sensitivität, mit der der einzelne Händler auf Abweichungen des Börsenkurses vom Fundamentalwert reagiert, eine Frage nicht nur des Risikos sondern auch der tatsächlichen Konkurrenzverhältnisse auf dem Markt. In dem in Abschnitt 3.1. diskutierten Nash-Gleichgewicht konkretisiert sich das Liquiditätsbewußtsein der Händler zu der naheliegenden Erkenntnis, daß die Sensitivität, mit der der Börsenkurs auf die jeweils eigene Nachfrage eines Händlers reagiert, umgekehrt proportional zu der von den jeweiligen Mitkonkurrenten insgesamt zur Verfügung gestellten Liquidität ist. Dies führt zu einer Orientierung an den tatsächlichen Konkurrenzverhältnissen und hat zur Folge, daß jeder einzelne Wertpapierhändler weniger Liquidität als im Basisfall zur Verfügung stellt, solange nicht tatsächlich vollkommene Konkurrenz herrscht. Daher nimmt die Liquidität des Marktes bei gegebener (endlicher) Partizipation im Vergleich zum Basisfall ab, sofern ein Gleichgewicht existiert.

Solange es kein Informationsgefälle zwischen den auf einem Markt vertretenen Wertpapierhändlern gibt, ist ausgeschlossen, daß der Börsenkurs in Bewegung gerät, weil besser informierte Händler versuchen, ihren Informationsvorsprung zu nutzen. Ein Händler, der dies voraussetzen darf, reagiert sensitiver auf Abweichungen des Börsenkurses vom a priori erwarteten Liquidationserlös, als ein Wertpapierhändler in einer ansonsten vergleichbaren Entscheidungssituation, der allerdings in Betracht ziehen muß, daß die Kursbewegungen auf Transaktionen besser informierter Händler zurückzuführen sein könnten. Informationsgefälle entstehen in der Regel, weil sich neue Informationen nicht gleichmäßig ausbreiten. Informationsfluß und Informationsgefälle gehören also zusammen. Dementsprechend wird in Abschnitt 3.2 ausgehend von der durch homogene Erwartungen gekennzeichneten Situation des Basisfalls analysiert, wie sich die Liquidität verändert, wenn allgemein bekannt ist, daß es einem bestimmten Teil der Händler gelingen wird, sich noch vor Beendigung des Handels einen Informationsvorsprung zu verschaffen. Diese Variation des Szenarios bringt sowohl positive als auch negative Liquiditätseffekte mit sich. Positiv wirkt sich aus, daß der Informationsvorsprung mit einer Risikoreduktion einhergeht, was dazu führt, daß die besser informierten Händler impulsiver reagieren, wenn der Börsenkurs aufgrund von Publikumstransaktionen in Bewegung gerät. Negativ wirkt sich aus, daß sich diejenigen Händler, die sich vollkommen zurecht im Hintertreffen sehen, vergleichsweise stärkere Zurückhaltung bei der Reaktion auf Börsenkursänderungen auferlegen. Intuitiv plausibel erscheint, daß das Vorzeichen des Nettoeffekts entscheidend davon abhängt, wieviele Gewinner und wieviele Verlierer es gibt, d.h. wieviele Händler die zuvor unbekannten bewertungsrelevanten Tatsachen direkt erfahren und wieviele nicht.[147] Bemerkenswerter erscheint indes, daß ein Informationsgefälle der Liquidität bei rationalen Erwartungen der Wertpapierhändler um so weniger schadet, je lukrativer der Markt bei ausbleibendem Informationsfluß für die Händler ist, und je aufschlußreicher die neue nicht öffentliche Information ist. Bei der Würdigung des letztgenannten Ergebnisses ist zu berücksichtigen, daß sich alle Marktteilnehmer über das Ausmaß des Informationsvorsprungs der besser informierten Händler vollkom-

---

[147] Genau genommen müßte man dabei noch mit dem Einfluß gewichten, den die jeweiligen Händler bei unveränderter Ausgangssituation auf den Börsenkurs hätten. Mit Einfluß auf den Börsenkurs ist dabei der Impuls gemeint, den ein vom Fundamentalwert abweichender Börsenkurs in der Ausgangssituation gehabt hätte. Wenn die Wertpapierhändler in der Ausgangssituation homogen sind, wovon hier ausgegangen wird, ist das zahlenmäßige Kräfteverhältnis allerdings tatsächlich alleine entscheidend.

men im Klaren sind. Daß die Liquidität auf einem Markt, auf dem die Händler im Basisszenario gut verdienen, weniger anfällig auf eine Informationsasymmetrie reagiert, erklärt sich daraus, daß die Händler gut verdienen, wenn die Kosten des sofortigen Abschlusses für das Publikum hoch sind, und diese um so höher sind, je größer der Einfluß des Publikums auf den Börsenkurs ist. Je größer der aber Einfluß des Publikums auf den Börsenkurs ist, desto geringer ist der Einfluß besser informierter Händler. Genau diese Überlegung ist es, die die schlechter informierten Händler gelassener auf eine Informationsasymmetrie reagieren läßt, und das führt dazu, daß sich der negative Liquiditätseffekt in vergleichsweise engen Grenzen hält. Aus der Sicht des Publikums stellt die Möglichkeit eines Informationsgefälles daher ein um so weniger ernstzunehmendes Argument gegen einen möglichst ungehinderten Informationsfluß dar, je höher die Kosten des sofortigen Abschlusses sind. Gründe, die Zweifel an der Verallgemeinerbarkeit dieser Schlußfolgerung angebracht erscheinen lassen, sind nicht zu erkennen. Daß der negative Liquiditätseffekt einer Informationsasymmetrie um so mehr verblaßt, je ausgeprägter das Informationsgefälle qualitativ betrachtet in Erscheinung tritt, muß dagegen zunächst als modellspezifisch angesehen werden, weil der in der Risikoreduktion wurzelnde Nachfrageeffekt neuer Informationen überbetont wird, solange man es modelltechnisch gesehen ausschließlich dem Risiko überantwortet, eine zügellose Nachfrage seitens der Händler zu unterbinden. Unter diesen Umständen wird ein Markt mit dem Verschwinden des Risikos unendlich liquide, und zwar bereits dann, wenn nur ein einziger Wertpapierhändler vollkommene Sicherheit über den zukünftigen Liquidationserlös erlangt. Da dieser den Markt mit unendlicher Liquidität versorgt, fällt selbst der komplette Rückzug der schlechter informierten Händler vom Markt unter Liquiditätsgesichtspunkten nicht mehr ins Gewicht.[148] Die Tatsache, daß dieses Ergebnis nicht unbedingt mit der Intuition in Einklang steht, deutet jedoch keineswegs auf eine konzeptionelle Schwäche des Gleichgewichts mit rationalen Erwartungen hin. Sie ist vielmehr darauf zurückzuführen, daß sich der Effekt von insgesamt 3 unrealistischen Annahmen durch ihr Zusammentreffen potenziert. Gemeint sind die Annahmen, daß jemand (a) die Zukunft mit absoluter Sicherheit voraussieht und (b) unbeschränkt über Zahlungsmittel oder riskante Titel verfügen kann und (c) trotz ansonsten rationaler Erwartungen nicht in

---

148 Die Kenntnis der Marktstruktur, d.h. präzise die Kenntnis der Tatsache, daß es einen perfekt informierten Wertpapierhändler gibt, ermöglicht es den schlechter informierten Händlern in diesem Extremfall, einen eindeutigen Rückschluß vom Börsenkurs auf den Liquidationserlös zu ziehen. Der Markt wird also streng informationseffizient, und genau das veranlaßt die schlechter informierten Händler dazu, sich vollständig vom Markt zurückzuziehen.

der Lage ist, die Konkurrenzsituation richtig einzuschätzen. In Abschnitt 3.2.2 wird geklärt, welche Bedeutung der letztgenannten Annahme in Kombination mit den beiden anderen Annahmen zukommt. Dabei zeigt sich, daß ein Minimum an Konkurrenz genügt, um die Wirkung einer Abkehr von der unrealistischen Annahme fehlenden Liquiditätsbewußtseins bei gleichzeitigem Festhalten an den beiden anderen kritischen Annahmen ohne Effekt verpuffen zu lassen. Der Grund: Bereits zwei Wertpapierhändler stellen sich wechselseitig soviel Liquidität zur Verfügung, daß keiner von ihnen dem von keinem Engpaß gebremsten Drang widerstehen kann, durch Transaktionen von uferlosem Umfang unendliche Gewinne einfahren zu wollen. Letztlich ist die Annahme, daß ansonsten perfekt rational agierende Wertpapierhändler nicht in der Lage sind, die Konkurrenzsituation richtig einzuschätzen, nur dann von signifikanter Bedeutung, wenn die Fehleinschätzung der Konkurrenzsituation per se ebenfalls extrem ist, d.h. wenn sich ein einziger perfekt informierter und perfekt liquider Wertpapierhändler so verhält, als sei er nur einer von unzählig vielen. Ein liquiditätsbewußter perfekt informierter und perfekt liquider Wertpapierhändler würde sein Verhalten in dieser Situation vollständig am Verhalten der schlechter informierten Wertpapierhändler orientieren. Im Nash-Gleichgewicht würde er jedenfalls exakt das gleiche Maß an Liquidität zur Verfügung stellen, wie alle anderen schlechter informierten Händler zusammengenommen. Dieses Verhalten verleiht der Reaktion der schlechter informierten Händler auf das in diesem Fall extreme Informationsgefälle zusätzliche Bedeutung. Für die schlechter informierten Händler gilt aber nach wie vor, daß das Ausmaß der Zurückhaltung, das sie sich als Reaktion auf dieses extreme Informationsgefälle auferlegen, ganz entscheidend davon abhängt, ob sie primär das Publikum oder den Insider in der Rolle des Kurstreibers sehen. Damit gelangt man schließlich zu dem Ergebnis, daß liquiditätsbewußtes Verhalten der Wertpapierhändler nichts an der Schlußfolgerung ändert, daß die Vorteile eines möglichst ungehinderten Informationsflusses für das Publikum ungeachtet eines eventuell entstehenden Informationsgefälles gerade dann überwiegen, wenn mehr Wettbewerb unter den Händlern aus Sicht des Publikums Not tut. Fraglich bleibt, ob und inwieweit die bislang referierten Resultate modifiziert werden müssen, wenn sich die Wertpapierhändler nicht unbeschränkt verschulden können, und wenn sie nicht unbeschränkt leerverkaufen können. Die Klärung dieser Frage bleibt der weiteren Forschung vorbehalten.

Wie groß der von Abweichungen des Börsenkurses vom Fundamentalwert ausgehende Nachfrageimpuls ist, ist im wesentlichen eine Frage der Risiken, die man eingehen muß, um von diesen Abweichungen zu profitieren. Neben dem unvermeidlichen Fundamentalrisiko sind dabei auch Transaktionsrisiken zu beachten, wie z.B. das Risiko eines zum Zeitpunkt der Auftragserteilung nicht mit Sicherheit vorhersehbaren Börsenkurses. Grundsätzlich wird in der vorliegenden Arbeit ein Markträumungsmechanismus unterstellt, der im Ergebnis einer walrasianischen Auktion entspricht, und den man sich so vorstellen kann, daß die Wertpapierhändler ihre komplette Nachfragefunktion an einen Zentralrechner weiterleiten, der daraus den Gleichgewichtskurs errechnet, bei dem die Transaktionswünsche des Publikums in Erfüllung gehen. Die Tatsache, daß die gewünschte Anzahl zu kaufender oder zu verkaufender Titel an den Börsenkurs gekoppelt wird, bedeutet umgekehrt, daß die Wertpapierhändler a priori mit Sicherheit wissen, welchen Geldbetrag sie für die gewünschte Anzahl von riskanten Titeln bezahlen bzw. erhalten werden, so daß jegliches Transaktionsrisiko vermieden wird. Bei homogener Information ist die Vermeidung von Transaktionsrisiken offensichtlich im Sinne einer maximalen Liquiditätsversorgung optimal, weil der von Abweichungen des Börsenkurses vom Fundamentalwert ausgehende Nachfrageimpuls nicht durch Transaktionsrisiken gedämpft wird. In Gegenwart von Informationsasymmetrien fällt das Urteil zunächst nicht so eindeutig aus. Der Grund: Indem Transaktionsrisiken das Temperament der besser informierten Händler drosseln, geben sie den schlechter informierten Händlern Anlaß zu einer Lockerung ihrer Zurückhaltung. Da es sich aber als recht robust erwiesen hat, daß der Drang besser informierter Händler, ihre Informationen zu nutzen, mehr Liquidität produziert als durch die dadurch ausgelöste Zurückhaltung schlechter informierter Händler vernichtet wird, erscheint dieser positive Effekt weniger gewichtig als der negative Liquiditätseffekt vermeidbarer Transaktionsrisiken. Als Beleg für diese Behauptung mag der in Abschnitt 3.3 im Kontext eines von dem oben beschriebenen grundsätzlich verschiedenen Markträumungsmechanismus' bewiesene Sachverhalt dienen, daß bei hinreichender Konkurrenz der besser informierten Händler stets mit einer Beeinträchtigung der Liquidität zu rechnen ist, wenn man den besser informierten Händlern durch den Markträumungsmechanismus zusätzliche Transaktionsrisiken aufbürdet.

Es verdient festgehalten zu werden, daß auch das Abrücken von der naiven Annahme vollkommener Konkurrenz nichts daran ändert, daß ein ungehinderter Informationsfluß i.d.R. im Interesse des Publikums ist, weil er bei gegebener Anzahl von Händlern ungeachtet eventuell aufkommender Informationsgefälle gerade dann zu einer Erhöhung der Liquidität führt, wenn diese aus der Sicht des Publikums besonders dringlich ist. Fraglich bleibt, ob und wann diese Aussage "kippt", wenn man bspw.

Obergrenzen für das maximal mögliche Engagement berücksichtigt. Dabei ist zu berücksichtigen, daß die Outsider einen Teil ihrer Zurückhaltung aufgeben dürften, wenn die Marktmacht der Insider auf diesem Wege beschnitten wird.

Kapitel 4 befaßt sich mit der Liquidität bei endogener Partizipation. Dabei spielt das mit dem Markteintritt verbundene Investitionsrisiko eine zentrale Rolle. In diesem Zusammenhang verdient festgehalten zu werden, daß ein mit steigenden Ansprüchen an die Handelstechnologie zunehmendes Investitionsrisiko zwar Anreize zu freiwilliger Konkurrenz impliziert, daß diese Anreize jedoch letztlich zu schwach sein dürften, um die Konkurrenz verschiedener Märkte untereinander oder regulative Eingriffe mit dem Ziel eines möglichst ungehinderten Marktzutritts ersetzen zu können. Diese Einschätzung basiert auf einer Analyse des Kosten-Nutzen-Kalküs, den potentielle Händler aufmachen, bevor sie sich für oder gegen den Markteintritt entscheiden. Dabei werden zwei grundsätzlich verschiedene Varianten der Regulierung des Marktzutritts betrachtet: In einem Fall ist der freie Marktzutritt jedem garantiert, der eine Beteiligung an der für die Installation eines Handelsystems erforderlichen Anschaffungsauszahlung akzeptiert, und im anderen Fall ist darüberhinaus noch die Zustimmung des Projektinitiators erforderlich.

Zum Kosten-Nutzen-Kalkül eines Händlers, der über den Marktzutritt entscheiden muß, gehört offensichtlich das Abwägen von Erlös- und Kostenteilungseffekten. Die Kosten bestehen in dem auf einen einzelnen Wertpapierhändler entfallenden Anteil an der Gesamtinvestitionssumme für das Handelssystem. Sie sind daher im Gegensatz zu den Erlösen sicher. Die Erlöse sind unsicher, da die Notwendigkeit zukünftiger Tauschakte weder für das Publikum noch für die Wertpapierhändler mit Sicherheit voraussehbar ist. Es ist jedoch von rationalen a priori Erwartungen über das Transaktionsvolumen auszugehen, die es erlauben, den a priori erwarteten Deckungsbeitrag aus dem Handel mit dem Publikum zu ermitteln. Wäre der Kalkül der Händler ausschließlich von Erlös- und Kostenteilungsaspekten geprägt, dann gäbe es keine Anreize zu freiwilliger Konkurrenz. Diese Behauptung folgt zwingend aus der Überlegung, daß die erwarteten Gesamterlöse stets größer sein müssen, als die sicheren Gesamtkosten, damit sich ein Markt für Händler, die nicht risikofreudig im Sinne der Entscheidungstheorie sind, jemals rechnen kann. Angenommen der Projektinitiator betrachtet den Erlös- und den Kostenblock als gegeben und zerlegt die beiden Blöcke in jeweils gleich viele und gleich große Elemente, dann überträgt sich die Größenrelation zwischen den Blöcken auf die jeweiligen Elemente. Aus der Sicht des Initiators bringt die gleichmäßige Aufteilung von Erlösen und Kosten auf mehrere Köpfe daher unabhängig von der Anzahl der Köpfe stets mehr Nachteile als Vorteile mit sich, solange er bei den Erlösen nur auf den Erwartungswert schaut. Diese Schlußfolgerung wird noch bekräftigt, wenn der Initiator berücksichtigt, daß die Aufteilung des erwarteten Erlöses auf eine größere Anzahl von Köpfen mit einer Verschärfung der Konkurrenz auf der Handelsebene und daher mit einer Beschneidung des Verteilungsspielraums einhergeht. Ein Anreiz zu freiwilliger Konkurrenz kann sich also nur ergeben, wenn die Risikoaversion der Händler nicht nur im Handel sondern auch bei der vorgelagerten Entscheidung über den Markteintritt angemessene Berücksichtigung findet, bspw. durch einen Risikoabschlag vom erwarteten Deckungsbeitrag des Handels mit dem Publikum, der mit der Höhe des erwarteten Deckungsbeitrags zunimmt. Dies impliziert, daß der Risikoabschlag mit abnehmendem erwarteten Deckungsbeitrag abnimmt, und darin manifestiert sich, daß Erlösteilung im Falle unsicherer Erlöse eben auch Risikoteilung bedeutet.[149]

Damit sind vier Gesichtspunkte genannt, die den Kosten-Nutzen-Kalkül der Händler beeinflussen: Die Gesichtspunkte der Kosten- und Risikoteilung sprechen aus der Sicht eines einzelnen Händlers für eine möglichst große Anzahl von Händlern und die Gesichtspunkte der Erlösteilung und des Verteilungsspielraums sprechen für eine möglichst kleine Anzahl von Händlern. In Abschnitt 4.2 wird gezeigt, daß die Gesichtspunkte der Kosten- und Risikoteilung ein solches Gewicht erlangen können, daß ein Monopol aus der Sicht des Initiators nicht mehr erstrebenswert erscheint. Die Ausführungen der Abschnitte 4.3 und 4.4 lassen allerdings zwei gewichtige Gründe erkennen, die dafürsprechen, die Bedeutung der Risikoteilung für die Liquidität eines nicht frei zugänglichen Marktes nicht überzugewichten.

Der erste Grund besteht darin, daß die Beschneidung des Verteilungsspielraums durch verstärkte Konkurrenz auf der Handelsebene stärker zu Buche schlägt, wenn sich die Händler an der tatsächlichen Konkurrenzsituation orientieren, anstatt prinzipiell von vollkommener Konkurrenz auszugehen. Wenn sich die Händler an der tatsächlichen Konkurrenzsituation orientieren, nährt sich die Konkurrenz sozusagen selbst, da jeder

---

149 Intuitiv erscheint es ganz offensichtlich, daß eine hohe Investitionsauszahlung den Nutzen der Risikoteilung erhöht, formal gelangt diese Intuition wie folgt zur Geltung: Eine hohe Investitionsauszahlung macht einen hohen erwarteten Deckungsbeitrag erforderlich, damit sich das Projekt jemals rechnen kann. Das impliziert, daß die Entscheidung über einen Mitkonkurrenten mehr oder weniger stets vergleichsweise größere Unterschiede hinsichtlich der jeweils anzusetzenden erwarteten Erlöse involviert, und das impliziert wiederum größere Unterschiede beim jeweils angemessenen Risikoabschlag. Besonders drastisch ist dieser Effekt, wenn es um die Entscheidung zwischen Monopol und Duopol geht.

einzelne Händler mit wachsender Anzahl von Mitkonkurrenten einen Teil seiner Zurückhaltung aufgibt. Hieraus resultiert ein Anreiz zu verstärkter Abschottung des Marktes, wenn der Marktzutritt durch den Projektinitiator kanalisiert wird. Für das Publikum günstig wirkt sich die bei gegebener Partizipation abnehmende Konkurrenz auf der Handelsebene indes bei garantiert freiem Marktzutritt für jeden Händler aus, der bereit ist, einen entsprechenden Anteil an den Fixkosten zu übernehmen. Und zwar deshalb, weil der infolge verstärkter Zurückhaltung der Händler bei gegebener Partizipation wachsende Verteilungsspielraum letztlich eine breitere Streuung des Investitionsrisikos ermöglicht.

Der zweite Grund liegt in der Ein-Perioden-Betrachtung. Unter den Annahmen des Modells sind das Investitionsrisiko und die daraus erwachsenden Anreize zur Risikoteilung bei konstantem erwarteten Gesamtdeckungsbeitrag um so geringer je nachhaltiger und gleichförmiger die Umsatzentwicklung ist, weil die intertemporale und die interpersonelle Diversifikation des Rückflußrisikos in einer Substitutionsbeziehung zueinander stehen. Auch das hat bei kontrolliertem Marktzugang negative und bei freiem Marktzugang positive Auswirkungen auf die Kosten des sofortigen Abschlusses für das Publikum.

Für alle betrachteten Szenarien gilt: Je größer der Vorteil einer Teilnahme am Handel bei gegebener Partizipation für die Händler ist, desto niedriger sind die Kosten des sofortigen Abschlusses für das Publikum, wenn der Marktzutritt frei ist, und desto höher sind sie, wenn der Marktzutritt durch den Projektinitiator kanalisiert wird.

# Anhang

## Anhang A

Unter Berücksichtigung der Definitionen

$$g_A := \frac{\mathrm{var}(P_2 \mid I_0)}{\mathrm{var}(P_2 \mid A_1, I_0)} - 1$$

und

$$c_A := \frac{t_A}{\mathrm{var}(P_2 \mid I_0)}$$

ist die Behauptung

$$t_A \cdot s_A \cdot \frac{\mathrm{E}(P_2 \mid A_1, I_0) - P_1}{\mathrm{var}(P_2 \mid A_1, I_0)} = c_A \cdot s_A \cdot [(1+g_A) \cdot (\mu - P_1) + g_A \cdot (A_1 - \mathrm{E}(A_1 \mid I_0)]$$

äquivalent zu

$$\frac{\mathrm{E}(P_2 \mid A_1, I_0) - P_1}{\mathrm{var}(P_2 \mid A_1, I_0)} = (1 + g_A) \cdot \frac{\mathrm{E}(P_2 \mid I_0) - P_1}{\mathrm{var}(P_2 \mid I_0)} + g_A \cdot \frac{A_1 - \mathrm{E}(A_1 \mid I_0)}{\mathrm{var}(P_2 \mid I_0)} . \qquad \text{(A.1)}$$

Im folgenden ist daher (A.1) zu beweisen. Dies setzt die Kenntnis der folgenden Zusammenhänge voraus: Für eine Reihe gemeinsam normalverteilter Zufallsvariablen $Z_t$, $t = 0 \ldots T$, und die entsprechend der Vorschrift

$$O_t := \begin{cases} Z_0 & \text{für } t = 0 \\ Z_t - \sum_{\tau=0}^{t-1} \frac{\mathrm{cov}(Z_t, O_\tau)}{\mathrm{var}(O_\tau)} \cdot O_\tau & \text{für } t = 1 \ \ldots \ T \end{cases}$$

orthogonalisierten Zufallsvariablen $O_t$ mit

$$\mathrm{cov}(O_t, O_\tau) = 0 \text{ für } t \neq \tau$$

kann man die folgenden Übereinstimmungen zeigen:[150]

$$Z_t - E(Z_t \mid Z_0, \ldots, Z_{t-1}) = O_t - E(O_t) \quad \text{(A.2)}$$

$$\mathrm{cov}(Z_t, Z_{t-1} \mid Z_0, \ldots, Z_{t-2}) = \mathrm{cov}(Z_t, O_{t-1}) \quad \text{(A.3)}$$

und

$$\mathrm{var}(Z_t \mid Z_0, \ldots, Z_{t-1}) = \mathrm{var}(O_t)\ . \quad \text{(A.4)}$$

In Verbindung mit der Kurzschreibweise

$$\underline{Z}_{t-1} := Z_0, \ldots, Z_{t-1} \quad \text{(A.5)}$$

lassen sich die folgenden rekursiven Beziehungen aus (A.2) - (A.4) ableiten:

Einsetzen von

$$O_t = \sum_{\tau=0}^{t-1} \frac{\mathrm{cov}(Z_t, O_\tau)}{\mathrm{var}(O_\tau)} \cdot O_\tau$$

in (A.2), führt unter Berücksichtigung der Kurzschreibweise (A.5) auf

$$E(Z_t \mid \underline{Z}_{t-1}) = E(Z_t) + \sum_{\tau=0}^{t-1} \frac{\mathrm{cov}(Z_t, O_\tau)}{\mathrm{var}(O_\tau)} \cdot (O_\tau - E(O_\tau))$$

---

150 Vgl. BRAUN (1990), S. 43 - 51.

$$= \mathrm{E}(Z_t) + \sum_{\tau=0}^{t-2} \frac{\mathrm{cov}(Z_t, O_\tau)}{\mathrm{var}(O_\tau)} \cdot (O_\tau - \mathrm{E}(O_\tau)) + \frac{\mathrm{cov}(Z_t, O_{t-1})}{\mathrm{var}(O_{t-1})} \cdot (O_{t-1} - \mathrm{E}(O_{t-1}))$$

$$= \mathrm{E}(Z_t \mid \underline{Z}_{t-2}) + \frac{\mathrm{cov}(Z_t, Z_{t-1} \mid \underline{Z}_{t-2})}{\mathrm{var}(Z_{t-1} \mid \underline{Z}_{t-2})} \cdot (Z_{t-1} - \mathrm{E}(Z_{t-1} \mid \underline{Z}_{t-2})) \,. \tag{A.6}$$

Analog erhält man durch Einsetzen von

$$O_{t-1} = Z_{t-1} - \sum_{\tau=0}^{t-2} \frac{\mathrm{cov}(Z_{t-1}, O_\tau)}{\mathrm{var}(O_\tau)} \cdot O_\tau$$

$$= Z_{t-1} - \frac{\mathrm{cov}(Z_{t-1}, O_{t-2})}{\mathrm{var}(O_{t-2})} \cdot O_{t-2} - \sum_{\tau=0}^{t-3} \frac{\mathrm{cov}(Z_{t-1}, O_\tau)}{\mathrm{var}(O_\tau)} \cdot O_\tau$$

in (A.3)

$$\mathrm{cov}(Z_t, Z_{t-1} \mid \underline{Z}_{t-2}) = \mathrm{cov}(Z_t, Z_{t-1} - \sum_{\tau=0}^{t-2} \frac{\mathrm{cov}(Z_{t-1}, O_\tau)}{\mathrm{var}(O_\tau)} \cdot O_\tau)$$

$$= \mathrm{cov}(Z_t, Z_{t-1} - \sum_{\tau=0}^{t-3} \frac{\mathrm{cov}(Z_{t-1}, O_\tau)}{\mathrm{var}(O_\tau)} \cdot O_\tau) - \frac{\mathrm{cov}(Z_{t-1}, O_{t-2})}{\mathrm{var}(O_{t-2})} \cdot \mathrm{cov}(Z_t, O_{t-2})$$

$$= \mathrm{cov}(Z_t, Z_{t-1} \mid \underline{Z}_{t-3}) - \frac{\mathrm{cov}(Z_{t-1}, Z_{t-2} \mid \underline{Z}_{t-3}) \cdot \mathrm{cov}(Z_t, Z_{t-2} \mid \underline{Z}_{t-3})}{\mathrm{var}(Z_{t-2} \mid \underline{Z}_{t-3})} \,. \tag{A.7}$$

Da die Varianz nur eine spezielle Kovarianz ist, gilt vollkommen analog

$$\mathrm{var}(Z_t \mid \underline{Z}_{t-1}) = \mathrm{var}(Z_t \mid \underline{Z}_{t-2}) - \frac{\mathrm{cov}(Z_t, Z_{t-1} \mid \underline{Z}_{t-2})^2}{\mathrm{var}(Z_{t-1} \mid \underline{Z}_{t-2})} \,. \tag{A.8}$$

Wegen (vgl. (A.6))

$$E(P_2 \mid A_1, I_0) = E(P_2 \mid I_0) + \frac{\text{cov}(P_2, A_1 \mid I_0)}{\text{var}(A_1 \mid I_0)} \cdot (A_1 - E(A_1 \mid I_0)) \tag{A.9}$$

gilt (A.1) genau dann, wenn

$$\frac{\dfrac{\text{cov}(P_2, A_1 \mid I_0)}{\text{var}(A_1 \mid I_0)}}{\text{var}(P_2 \mid A_1, I_0)} = \frac{g_A}{\text{var}(P_2 \mid I_0)}$$

bzw.

$$\frac{\dfrac{\text{cov}(P_2, A_1 \mid I_0)}{\text{var}(A_1 \mid I_0)}}{\text{var}(P_2 \mid A_1, I_0)} = \frac{1}{\text{var}(P_2 \mid A_1, I_0)} - \frac{1}{\text{var}(P_2 \mid I_0)} \tag{A.10}$$

bzw.

$$\frac{\text{cov}(P_2, A_1 \mid I_0)}{\text{var}(A_1 \mid I_0)} = 1 - \frac{\text{var}(P_2 \mid A_1, I_0)}{\text{var}(P_2 \mid I_0)} \tag{A.11}$$

gilt. Einsetzen der durch (A.8) implizierten Bedingung

$$\text{var}(P_2 \mid A_1, I_0) = \text{var}(P_2 \mid I_0) - \frac{\text{cov}(P_2, A_1 \mid I_0)^2}{\text{var}(A_1 \mid I_0)}$$

in (A.11) führt auf die Bedingung

$$\text{cov}(P_2, A_1 \mid I_0) = \text{var}(P_2 \mid I_0) \ ,$$

die wegen

$$A_1 = P_2 + F$$

äquivalent zu

$$\mathrm{cov}(P_2, F \mid I_0) = 0 \tag{A.12}$$

ist. Damit ist gezeigt, daß die Behauptung (3.21) unter den übrigen getroffenen Annahmen genau dann zutrifft, wenn der Analysefehler $F$ nicht mit dem Liquidationserlös $P_2$ korreliert ist.

## Anhang B

Aus den Definitionen (3.24) und (3.25) von $g_A$ und $z$ ergibt sich unmittelbar, daß

$$g_A = \frac{z}{1-z}$$

äquivalent zu

$$\frac{1}{\mathrm{var}(P_2 \mid A_1, I_0)} - \frac{1}{\mathrm{var}(P_2 \mid I_0)} = \frac{1}{\mathrm{var}(F \mid I_0)} \tag{B.1}$$

ist.

Da der Analysefehler $F$ nicht mit dem Liquidationserlös $P_2$ korreliert ist, gilt

$$\mathrm{cov}(P_2, A_1 \mid I_0) = \mathrm{var}(P_2 \mid I_0)$$

und mithin

$$\mathrm{var}(P_2 \mid A_1, I_0) = \mathrm{var}(P_2 \mid I_0) \cdot \left(1 - \frac{\mathrm{var}(P_2 \mid I_0)}{\mathrm{var}(A_1 \mid I_0)}\right) = \mathrm{var}(P_2 \mid I_0) \cdot \frac{\mathrm{var}(F \mid I_0)}{\mathrm{var}(A_1 \mid I_0)}. \tag{B.2}$$

Einsetzen von (B.2) in (B.1) führt auf

$$\frac{1}{\text{var}(P_2 \mid I_0)} \cdot \left( \frac{\text{var}(A_1 \mid I_0)}{\text{var}(F \mid I_0)} - 1 \right) = \frac{1}{\text{var}(F \mid I_0)}$$

bzw.

$$\frac{1}{\text{var}(P_2 \mid I_0)} \cdot \frac{\text{var}(P_2 \mid I_0)}{\text{var}(F \mid I_0)} = \frac{1}{\text{var}(F \mid I_0)}$$

und damit zur Bestätigung der eingangs aufgestellten Behauptung.

## Anhang C

Unter Berücksichtigung der Definitionen

$$g_P := \frac{\text{var}(P_2 \mid I_0)}{\text{var}(P_2 \mid P_1, I_0)} - 1$$

und

$$c_P := \frac{t_P}{\text{var}(P_2 \mid I_0)}$$

ist die Behauptung

$$t_P \cdot s_P \cdot \frac{\text{E}(P_2 \mid P_1, I_0) - P_1}{\text{var}(P_2 \mid P_1, I_0)} = c_P \cdot s_P \cdot [(1+g_P) \cdot (\mu - P_1) + (g_P/a) \cdot (P_1 - \text{E}(P_1 \mid I_0))]$$

äquivalent zu

$$\frac{E(P_2 \mid P_1, I_0) - P_1}{\mathrm{var}(P_2 \mid P_1, I_0)} = (1 + g_P) \cdot \frac{E(P_2 \mid I_0) - P_1}{\mathrm{var}(P_2 \mid I_0)} + (g_P/a) \cdot \frac{P_1 - E(P_1 \mid I_0)}{\mathrm{var}(P_2 \mid I_0)} . \qquad \text{(C.1)}$$

Analog zur Vorgehensweise in Anhang A läßt sich zeigen, daß (C.1) genau dann gilt, wenn

$$\frac{\dfrac{\mathrm{cov}(P_2, P_1 \mid I_0)}{\mathrm{var}(P_1 \mid I_0)}}{\mathrm{var}(P_2 \mid P_1, I_0)} = \frac{g_P/a}{\mathrm{var}(P_2 \mid I_0)}$$

bzw.

$$\frac{\dfrac{\mathrm{cov}(P_2, P_1 \mid I_0)}{\mathrm{var}(P_1 \mid I_0)}}{\mathrm{var}(P_2 \mid P_1, I_0)} = \frac{1}{a} \cdot \left( \frac{1}{\mathrm{var}(P_2 \mid P_1, I_0)} - \frac{1}{\mathrm{var}(P_2 \mid I_0)} \right)$$

bzw.

$$\frac{\mathrm{cov}(P_2, P_1 \mid I_0)}{\mathrm{var}(P_1 \mid I_0)} = \frac{1}{a} \cdot \left( 1 - \frac{\mathrm{var}(P_2 \mid P_1, I_0)}{\mathrm{var}(P_2 \mid I_0)} \right) \qquad \text{(C.2)}$$

gilt. Einsetzen der durch (A.8) implizierten Bedingung

$$\mathrm{var}(P_2 \mid P_1, I_0) = \mathrm{var}(P_2 \mid I_0) - \frac{\mathrm{cov}(P_2, P_1 \mid I_0)^2}{\mathrm{var}(P_1 \mid I_0)}$$

in (C.2) führt auf die Bedingung

$$1 = \frac{1}{a} \cdot \frac{\mathrm{cov}(P_2, P_1 \mid I_0)}{\mathrm{var}(P_2 \mid I_0)} ,$$

die wegen

$$P_1 = a \cdot A_1 + (1/\ell) \cdot D_P + const = a \cdot (P_2 + F) + (1/\ell) \cdot D_P + const$$

und

$$\mathrm{cov}(P_2, F \mid I_0) = \mathrm{cov}(P_2, D_P \mid I_0) = 0$$

erfüllt ist.

Damit ist gezeigt, daß die Behauptung (3.32) unter den übrigen getroffenen Annahmen zutrifft, wenn die Outsider den Erklärungszusammenhang (3.29) vermuten und dabei zu Recht davon ausgehen, daß weder der Analysefehler $F$ noch die Nettonachfrage des Publikums $D_P$ mit dem Liquidationserlös $P_2$ korreliert sind.

**Anhang D**

Es gilt

$$g_P := \frac{\mathrm{var}(P_2 \mid I_0)}{\mathrm{var}(P_2 \mid P_1, I_0)} - 1$$

$$= \frac{\mathrm{var}(P_2 \mid I_0) - \mathrm{var}(P_2 \mid P_1, I_0)}{\mathrm{var}(P_2 \mid P_1, I_0)}$$

$$= \frac{\dfrac{\mathrm{cov}(P_2, P_1 \mid I_0)^2}{\mathrm{var}(P_1 \mid I_0)}}{\mathrm{var}(P_2 \mid I_0) - \dfrac{\mathrm{cov}(P_2, P_1 \mid I_0)^2}{\mathrm{var}(P_1 \mid I_0)}}$$

$$= \frac{\operatorname{cov}(P_2, P_1 \mid I_0)^2}{\operatorname{var}(P_1 \mid I_0) \cdot \operatorname{var}(P_2 \mid I_0) - \operatorname{cov}(P_2, P_1 \mid I_0)^2}$$

$$= \frac{a \cdot \operatorname{cov}(P_2, P_1 \mid I_0)}{\operatorname{var}(P_1 \mid I_0) - a \cdot \operatorname{cov}(P_2, P_1 \mid I_0)}$$

$$= \frac{a^2 \cdot \operatorname{var}(P_2 \mid I_0)}{a^2 \cdot \operatorname{var}(F \mid I_0) + (1/\ell)^2 \cdot \operatorname{var}(D_P \mid I_0)}$$

$$= \frac{a \cdot \ell \cdot \operatorname{var}(P_2 \mid I_0)}{a \cdot \ell \cdot \operatorname{var}(F \mid I_0) + \operatorname{var}(D_P \mid I_0)/(a \cdot \ell)} .$$

Einsetzen der durch (3.44) implizierten Beziehung

$$a \cdot \ell = g_A \cdot n_A \cdot c_A$$

führt zunächst auf

$$g_P = \frac{g_A^2}{g_A^2 \cdot \dfrac{\operatorname{var}(F \mid I_0)}{\operatorname{var}(P_2 \mid I_0)} + \dfrac{\operatorname{var}(P_2 \mid I_0) \cdot \operatorname{var}(D_P \mid I_0)}{(n_A \cdot t_A)^2}}$$

und dann unter Berücksichtigung von

$$\frac{\operatorname{var}(F \mid I_0)}{\operatorname{var}(P_2 \mid I_0)} = \frac{1-z}{z} = \frac{1}{g_A}$$

auf (3.45) .

## Anhang E

Aus (3.60) erhält man unter Berücksichtigung von (3.52) die Relationen

$$(1 - \%) \cdot \frac{\% \cdot h}{g_A + \% \cdot h} + \% \cdot (1 + g_A) < (>) \ 1$$

bzw.

$$(1 - \%) \cdot \frac{\%^2 \cdot h}{\% \cdot g_A + \%^2 \cdot h} + \% \cdot (1 + g_A) < (>) \ 1 \ . \tag{E.1}$$

Multiplikation beider Seiten von (G.1) mit $\% \cdot g_A + \%^2 \cdot h$ führt auf

$$\% \cdot (1 + g_A) \cdot (\% \cdot g_A + \%^2 \cdot h) < (>) \ \% \cdot g_A + \%^2 \cdot h - (1 - \%) \cdot \%^2 \cdot h$$

bzw.

$$\% \cdot (1 + g_A) \cdot (\% \cdot g_A + \%^2 \cdot h) < (>) \ \% \cdot g_A + \%^3 \cdot h$$

bzw.

$$\% \cdot (1 + g_A) \cdot \% \cdot g_A < (>) \ (1 - \%^2 \cdot h) \cdot \% \cdot g_A \ .$$

Hieraus erhält man unter Berücksichtigung von

$$1 + g_A = 1 + \frac{z}{1 - z} = \frac{1}{1 - z}$$

die Relation

$$\% < (>) \ (1 - z) \cdot (1 - \%^2 \cdot h) \ . \tag{E.2}$$

In Verbindung mit der Definition

$$\bar{B}_1 := -\frac{D_P}{n_A+n_P}$$

für den durchschnittlichen Bestand, mit dem ein Händler aus dem Handel geht, gilt

$$\%2\cdot h = \%2\cdot\left(\frac{\sigma_P\cdot\sigma_D}{n_A\cdot t_A}\right)^2 = \left(\frac{\sigma_P\cdot\sigma_D}{n_A\cdot t_A+n_P\cdot t_P}\right)^2$$

$$= \frac{1}{n_A+n_P}\cdot\frac{n_A+n_P}{n_A\cdot t_A+n_P\cdot t_P}\cdot\frac{\mathrm{var}(P_2\,|\,I_0)}{n_A\cdot t_A+n_P\cdot t_P}\cdot \mathrm{var}(D_P\,|\,I_0)$$

$$= \frac{1}{n_A+n_P}\cdot\frac{1}{\bar{t}}\cdot(1/\ell h)\cdot\mathrm{var}(D_P\,|\,I_0)$$

(zur Erinnerung: Das Symbol $\ell h$ steht für die Liquidität bei gleichbleibend homogenem Informationsstand)

$$= \frac{1}{n_A+n_P}\cdot\frac{1}{\bar{t}}\cdot\mathrm{cov}(D_P, P_1^h\,|\,I_0)$$

(zur Erinnerung: Das Symbol $P_1^h$ steht für den Börsenkurs, der sich bei gleichbleibend homogenem Informationsstand einstellen würde)

$$= (1/\bar{t})\cdot\mathrm{cov}(\bar{B}_1, -P_1^h\,|\,I_0)$$

$$= (1/\bar{t})\cdot\mathrm{cov}(\bar{B}_1, P_2-P_1^h\,|\,I_0)$$

(Hinweis: Publikumsnachfrage und Liquidationserlös sind annahmegemäß unkorreliert)

$$= (1/\bar{t})\cdot(\mathrm{E}(\bar{B}_1\,|\,I_0)\cdot\mathrm{E}(P_2-P_1^h\,|\,I_0)+\mathrm{cov}(\bar{B}_1, P_2-P_1^h\,|\,I_0))$$

$$= (1/\bar{t}) \cdot \mathrm{E}(\bar{B}_1 \cdot (P_2 - P_1^h) \mid I_0) \ .$$

Bei

$$\bar{d}^h := \mathrm{E}(\bar{B}_1 \cdot (P_2 - P_1^h) \mid I_0)$$

handelt es sich um den durchschnittlichen erwarteten Deckungsbeitrag eines Händlers aus dem Handel mit dem Publikum bei gleichbleibend homogenem Informationsstand. Einsetzen von

$$\%2 \cdot h = \bar{d}^h / \bar{t} \tag{E.3}$$

in (E.2) führt unmittelbar auf (3.61).

## Anhang F

Aus (3.59) erhält man i.V.m. (3.52) und (E.3)

$$\ell \;=\; \ell h \cdot \left( (1-\%) \cdot \frac{\bar{d}h/\bar{t}}{\% \cdot g_A + \bar{d}h/\bar{t}} + \% \cdot (1+g_A) \right) \;.$$

Um die Darstellung möglichst übersichtlich zu halten, wird im folgenden von den Kurzdarstellungen

$$\sigma_P^2 \; := \; \mathrm{var}(P_2 \mid I_0) \;,$$

$$\sigma_D^2 \; := \; \mathrm{var}(D_P \mid I_0)$$

und

$$\xi \; := \; \bar{d}h/\bar{t}$$

Gebrauch gemacht. Damit erhält man erstens

$$\frac{\partial \ell}{\partial \sigma_P^2} = -\frac{\ell h}{\sigma_P^2} \cdot \left( (1-\%) \cdot \frac{\xi}{\% \cdot g_A + \xi} + \% \cdot (1+g_A) - \xi \cdot (1-\%) \cdot \frac{\% \cdot g_A}{(\% \cdot g_A + \xi)^2} \right)$$

$$= -\frac{\ell h}{\sigma_P^2} \cdot \left( \% \cdot (1+g_A) + (1-\%) \cdot \frac{\xi}{\% \cdot g_A + \xi} \cdot \left( 1 - \frac{\% \cdot g_A}{\% \cdot g_A + \xi} \right) \right)$$

$$= -\frac{\ell h}{\sigma_P^2} \cdot \left( \% \cdot (1+g_A) + (1-\%) \cdot \frac{\xi^2}{(\% \cdot g_A + \xi)^2} \right) < 0 \;.$$

Hieraus erhält man analog zu der eben beschrittenen Vorgehensweise

$$\frac{\partial}{\partial \sigma_P^2}\left(\frac{\partial \ell}{\partial \sigma_P^2}\right) = \frac{2 \cdot \ell^h}{\sigma_P^4} \cdot \left(\% \cdot (1+g_A) + (1-\%) \cdot \frac{\xi^3}{(\% \cdot g_A + \xi)^3}\right) > 0 \ .$$

Zweitens

$$\frac{\partial \ell}{\partial \sigma_D^2} = \frac{\partial \ell}{\partial \xi} \cdot \frac{\partial \xi}{\partial \sigma_D^2}$$

$$= \ell^h \cdot (1-\%) \cdot \frac{\% \cdot g_A}{(\% \cdot g_A + \xi)^2} \cdot \frac{\xi}{\sigma_D^2}$$

$$= \ell^h \cdot (1-\%) \cdot \frac{\% \cdot g_A}{(\% \cdot g_A + \xi)^2} \cdot \frac{1}{n_A + n_P} \cdot \frac{1}{\bar{\bar{t}}} \cdot (1/\ell^h)$$

$$= (1-\%) \cdot \frac{1}{n_A + n_P} \cdot \frac{1}{\bar{\bar{t}}} \cdot \frac{\% \cdot g_A}{(\% \cdot g_A + \xi)^2} > 0 \ .$$

Hieraus läßt sich unschwer ablesen, daß

$$\frac{\partial}{\partial \sigma_D^2}\left(\frac{\partial \ell}{\partial \sigma_D^2}\right) < 0$$

gilt.

Und drittens

$$\frac{\partial \ell}{\partial \%} = \ell^h \cdot \left(1 + g_A - \frac{\xi}{\% \cdot g_A + \xi} - g_A \cdot (1-\%) \cdot \frac{\xi}{(\% \cdot g_A + \xi)^2}\right) \qquad \text{(F.1)}$$

$$= \frac{\ell h}{(\%\cdot g_A+\xi)^2} \cdot ((1+g_A)\cdot(\%\cdot g_A+\xi)^2 - \xi\cdot(\%\cdot g_A+\xi) - \xi\cdot g_A\cdot(1-\%))$$

$$= \frac{\ell h}{(\%\cdot g_A+\xi)^2} \cdot ((1+g_A)\cdot(\xi^2 + 2\cdot\xi\cdot\%\cdot g_A + \%^2\cdot g_A^2) - \xi\cdot(g_A+\xi))$$

$$= \frac{\ell h}{(\%\cdot g_A+\xi)^2} \cdot g_A\cdot(\xi^2 + \xi\cdot(2\cdot\%\cdot(1+g_A) - 1) + (1+g_A)\cdot g_A\cdot\%^2) \ .$$

Hieraus kann man unter Berücksichtigung von

$$\xi > 0 \ ,$$

$$2\cdot\%\cdot(1+g_A) - 1 > -1$$

und

$$1+g_A = \frac{1}{1-z}$$

unmittelbar ablesen, daß

(a) $\xi := \bar{d}h/\bar{t} > 1$

oder

(b) $\% > \frac{1-z}{2}$

hinreichend für $\partial\ell/\partial\% > 0$ ist. Ferner gilt

$$\frac{\partial^2 \ell}{\partial \%^2} = \ell h \cdot \left( 2 \cdot g_A \cdot \frac{\xi}{(\% \cdot g_A + \xi)^2} + 2 \cdot g_A^2 \cdot (1-\%) \cdot \frac{\xi}{(\% \cdot g_A + \xi)^3} \right) > 0 \ .$$

Viertens: Die erste Ableitung

$$\frac{\partial \ell}{\partial g_A} = \ell h \cdot \% \cdot \left( 1 - (1-\%) \cdot \frac{\xi}{(\% \cdot g_A + \xi)^2} \right)$$

ist genau dann positiv, wenn

$$(\% \cdot g_A + \xi)^2 > (1-\%) \cdot \xi \Leftrightarrow \xi^2 + (2 \cdot \% \cdot g_A - (1-\%)) \cdot \xi + (\% \cdot g_A)^2 > 0$$

gilt. Hieraus läßt sich i.V.m. $\xi > 0$ ablesen, daß

(a) $g_A > \frac{1}{2} \cdot \frac{1-\%}{\%}$

oder

(b) $1-\% < \xi$

hinreichend für eine positive erste Ableitung ist. Ferner gilt

$$\frac{\partial^2 \ell}{\partial g_A^2} = 2 \cdot \ell h \cdot \%^2 \cdot (1-\%) \cdot \frac{\xi}{(\% \cdot g_A + \xi)^3} > 0 \ .$$

## Anhang G

Aus der Sicht eines Insiders entspricht die Enge des Marktes dem Kehrwert der von allen anderen Händlern zur Verfügung gestellten Liquidität, d.h. formal

$$e_A = \frac{1}{n_P \cdot c_P \cdot s_P \cdot (1 - g_P/\bar{g}) + (n_A - 1) \cdot c_A \cdot s_A \cdot (1 + g_A)} .$$

Hieraus erhält man in Verbindung mit der Gleichgewichtsbedingung

$$n_P \cdot s_P \cdot c_P \cdot (1 - g_P/\bar{g}) = n_A \cdot s_A \cdot c_A \cdot (1 + g_A) \cdot \frac{z - a}{a}$$

die Beziehung

$$e_A = \frac{1}{c_A \cdot s_A \cdot (1 + g_A) \cdot \left( n_A \cdot \frac{z - a}{a} + n_A - 1 \right)}$$

$$= \frac{1}{c_A \cdot s_A \cdot (1 + g_A) \cdot \frac{n_A \cdot z - a}{a}}$$

$$= \frac{1}{c_A \cdot s_A \cdot (1 + g_A)} \cdot \frac{a}{n_A \cdot z - a} .$$

Analog erhält man unter erneutem Rückgriff auf die obige Gleichgewichtsbeziehung

$$e_P = \frac{1}{(n_P - 1) \cdot c_P \cdot s_P \cdot (1 - g_P/\bar{g}) + n_A \cdot c_A \cdot s_A \cdot (1 + g_A)}$$

$$= \frac{1}{\frac{n_P - 1}{n_P} \cdot n_P \cdot c_P \cdot s_P \cdot (1 - g_P/\overline{g}) + n_A \cdot c_A \cdot s_A \cdot (1 + g_A)}$$

$$= \frac{1}{n_P \cdot c_P \cdot s_P \cdot (1 - g_P/\overline{g}) \cdot \left(\frac{n_P - 1}{n_P} + \frac{a}{z - a}\right)}$$

$$= \frac{1}{c_P \cdot s_P \cdot (1 - g_P/\overline{g}) \cdot \frac{(n_P - 1) \cdot z + a}{z - a}}$$

$$= \frac{1}{c_P \cdot s_P \cdot (1 - g_P/\overline{g})} \cdot \frac{z - a}{(n_P - 1) \cdot z + a} .$$

## Anhang H

Definitionsgemäß gilt

$$s_A \ := \frac{(1/t_A) \cdot \mathrm{var}(P_2 \,|\, A_1, I_0)}{e_A + (1/t_A) \cdot \mathrm{var}(P_2 \,|\, A_1, I_0)}$$

$$= \frac{1/t_A}{\frac{e_A}{\mathrm{var}(P_2 \,|\, A_1, I_0)} + 1/t_A}$$

$$= \frac{1}{c_A \cdot (1+g_A) \cdot e_A + 1} .$$

Setzt man hier

$$e_A = \frac{1}{c_A \cdot s_A \cdot (1+g_A)} \cdot \frac{a}{n_A \cdot z - a}$$

ein, so erhält man

$$s_A = \frac{1}{\frac{1}{s_A} \cdot \frac{a}{n_A \cdot z - a} + 1}$$

bzw.

$$s_A = 1 - \frac{a}{n_A \cdot z - a} .$$

Die Strategie der schlechter informierten Händler läßt sich analog entwickeln: Es gilt

$$s_P := \frac{(1/t_P) \cdot \mathrm{var}(P_2 \mid P_1, I_0)}{e_P + (1/t_P) \cdot \mathrm{var}(P_2 \mid P_1, I_0)}$$

$$= \frac{1/t_P}{\frac{e_P}{\mathrm{var}(P_2 \mid P_1, I_0)} + 1/t_P}$$

$$= \frac{1}{c_P \cdot (1+g_P) \cdot e_P + 1} .$$

Einsetzen von

$$e_P = \frac{1}{c_P \cdot s_P \cdot (1-g_P/\bar{g})} \cdot \frac{z-a}{(n_P-1) \cdot z+a}$$

führt auf

$$s_P = \frac{1}{\frac{1}{s_P} \cdot \frac{1+g_P}{1-g_P/\bar{g}} \cdot \frac{z-a}{(n_P-1) \cdot z+a} + 1}$$

bzw.

$$s_P = 1 - \frac{1+g_P}{1-g_P/\bar{g}} \cdot \frac{z-a}{(n_P-1) \cdot z+a} .$$

**Anhang I**

Für ein Gleichgewicht ist es notwendig, daß die von den besser informierten Händlern für die Durchführung von Insidergeschäften benötigte Liquidität im Gleichgewicht von den schlechter informierten Händlern bereitgestellt wird. Es wurde gezeigt, daß diese Bedingung erfüllt ist, wenn

$$n_P \cdot s_P \cdot c_P \cdot (1-g_P/\bar{g}) = \frac{z-a}{a} \cdot n_A \cdot s_A \cdot c_A \cdot (1+g_A)$$

bzw.

$$\frac{z-a}{a} \cdot \frac{n_A \cdot s_A \cdot c_A \cdot (1+g_A)}{n_P \cdot s_P \cdot c_P} - (1-g_P/\bar{g}) = 0 \tag{I.1}$$

erfüllt ist.

Diese Bedingung läßt sich erheblich vereinfachen, wenn man $s_P$ als Funktion von $s_A$ formuliert. Zu dieser Funktion gelangt man auf folgendem Weg. Es gilt

$$e_P = \frac{1}{(n_P - 1)\cdot c_P \cdot s_P \cdot (1 - g_P/\overline{g}) + n_A \cdot c_A \cdot s_A \cdot (1 + g_A)}$$

$$= \frac{1}{\frac{n_P - 1}{n_P}\cdot n_P \cdot c_P \cdot s_P \cdot (1 - g_P/\overline{g}) + n_A \cdot c_A \cdot s_A \cdot (1 + g_A)}$$

$$= \frac{1}{n_A \cdot c_A \cdot s_A \cdot (1 + g_A)\cdot \left(\frac{z - a}{a}\cdot\frac{n_P - 1}{n_P} + 1\right)}$$

$$= \frac{1}{c_A \cdot s_A \cdot (1 + g_A)}\cdot\frac{n_P}{n_A}\cdot\frac{a}{(n_P - 1)\cdot z + a}\ .$$

Setzt man diese Beziehung in

$$s_P = \frac{1}{c_P \cdot (1 + g_P)\cdot e_P + 1}$$

ein, so erhält man

$$s_P = \frac{1}{\frac{n_P \cdot c_P \cdot (1 + g_P)}{n_A \cdot s_A \cdot c_A \cdot (1 + g_A)}\cdot\frac{a}{(n_P - 1)\cdot z + a} + 1}\ .$$

Einsetzen dieser Beziehung in (I.1) führt auf

$$\frac{z-a}{a}\cdot\frac{n_A\cdot s_A\cdot c_A\cdot(1+g_A)}{n_P\cdot c_P}\cdot\left(\frac{n_P\cdot c_P\cdot(1+g_P)}{n_A\cdot s_A\cdot c_A\cdot(1+g_A)}\cdot\frac{a}{(n_P-1)\cdot z+a}+1\right)-(1-g_P/\overline{g}) = 0$$

bzw.

$$(z-a)\cdot\left((1+g_P)\cdot\frac{a}{(n_P-1)\cdot z+a}+\frac{n_A\cdot c_A\cdot(1+g_A)}{n_P\cdot c_P}\cdot s_A\right)-a\cdot(1-g_P/\overline{g}) = 0\,. \tag{I.2}$$

In Verbindung mit den Definitionen

$$f(a) := a\cdot\left(\frac{z-a}{(n_P-1)\cdot z+a}-1\right)$$

und (vgl. (3.45))

$$g(a) := \frac{g_A^2}{g_A+\left(\dfrac{\sigma_P\cdot\sigma_D}{n_A\cdot t_A\cdot s(a)}\right)^2} = g_P$$

und (vgl. (3.64))

$$s(a) := 1-\frac{a}{n_A\cdot z-a} = s_A$$

und unter Berücksichtigung von

$$1-g_P/\overline{g} = 1-\frac{1-a}{a}\cdot g_P$$

und

$$1+g_A = \frac{1}{1-z}$$

kann man (I.2) wie folgt schreiben:

$$F(a) := \frac{n_A \cdot c_A}{n_P \cdot c_P} \cdot \frac{z-a}{1-z} \cdot s(a) + (1+f(a)) \cdot g(a) + f(a) = 0 \ . \tag{I.3}$$

Ein Gleichgewicht existiert nur dann, wenn die Gleichung

$$F(a) = 0$$

wenigstens eine Lösung besitzt. Da $a$ den durch $0 < a < z < 1$ gesteckten Rahmen nicht sprengen darf, damit a priori nicht erwartetes Signal nicht einseitige oder tendenziell gleichgerichtete Nachfrageeffekte in beiden "Händlerlagern" auslösen (vgl. die Erläuterungen im Text zu (3.34)), kann die Suche nach Nullstellen von vornherein auf das Intervall $(0, z)$ eingeschränkt werden.

Zunächst erhält man unter Berücksichtigung von

$$s(0) = 1 \ ,$$

$$g(0) = \frac{g_A^2}{g_A + \left(\frac{\sigma_P \cdot \sigma_D}{n_A \cdot t_A}\right)^2} > 0$$

und

$$f(0) \begin{cases} = z & \text{falls } n_P = 1 \\ = 0 & \text{falls } n_P \geq 2 \end{cases}$$

schließlich

$$F(0) > 0 \ .$$

Aus

$$s_A = \frac{n_A \cdot (z/a) - 2}{n_A \cdot (z/a) - 1}$$

folgt, daß die Nullstellensuche für $n_A = 1$ noch weiter eingegrenzt werden kann, und zwar auf das Intervall $(0, z/2)$. Daher wird der Fall eines monopolistischen Insiders im folgenden separat betrachtet.

Im Text wurde bereits gezeigt, daß ein monopolistischer Insider mit wenigstens zwei schlechter informierten Händlern zusammen am Markt sein muß, damit ein Gleichgewicht existiert, weil seine Nachfrage andernfalls zuviel Druck auf den Kurs erzeugt.

Aus

$$s(z/2) = 0 \text{ für } n_A = 1$$

geht hervor, daß sich der Insider im Fall $n_A = 1$ und $n_P \geq 2$ zurückzieht, wenn die Hälfte der mit der Zuverlässigkeit des Analysten multiplizierten Überraschungskomponente des Analyseergebnisses durch den Kurs vorweggenommen wird.

$$\lim_{a \to \frac{z}{2}} g(a) = 0$$

bringt zum Ausdruck, daß der Börsenkurs keine Rückschlüsse auf den Liquidationswert zuläßt, wenn sich der Insider zurückzieht. Man erhält somit am rechten Rand des zulässigen Bereichs für $a$ einen Funktionswert in Höhe von

$$\lim_{a \to \frac{z}{2}} F(a) = f(z/2) = \frac{z}{2} \cdot \left( \frac{z/2}{(n_P - 1) \cdot z + z/2} - 1 \right)$$

$$= \frac{z}{2} \cdot \left( \frac{1}{2 \cdot n_P - 1} - 1 \right) < 0 \text{ für } n_P \geq 2 .$$

Da die Funktion $F(a)$ im Intervall $0 < a < z/2$ stetig ist, muß demnach stets wenigstens ein Gleichgewicht existieren, wenn nur ein besser informierter Händler und wenigstens zwei schlechter informierte Händler am Markt sind.

Wenn wenigstens zwei besser informierte Händler am Markt sind, wird der rechte Rand des zulässigen Bereichs für $a$ durch die Zuverlässigkeit $z$ markiert. Für diese Marke gilt

$$\mathrm{f}(z) = -z$$

und

$$\mathrm{s}(z) = 1 - \frac{1}{n_A - 1} \begin{cases} = 0 & \text{falls } n_A = 2 \\ > 0 & \text{falls } n_A > 2 \end{cases}$$

sowie

$$\lim_{a \to z} \mathrm{g}(a) \begin{cases} = 0 & \text{falls } n_A = 2 \\ > 0 & \text{falls } n_A > 2 \end{cases} .$$

Damit erhält man letztlich

$$\lim_{a \to z} \mathrm{F}(a) \begin{cases} -z & \text{falls } n_A = 2 \\ (1 - z) \cdot \lim_{a \to z} \mathrm{g}(a) - z & \text{falls } n_A > 2 \end{cases} .$$

Nun ist das Ausmaß der Risikoreduktion bei den Händlern, die darauf angewiesen sind, ihre Rückschlüsse aus dem Börsenkurs zu ziehen, niemals so groß wie bei den Händlern, die ihre Informationen aus erster Hand beziehen, d.h. in formaler Sprache:

$$\mathrm{g}(a) := \frac{g_A^2}{g_A + \left( \dfrac{\sigma_P \cdot \sigma_D}{n_A \cdot t_A \cdot \mathrm{s}(a)} \right)^2} < g_A = \frac{z}{1 - z} .$$

Somit gilt also

$$\lim_{a \to z} F(a) < 0 \text{ für } n_A \geq 2 \ .$$

Damit ist auch für den Fall $n_A \geq 2$ und $n_P \geq 1$ gezeigt, daß wenigstens ein Gleichgewicht existiert. Zusammengenommen bleibt festzustellen, daß auch bei asymmetrischer Information immer wenigstens ein Gleichgewicht mit rationalen Erwartungen und liquiditätsbewußt agierenden Händlern existiert, solange insgesamt wenigstens 3 Händler am Markt sind.

Fraglich ist nur noch, ob es mehrere oder nur ein Gleichgewicht gibt. Könnte man zeigen, daß die Funktion F( · ) im relevanten Bereich streng monoton sinkt, dann wäre die Eindeutigkeit des Gleichgewichts gesichert. Es gilt

$$F'(a) := -\frac{n_A \cdot c_A}{n_P \cdot c_P} \cdot \frac{s(a)}{1-z} + \frac{z-a}{1-z} \cdot \frac{n_A \cdot c_A}{n_P \cdot c_P} \cdot s'(a) + (1+f(a)) \cdot g'(a) + f'(a) \cdot g(a) + f'(a).$$

Der Verlauf der Funktion wird u.a. davon beeinflußt, wie sich die Strategie $s(a)$ und die Güte der durch den Börsenkurs übermittelten Information $g(a)$ an Veränderungen des Ausmaßes $a$ anpassen, in dem nicht öffentliche Information bereits durch den Börsenkurs vorweggenommen wird. Es gilt:

$$s'(a) = -\frac{n_A \cdot z}{(n_A \cdot z - a)^2} < 0$$

und

$$g'(a) = \frac{\partial g}{\partial s} \cdot \frac{\partial s}{\partial a} = 2 \cdot \left( \frac{\sigma_P \cdot \sigma_D}{n_A \cdot t_A \cdot s(a)} \right)^2 \cdot \left( \frac{g(a)}{g_A} \right)^2 \cdot \frac{1}{s(a)} \cdot \frac{\partial s}{\partial a} < 0 \ .$$

Die Vorzeichen der partiellen Ableitungen von $s(a)$ und $g(a)$ leuchten auch ökonomisch unmittelbar ein: Je größer das Ausmaß ist, in dem die Insiderinformation bereits durch den Börsenkurs vorweggenommen wird, desto zurückhaltender agieren Insider im Gleichgewicht, so daß die Güte der durch den Börsenkurs übermittelten Information c.p. abnehmen muß.

Außerhalb des Intervalls $0 < a < z$ kann kein Gleichgewicht existieren und die Zuverlässigkeit $z$ ist im Intervall $0 < z < 1$ definiert. Daraus folgt für $n_P \geq 1$

$$1 + f(a) := 1 + a \cdot \left( \frac{z - a}{(n_P - 1) \cdot z + a} - 1 \right) > 1 - a > 0 \ .$$

Ferner erhält man aus

$$f'(a) = \frac{z - a}{(n_P - 1) \cdot z + a} - 1 - \frac{n_P \cdot z}{((n_P - 1) \cdot z + a)^2} \cdot a$$

für $n_P = 1$

$$f'(a) = \frac{z - a}{a} - 1 - \frac{z}{a} = -2 < 0$$

und für $n_P \geq 2$

$$f'(a) < \frac{z - a}{(n_P - 1) \cdot z + a} - 1 < 0 \ ,$$

so daß unter allen relevanten Bedingungen von

$$f'(a) < 0$$

auszugehen ist.

Damit ist gezeigt, daß $F(a)$ unter den Bedingungen $n_A \geq 1$, $n_P \geq 1$ und $n_A + n_P \geq 3$ eine im relevanten Intervall $0 < v < a$ streng monoton fallende Funktion ist. Hieraus folgt in Verbindung mit den Ausführungen unter Abschnitt 3.1, in dem der Fall homogener Information untersucht wurde, daß bei liquiditätsbewußtem Vorgehen der Wertpapierhändler stets ein eindeutiges Nash-Gleichgewicht existiert, wenn wenigstens 3 Wertpapierhändler am Markt sind, seien sie homogen oder asymmetrisch informiert.

Im folgenden wird gezeigt, daß der Einfluß der Parameter des Modells auf das Ausmaß $a$, in dem die Überraschungskomponente des Analyseergebnisses im Gleichgewicht durch den Börsenkurs vorweggenommen wird, qualitativ betrachtet unabhängig davon ist, ob sich die Wertpapierhändler liquiditätsbewußt verhalten oder nicht.

Sei $x = (x_1 \ldots x_n)$ die Menge der exogenen Parameter des Modells, dann kann man die Gleichgewichtsbedingung F = 0 in Verbindung mit der Überlegung, daß $a$ eine Funktion f( $x$ ) dieser Parameter ist, wie folgt schreiben

$$\mathrm{F}(\,\mathrm{f}(\,x\,), x\,) \;=\; 0 \;.$$

Nach dem Theorem über implizite Funktionen,[151] gilt dann für irgendeinen Parameter $x_i$

$$\frac{\mathrm{d}a}{\mathrm{d}x_i} = -\frac{\dfrac{\partial \mathrm{F}}{\partial x_i}}{\dfrac{\partial \mathrm{F}}{\partial a}} =: -\frac{\mathrm{F}_{x_i}}{\mathrm{F}_a} \;.$$

Im folgenden soll zunächst geprüft werden, wie sich Änderungen von $z$ auf $v$ auswirken. Für

$$\mathrm{F}(\,a, x\,) \;=\; \frac{n_A \cdot c_A}{n_P \cdot c_P} \cdot \frac{z-a}{1-z} \cdot \mathrm{s}(a,x) + (1+\mathrm{f}(a,x)) \cdot \mathrm{g}(a,x) + \mathrm{f}(a,x)$$

erhält man

$$\mathrm{F}_z \;=\; \frac{n_A \cdot c_A}{n_P \cdot c_P} \cdot \left( \frac{1-a}{(1-z)^2} \cdot \mathrm{s} \;+\; \frac{z-a}{1-z} \cdot \mathrm{s}_z \right) + (1+\mathrm{f}) \cdot \mathrm{g}_z + \mathrm{f}_z \cdot \mathrm{g} + \mathrm{f}_z \;\;.$$

Nun gilt

---

151 Vgl. z.B. KAMIEN/SCHWARTZ (1991), S. 307.

$$s_z = \frac{n_A \cdot a}{(n_A \cdot z - a)^2} > 0 \ ,$$

$$g_z = \frac{\partial g}{\partial g_A} \cdot \frac{\partial g_A}{\partial z} + \frac{\partial g}{\partial s} \cdot \frac{\partial s}{\partial z} > 0$$

und

$$f_z = \frac{n_P \cdot a}{((n_P - 1) \cdot z + v)^2} \cdot a > 0 \ .$$

Daraus folgt $F_z > 0$, was i.V.m. $F_a < 0$

$$\frac{da}{dz} = -\frac{F_z}{F_a} > 0$$

impliziert.

Daß die schlechter informierten Händler mit wachsender Zuverlässigkeit des Analysten stärkere Zurückhaltung an den Tag legen, weil sie antizipieren, daß wachsende Zuverlässigkeit des Analysten zunehmende Konkurrenz der besser informierten Händler untereinander bedeutet und zur Folge hat, daß mehr Information in den Börsenkurs gelangt, führt also auch dann zu sich selbst bestätigenden Erwartungen, wenn jeder Händler der Tatsache Rechnung trägt, daß er selbst den Börsenkurs beeinflußt.

Desweiteren gilt für beide Formen der Unsicherheit, die sich zu

$$u := \sigma_P^2 \cdot \sigma_D^2$$

zusammenfassen lassen,

$$F_u = (1 + f) \cdot g_u$$

mit

$$g_u = -\frac{1}{(n_A \cdot t_A \cdot s)^2} \cdot \left(\frac{g}{g_A}\right)^2 < 0 \ .$$

Daraus folgt

$$\frac{da}{du} = -\frac{F_u}{F_a} < 0 \ .$$

Aus

$$F_{t_A} = \frac{1}{t_A} \cdot \frac{n_A \cdot c_A}{n_P \cdot c_P} \cdot \frac{z-a}{1-z} + (1+f) \cdot g_{t_A}$$

folgt unter Berücksichtigung von $g_{t_A} > 0$ schließlich

$$\frac{da}{dt_A} = -\frac{F_{t_A}}{F_a} > 0 \ .$$

Aus

$$F_{n_A} = \frac{c_A}{n_P \cdot c_P} \cdot \frac{z-a}{1-z} \cdot s + \frac{n_A \cdot c_A}{n_P \cdot c_P} \cdot \frac{z-a}{1-z} \cdot s_{n_A} + (1+f) \cdot g_{n_A}$$

erhält man in Verbindung mit

$$s_{n_A} = \frac{a \cdot z}{(n_A \cdot z - a)^2} > 0$$

und

$$g_{n_A} = 2 \cdot \left(\frac{\sigma_P \cdot \sigma_D}{n_A \cdot t_A \cdot s}\right)^2 \cdot \left(\frac{g}{g_A}\right)^2 \cdot \frac{1}{n_A} + \frac{\partial g}{\partial s} \cdot \frac{\partial s}{\partial n_A} > 0$$

schließlich

$$\frac{da}{dn_A} = -\frac{F_{n_A}}{F_a} > 0 \ .$$

Aus

$$F_{t_P} = -\frac{1}{t_P} \cdot \frac{n_A \cdot c_A}{n_P \cdot c_P} \cdot \frac{z-a}{1-z} \cdot s < 0$$

folgt unmittelbar

$$\frac{da}{dt_P} = -\frac{F_{t_P}}{F_a} < 0 \ ,$$

und aus

$$F_{n_P} = -\frac{1}{n_P} \cdot \frac{n_A \cdot c_A}{n_P \cdot c_P} \cdot \frac{z-a}{1-z} \cdot s + (1 + g) \cdot f_{n_P}$$

folgt in Verbindung mit

$$f_{n_P} < 0$$

schließlich

$$\frac{da}{dn_P} = -\frac{F_{n_P}}{F_a} < 0 \ .$$

Aus dem Vergleich mit den auf den Seiten 58 - 63 referierten Resultaten folgt, daß Parameteränderungen im Gleichgewicht unabhängig davon, ob die Händler die Auswirkungen ihrer Transaktionen auf den Börsenkurs antizipieren oder nicht, den gleichen Einfluß auf $a$ haben.

**Anhang J**

Aus (3.76) läßt sich in Verbindung mit (3.75) unmittelbar ablesen, daß

$$F_\ell > 0$$

gilt. Unter Berücksichtigung von (3.77) erhält man

$$F_{t_P} < 0$$

und unter Berücksichtigung von $g_{\sigma_D^2} < 0$ ergibt sich

$$F_{\sigma_D^2} < 0 \ .$$

Außerdem gilt

$$F_{n_P} = - c_P \cdot \left( \frac{8 \cdot n \cdot (n-1)}{(2 \cdot n - 1)^2} \cdot \left( \frac{n-1}{n} - g(\ell) \right) + \frac{1}{n^2} \cdot \frac{4 \cdot n^2}{2 \cdot n - 1} \right) < 0$$

und

$$F_{\sigma_P^2} = \frac{2 \cdot n \cdot c_P}{\sigma_P^2} \cdot \frac{2 \cdot n}{2 \cdot n - 1} \cdot g(\ell) > 0 \ .$$

Damit stellt sich der Einfluß der Parameter des Modells im Gleichgewicht wie folgt dar: In

$$\frac{d\ell}{dn_P} = - \frac{F_n}{F_\ell} > 0$$

zeigt sich, daß die Liquidität um so größer wird, je mehr schlecht informierte Wertpapierhändler am Markt sind, da jeder schlecht informierte Wertpapierhändler einen Beitrag zur Liquidität leistet. In

$$\frac{d\ell}{d\sigma_D^2} = -\frac{F_{\sigma_D^2}}{F_\ell} > 0$$

zeigt sich, daß die Liquidität mit wachsendem erwarteten Umsatz zunimmt, weil sich der Einfluß des Publikums auf den Börsenkurs vergrößert, so daß die schlecht informierten Händler ihre Zurückhaltung lockern. In

$$\frac{d\ell}{dt_P} = -\frac{F_{t_P}}{F_\ell} > 0$$

zeigt sich, daß die Liquidität zunimmt, wenn die schlechter informierten Wertpapierhändler infolge abnehmender Risikoaversion heftiger auf Börsenkursänderungen reagieren. Und in

$$\frac{d\ell}{d\sigma_P^2} = -\frac{F_{\sigma_P^2}}{F_\ell} < 0$$

zeigt sich, daß die Liquidität mit wachsender fundamentaler Unsicherheit abnimmt, weil die schlechter informierten Wertpapierhändler weniger heftig miteinander konkurrieren.

## Anhang K

Zu vergleichen ist die von $n + 1$ homogen informierten Händlern bereitgestellte Liquidität $\ell^h$ einerseits mit der von $n$ Outsidern und einem perfekt informierten Insider zur Verfügung gestellten Liquidität $\ell$ andererseits. Dabei wird jeweils zwischen nicht liquiditätsbewußtem und liquiditätsbewußtem Verhalten differenziert.

Bei fehlendem Liquiditätsbewußtsein und gleichbleibender homogener Information beläuft sich die Liquidität auf (vgl. (3.6ff.))

$$\ell^h = (n+1) \cdot c_P \ . \qquad \text{(K.1)}$$

Sei

$$\xi := d^h/t$$

(Hinweis: $\xi$ hat die gleiche Bedeutung wie in Anhang E und F. Allerdings erübrigt sich hier die Durchschnittsbildung, weil es im Referenzfall ohne Insider nur einen Händlertypus gibt. Daher tritt $t$ an die Stelle von $\bar{t}$ und $d^h$ an die Stelle von $\bar{d}^h$) der erwartete Deckungsbeitrag eines Händlers aus dem Handel mit dem Publikum, wenn es bei unverändert homogenem Informationsstand bleibt, dann gilt (vgl. (3.75))

$$g_P = \frac{\text{var}(P_2 \mid I_O)}{\text{var}(D_P \mid I_O)} \cdot (\ell/2)^2$$

$$= \frac{1}{4} \cdot \frac{t_P}{c_P} \cdot \frac{1}{\text{var}(D_P \mid I_O)} \cdot \ell^2$$

$$= \frac{1}{4} \cdot \frac{t_P}{(n+1) \cdot c_P} \cdot \frac{1}{\frac{(1/\ell^h) \cdot \text{var}(D_P \mid I_O)}{n+1}} \cdot \frac{\ell^2}{\ell^h}$$

$$= \frac{1}{4} \cdot \frac{1}{\xi} \cdot \left(\frac{\ell}{\ell^h}\right)^2 . \tag{K.2}$$

Analog zu der im Text beschrittenen Vorgehensweise erhält man die Beziehung

$$\ell = \frac{2 \cdot n}{n+1} \cdot (1 - g_P) \cdot \ell^h \tag{K.3}$$

für den Fall, daß insgesamt $n + 1$ nicht liquiditätsbewußt agierende Wertpapierhändler zutreffenderweise davon ausgehen, daß einer von ihnen einen "todsicheren" Tip erhält. Einsetzen von (K.2) in (K.3) führt in Verbindung mit der Definition

$$x := \ell / \ell^h$$

auf die quadratische Gleichung

$$x^2 + \frac{n+1}{n} \cdot 2 \cdot \xi \cdot x - 4 \cdot \xi = 0 \ .$$

Diese Gleichung besitzt genau eine positive Lösung, nämlich

$$x = -\frac{n+1}{n} \cdot \xi + \sqrt{\left(\frac{n+1}{n}\right)^2 \cdot \xi^2 + 4 \cdot \xi} \ . \qquad \text{(K.4)}$$

Aus (K.4) ergibt sich die Implikation

$$x < (>) \ 1 \Leftrightarrow \xi < (>) = \frac{1}{4 - 2 \cdot \frac{n+1}{n}} \ . \qquad \text{(K.5)}$$

Da in Gegenwart eines Insiders wenigstens zwei weitere Händler am Markt sein müssen, muß $n \geq 2$ gelten. Daraus folgt wegen

$$\frac{n+1}{n} \leq \frac{3}{2} \text{ für } n \geq 2 \ ,$$

daß $\xi > 1$ unter den getroffenen Annahmen eine hinreichende Bedingung dafür ist, daß der Insiderhandel für mehr Liquidität sorgt.

Wenn sich die Wertpapierhändler liquiditätsbewußt verhalten (dieses Verhalten wird im folgenden durch den hochgestellten Index $\ell$ angezeigt) beläuft sich die Liquidität bei homogener Information auf

$$\ell^{\ell h} = (n+1) \cdot s(n+1) \cdot c_P = s(n+1) \cdot \ell^h \qquad \text{(K.6)}$$

mit

$$s(n+1) \;:=\; 1 - \frac{1}{n+1-1} = \frac{n-1}{n} \;. \tag{K.7}$$

Analog zu der Vorgehensweise, die auf (K.2) führt, erhält man

$$g_P = \frac{s(n+1)}{4\cdot \xi\ell} \cdot \left(\frac{\ell\ell}{\ell\ell h}\right)^2 \tag{K.8}$$

mit

$$\xi\ell \;:=\; \frac{\xi}{s(n+1)} \;.$$

Ausweislich (3.74) gilt i.V.m. (K.7)

$$\ell\ell = 2\cdot n\cdot c_P \cdot \frac{2\cdot n}{2\cdot n-1} \cdot (s(n+1) - g_P) \tag{K.9}$$

für den Fall, daß insgesamt $n + 1$ liquiditätsbewußt agierende Wertpapierhändler zutreffenderweise davon ausgehen, daß einer von ihnen einen "todsicheren" Tip erhält. Einsetzen von (K.8) in (K.9) führt auf

$$\ell\ell = 2\cdot n\cdot s(n+1)\cdot c_P \cdot \frac{2\cdot n}{2\cdot n-1} \cdot \left(1 - \frac{1}{4\cdot \xi\ell} \cdot \left(\frac{\ell\ell}{\ell\ell h}\right)^2\right)$$

$$= \frac{2\cdot n}{n+1} \frac{2\cdot n}{2\cdot n-1} \cdot \left(1 - \frac{1}{4\cdot \xi\ell} \cdot \left(\frac{\ell\ell}{\ell\ell h}\right)^2\right) \cdot \ell\ell h \;.$$

Hieraus erhält man in Verbindung mit der Definition

$$y \;:=\; \ell\ell/\ell\ell h$$

die quadratische Gleichung

$$y^2 + \frac{2 \cdot n-1}{n} \cdot \frac{n+1}{n} \cdot \xi\ell \cdot y - 4 \cdot \xi\ell = 0 \; .$$

Diese Gleichung besitzt genau eine positive Lösung, nämlich

$$y = -\frac{2 \cdot n-1}{2 \cdot n} \cdot \frac{n+1}{n} \cdot \xi\ell + \sqrt{\left(\frac{2 \cdot n-1}{n} \cdot \frac{n+1}{n}\right)^2 \cdot (\xi\ell)^2 + 4 \cdot \xi\ell} \; . \tag{K.10}$$

Aus (K.9) ergibt sich die Implikation

$$y < (>) \; 1 \Leftrightarrow \xi\ell < (>) \; \frac{1}{4 - \frac{2 \cdot n-1}{n} \cdot \frac{n+1}{n}} \; . \tag{K.11}$$

**Anhang L**

Sei

$$M_i = \{ S_i, \ldots, S_1, I_0 \}, \; i = 1 \ldots n \; ,$$

eine Menge von Signalen einschließlich der a priori Information, die in immer gleicher Reihenfolge angeordnet sind, dann gilt allgemein[152]

$$\frac{E(P_2 \mid M_n) - P_1}{var(P_2 \mid M_n)} = (1 + g_n) \cdot \frac{E(P_2 \mid I_0) - P_1}{var(P_2 \mid I_0)} + \sum_{i=1}^{n} \phi_i \cdot (S_i - E(S_i \mid I_0)) \tag{L.1}$$

mit

152 Vgl. Anhang A.

$$g_n := \frac{\mathrm{var}(P_2 \mid I_0)}{\mathrm{var}(P_2 \mid M_n)} - 1 \ , \tag{L.2}$$

$$\phi_n := \frac{\dfrac{\mathrm{cov}(P_2, S_n \mid M_{n-1})}{\mathrm{var}(S_n \mid M_{n-1})}}{\mathrm{var}(P_2 \mid M_n)} \tag{L.3}$$

und

$$\phi_i := \frac{\dfrac{\mathrm{cov}(P_2, S_i \mid M_{i-1})}{\mathrm{var}(S_i \mid M_{i-1})}}{\mathrm{var}(P_2 \mid M_n)} - \sum_{j=1}^{n-i} \frac{\mathrm{cov}(S_{i+j}, S_i \mid M_{i-1})}{\mathrm{var}(S_i \mid M_{i-1})} \cdot \phi_{i+j} \ . \tag{L.4}$$

Aus (L.1) folgt in Verbindung mit den Definitionen

$$c_A := \frac{t_A}{\mathrm{var}(P_2 \mid I_0)}$$

und

$$g_{\{A,P\}} := \frac{\mathrm{var}(P_2 \mid I_0)}{\mathrm{var}(P_2 \mid A_1, P_1, I_0)} - 1$$

im ersten Schritt

$$t_A \cdot \frac{\mathrm{E}(P_2 \mid A_1, P_1, I_0) - P_1}{\mathrm{var}(P_2 \mid A_1, P_1, I_0)}$$

$$= c_A \cdot (1 + g_{\{A,P\}}) \cdot (\mu - P_1) + t_A \cdot \phi_A \cdot (A_1 - \mu_A) + t_A \cdot \phi_P \cdot (P_1 - \mathrm{E}(P_1 \mid I_0)) \ . \tag{L.2}$$

Unter den Bedingungen

$$\phi_A = \frac{g_A}{\operatorname{var}(P_2 \mid I_0)}, \tag{L.3}$$

$$\phi_P = \frac{g_P/a}{\operatorname{var}(P_2 \mid I_0)} \tag{L.4}$$

und

$$g_{\{A,P\}} = g_A + g_P \tag{L.5}$$

läßt sich (L.2) unter Berücksichtigung der Definition von $c_A$ durch einfaches Umordnen der Terme in (3.80) überführen. Die folgenden Ausführungen beschränken sich daher auf den Nachweis der Gültigkeit von (L.3) - (L.5).

(L.3) gilt genau dann, wenn

$$\frac{\dfrac{\operatorname{cov}(P_2, A_1 \mid P_1, I_0)}{\operatorname{var}(A_1 \mid P_1, I_0)}}{\operatorname{var}(P_2 \mid A_1, P_1, I_0)} = \frac{1}{\operatorname{var}(P_2 \mid A_1, I_0)} - \frac{1}{\operatorname{var}(P_2 \mid I_0)}$$

gilt. Dazu zeigt man im ersten Schritt analog zu (A.10) - (A.12) in Anhang A, daß

$$\operatorname{cov}(P_2, F \mid I_0) = 0 \text{ und } \operatorname{cov}(P_1, F \mid I_0) = 0$$

gemeinsam die Implikation

$$\operatorname{cov}(P_2, F \mid P_1, I_0) = 0$$

besitzen, und daß letztere wiederum

$$\frac{\frac{\operatorname{cov}(P_2, A_1 \mid P_1, I_0)}{\operatorname{var}(A_1 \mid P_1, I_0)}}{\operatorname{var}(P_2 \mid A_1, P_1, I_0)} = \frac{1}{\operatorname{var}(P_2 \mid A_1, P_1, I_0)} - \frac{1}{\operatorname{var}(P_2 \mid P_1, I_0)}$$

impliziert. Es sei in diesem Zusammenhang daran erinnert, daß die rechte der beiden Ausgangsbedingungen einen sehr großen Markt erfordert, weil nur dann gewährleistet ist, daß die individuellen Fehler aus dem Börsenkurs herausgemittelt werden.

Somit bleibt im zweiten Schritt zu zeigen, daß

$$\frac{1}{\operatorname{var}(P_2 \mid A_1, P_1, I_0)} - \frac{1}{\operatorname{var}(P_2 \mid P_1, I_0)} = \frac{1}{\operatorname{var}(P_2 \mid A_1, I_0)} - \frac{1}{\operatorname{var}(P_2 \mid I_0)} \tag{L.6}$$

gilt. Dabei wird analog zu Anhang B vorgegangen, wo gezeigt wurde, daß

$$\frac{1}{\operatorname{var}(P_2 \mid A_1, I_0)} - \frac{1}{\operatorname{var}(P_2 \mid I_0)} = \frac{1}{\operatorname{var}(F \mid I_0)}$$

gilt. Auf dem gleichen Wege erhält man unter Berücksichtigung von

$$\operatorname{cov}(P_2, A_1 \mid P_1, I_0) = \operatorname{var}(P_2 \mid P_1, I_0)$$

die Beziehung

$$\frac{1}{\operatorname{var}(P_2 \mid A_1, P_1, I_0)} - \frac{1}{\operatorname{var}(P_2 \mid P_1, I_0)} = \frac{1}{\operatorname{var}(F \mid P_1, I_0)}.$$

Erneute Rückbesinnung auf

$$\operatorname{cov}(P_1, F \mid I_0) = 0$$

führt auf

$$\frac{1}{\text{var}(F \mid P_1, I_0)} = \frac{1}{\text{var}(F \mid I_0)}$$

und mithin zur Bestätigung von (L.3).

Die Gültigkeit von (L.4) läßt sich zeigen, indem man

$$\phi_A = \frac{1}{\text{var}(P_2 \mid A_1, P_1, I_0)} - \frac{1}{\text{var}(P_2 \mid P_1, I_0)}$$

in die (L.4) entsprechende Beziehung

$$\phi_P := \frac{\dfrac{\text{cov}(P_2, P_1 \mid I_0)}{\text{var}(P_1 \mid I_0)}}{\text{var}(P_2 \mid A_1, P_1, I_0)} - \frac{\text{cov}(A_1, P_1 \mid I_0)}{\text{var}(P_1 \mid I_0)} \cdot \phi_A$$

einsetzt, was unter Berücksichtigung von

$$\text{cov}(A_1, P_1 \mid I_0) = \text{cov}(P_2, P_1 \mid I_0)$$

auf (vgl. Anhang C)

$$\phi_P = \frac{\dfrac{\text{cov}(P_2, P_1 \mid I_0)}{\text{var}(P_1 \mid I_0)}}{\text{var}(P_2 \mid P_1, I_0)} = \frac{g_{P/a}}{\text{var}(P_2 \mid I_0)}$$

und mithin zur Bestätigung von (L.4) führt.

Die Gültigkeit von (L.5) zeigt sich unter Berücksichtigung von (L.6) in

$$g_{\{A,P\}} := \frac{\text{var}(P_2 \mid I_0)}{\text{var}(P_2 \mid A_1, P_1, I_0)} - 1$$

$$= \frac{\mathrm{var}(P_2 \mid I_0)}{\mathrm{var}(P_2 \mid A_1, P_1, I_0)} - \frac{\mathrm{var}(P_2 \mid I_0)}{\mathrm{var}(P_2 \mid P_1, I_0)} + \frac{\mathrm{var}(P_2 \mid I_0)}{\mathrm{var}(P_2 \mid P_1, I_0)} - 1$$

$$= \frac{\mathrm{var}(P_2 \mid I_0)}{\mathrm{var}(P_2 \mid A_1, I_0)} - \frac{\mathrm{var}(P_2 \mid I_0)}{\mathrm{var}(P_2 \mid I_0)} + \frac{\mathrm{var}(P_2 \mid I_0)}{\mathrm{var}(P_2 \mid P_1, I_0)} - 1$$

$$= g_A + g_P \ .$$

Die Marktbedingungen sind demnach dadurch charakterisiert, daß gepoolte Informationen nicht mehr wert sind als die Summe der einzelnen Informationen.

**Anhang M**

Analog zu der Vorgehensweise in Anhang D erhält man

$$g_P = \frac{a \cdot \mathrm{cov}(P_2, P_1 \mid I_0)}{\mathrm{var}(P_1 \mid I_0) - a \cdot \mathrm{cov}(P_2, P_1 \mid I_0)} \ . \tag{M.1}$$

An dieser Stelle kommt zum Tragen, daß der Börsenkurs nicht mehr durch individuelle Analysefehler beeinflußt wird. Daher gilt

$$\mathrm{var}(P_1 \mid I_0) - a \cdot \mathrm{cov}(P_2, P_1 \mid I_0)$$

$$= a^2 \cdot \mathrm{var}(P_2 \mid I_0) + (1/\ell)^2 \cdot \mathrm{var}(D_P \mid I_0) - a^2 \cdot \mathrm{var}(P_2 \mid I_0)$$

$$(1/\ell)^2 \cdot \mathrm{var}(D_P \mid I_0) \ . \tag{M.2}$$

Einsetzen von (M.2) in (M.1) führt auf

$$g_P = \frac{a^2 \cdot \mathrm{var}(P_2 \mid I_O)}{(1/\ell)^2 \cdot \mathrm{var}(D_P \mid I_O)} = (a \cdot \ell)^2 \cdot \frac{\mathrm{var}(P_2 \mid I_O)}{\mathrm{var}(D_P \mid I_O)} \; . \tag{M.3}$$

Hieraus erhält man durch Einsetzen der durch (3.44) implizierten Beziehung

$$a \cdot \ell = g_A \cdot n_A \cdot c_A$$

und der Definition

$$h := \left( \frac{\sigma_P \cdot \sigma_D}{n_A \cdot t_A} \right)^2 = \frac{1}{(n_A \cdot c_A)^2} \cdot \frac{\mathrm{var}(D_P \mid I_O)}{\mathrm{var}(P_2 \mid I_O)}$$

die Beziehung

$$g_P = \frac{g_A^2}{h} \; .$$

## Anhang N

Es ist zu zeigen, daß die Ankündigung von $X$ keinen Einfluß auf die Nachfrage hat, wenn der Börsenkurs keinen Informationsgehalt für die Insider hat, da es nur eine einzige Informationsquelle gibt. Gemäß (L.1) - (L.4) ist dies der Fall, wenn

$$\phi_A = \frac{g_A}{\mathrm{var}(P_2 \mid I_O)} \tag{N.1}$$

und

$$\phi_X = 0 \tag{N.2}$$

und

$$g_{\{A,X\}} = g_A \tag{N.3}$$

gelten.

ad (N.1)

Analog zu der Vorgehensweise in Anhang L läßt sich zeigen, daß

$$\phi_A := \frac{\dfrac{\text{cov}(P_2, A_1 \mid X, I_0)}{\text{var}(A_1 \mid X, I_0)}}{\text{var}(P_2 \mid A_1, X, I_0)}$$

$$= \frac{1}{\text{var}(P_2 \mid A_1, X, I_0)} - \frac{1}{\text{var}(P_2 \mid X, I_0)}$$

$$= \frac{1}{\text{var}(P_2 \mid A_1, I_0)} - \frac{1}{\text{var}(P_2 \mid I_0)}$$

$$= \frac{g_A}{\text{var}(P_2 \mid I_0)}$$

gilt.

ad (N.2)

Die Gültigkeit von

$$\phi_X := \frac{\dfrac{\text{cov}(P_2, X \mid I_0)}{\text{var}(X \mid I_0)}}{\text{var}(P_2 \mid A_1, X, I_0)} - \frac{\text{cov}(A_1, X \mid I_0)}{\text{var}(X \mid I_0)} \cdot \phi_A = 0$$

ist eine unmittelbare Implikation der Annahme, daß $X$ weder mit dem Fundamentalwert noch mit dem Prognosefehler korreliert ist, d.h. formal

$$\operatorname{cov}(P_2, X \mid I_0) = \operatorname{cov}(A_1, X \mid I_0) = 0 \Rightarrow \phi_X = 0 \ .$$

ad (N.3)

Die Gültigkeit von (N.3) folgt unter Berücksichtigung von (vgl. (N.1))

$$\frac{1}{\operatorname{var}(P_2 \mid A_1, X, I_0)} - \frac{1}{\operatorname{var}(P_2 \mid X, I_0)} = \frac{1}{\operatorname{var}(P_2 \mid A_1, I_0)} - \frac{1}{\operatorname{var}(P_2 \mid I_0)}$$

und

$$\operatorname{cov}(P_2, X \mid I_0) = 0 \Leftrightarrow \operatorname{var}(P_2 \mid X, I_0) = \operatorname{var}(P_2 \mid I_0)$$

aus der Zerlegung

$$g_{\{A,X\}} := \frac{\operatorname{var}(P_2 \mid I_0)}{\operatorname{var}(P_2 \mid A_1, X, I_0)} - 1$$

$$= \frac{\operatorname{var}(P_2 \mid I_0)}{\operatorname{var}(P_2 \mid A_1, X, I_0)} - \frac{\operatorname{var}(P_2 \mid I_0)}{\operatorname{var}(P_2 \mid X, I_0)} + \frac{\operatorname{var}(P_2 \mid I_0)}{\operatorname{var}(P_2 \mid X, I_0)} - 1 \ .$$

## Anhang O

Gleichung (3.89) bezieht sich auf den Fall, daß die besser informierten Händler ihre Informationen aus verschiedenen gleich zuverlässigen Quellen beziehen. In diesem Fall werden die Insider-Informationen durch den Börsenkurs aggregiert und objektiviert. Zunächst gilt

$$B_A^* = c_A \cdot [(1+g_A+g_{\{P,X\}}) \cdot (\mu - P_1) + g_A \cdot (A_1 - \mu_A) + (g_{\{P,X\}}/a) \cdot (P_1 - \mathrm{E}(P_1 \mid X, I_0))]$$

$$= c_A \cdot [(1+g_A+g_{\{P,X\}}) \cdot (\mu - P_1) + g_A \cdot (A_1 - \mu_A) + (g_{\{P,X\}}/a) \cdot (P_1 - \mathrm{E}(P_1 \mid I_0)) - (g_{\{P,X\}}/a) \cdot (1/\ell_X) \cdot X]$$

Es ist zu zeigen, daß

$$\phi_A = \frac{g_A}{\mathrm{var}(P_2 \mid I_0)} \tag{O.1}$$

und

$$\phi_P = \frac{g_{\{P,X\}}/a}{\mathrm{var}(P_2 \mid I_0)} \tag{O.2}$$

und

$$\phi_X = -\frac{g_{\{P,X\}}/a}{\mathrm{var}(P_2 \mid I_0)} \cdot (1/\ell_X) \tag{O.3}$$

und

$$g_{\{A,P,X\}} = g_A + g_{\{P,X\}} \tag{O.4}$$

gelten.

ad (O.1)

Analog zu (N.1) zeigt man

$$\phi_A := \frac{\dfrac{\text{cov}(P_2, A_1 \mid P_1, X, I_0)}{\text{var}(A_1 \mid P_1, X, I_0)}}{\text{var}(P_2 \mid A_1, P_1, X, I_0)}$$

$$= \frac{1}{\text{var}(P_2 \mid A_1, P_1, X, I_0)} - \frac{1}{\text{var}(P_2 \mid P_1, X, I_0)}$$

$$= \frac{1}{\text{var}(P_2 \mid A_1, X, I_0)} - \frac{1}{\text{var}(P_2 \mid X, I_0)}$$

$$= \frac{1}{\text{var}(P_2 \mid A_1, I_0)} - \frac{1}{\text{var}(P_2 \mid I_0)}$$

$$= \frac{g_A}{\text{var}(P_2 \mid I_0)}.$$

ad (O.2)

Gemäß (L.4) gilt

$$\phi_P := \frac{\dfrac{\text{cov}(P_2, P_1 \mid X, I_0)}{\text{var}(P_1 \mid X, I_0)}}{\text{var}(P_2 \mid A_1, P_1, X, I_0)} - \frac{\text{cov}(A_1, P_1 \mid X, I_0)}{\text{var}(P_1 \mid X, I_0)} \cdot \phi_A .$$

Hieraus erhält man durch Einsetzen von

$$\phi_A = \frac{1}{\text{var}(P_2 \mid A_1, P_1, X, I_0)} - \frac{1}{\text{var}(P_2 \mid P_1, X, I_0)}$$

unter Berücksichtigung der Annahme, daß die individuellen Analysefehler von allen anderen Zufallsvariablen stochastisch unabhängig sind, so daß

$$\operatorname{cov}(P_2, P_1 \mid X, I_0) = \operatorname{cov}(A_1, P_1 \mid X, I_0)$$

gilt, die Beziehung

$$\phi_P = \frac{\dfrac{\operatorname{cov}(P_2, P_1 \mid X, I_0)}{\operatorname{var}(P_1 \mid X, I_0)}}{\operatorname{var}(P_2 \mid P_1, X, I_0)}, \tag{O.5}$$

die unmittelbar erkennen läßt, daß In- und Outsider dem Börsenkurs den gleichen Informationsgehalt beimessen. Wegen

$$g_{\{P,X\}} := \frac{\operatorname{var}(P_2 \mid I_0)}{\operatorname{var}(P_2 \mid P_1, X, I_0)} - 1 \tag{O.6}$$

$$= \frac{\operatorname{var}(P_2 \mid I_0)}{\operatorname{var}(P_2 \mid P_1, X, I_0)} - \frac{\operatorname{var}(P_2 \mid I_0)}{\operatorname{var}(P_2 \mid X, I_0)} + \frac{\operatorname{var}(P_2 \mid I_0)}{\operatorname{var}(P_2 \mid X, I_0)} - 1$$

$$= \frac{\operatorname{var}(P_2 \mid I_0)}{\operatorname{var}(P_2 \mid P_1, X, I_0)} - \frac{\operatorname{var}(P_2 \mid I_0)}{\operatorname{var}(P_2 \mid X, I_0)}$$

und (O.5) ist (O.3) äquivalent zu

$$\frac{\dfrac{\operatorname{cov}(P_2, P_1 \mid X, I_0)}{\operatorname{var}(P_1 \mid X, I_0)}}{\operatorname{var}(P_2 \mid P_1, X, I_0)} = \frac{1}{a} \cdot \left( \frac{1}{\operatorname{var}(P_2 \mid P_1, X, I_0)} - \frac{1}{\operatorname{var}(P_2 \mid X, I_0)} \right). \tag{O.7}$$

Die Gültigkeit von (O.7) kann analog zu der Vorgehensweise in Anhang C gezeigt werden.

ad (O.3)

Gemäß (L.4) gilt unter der Annahme

$$\mathrm{cov}(P_2, X \mid I_0) = 0 \text{ und } \mathrm{cov}(F, X \mid I_0) = 0 \Rightarrow \mathrm{cov}(A_1, X \mid I_0) = 0$$

und unter Berücksichtigung von (3.87)

$$P_1 = a \cdot P_2 + (1/\ell_X) \cdot X + (1/\ell_Y) \cdot Y + const$$

die Beziehung

$$\phi_X := \frac{\dfrac{\mathrm{cov}(P_2, X \mid I_0)}{\mathrm{var}(X \mid I_0)}}{\mathrm{var}(P_2 \mid A_1, P_1, X, I_0)} - \frac{\mathrm{cov}(P_1, X \mid I_0)}{\mathrm{var}(X \mid I_0)} \cdot \phi_P - \frac{\mathrm{cov}(A_1, X \mid I_0)}{\mathrm{var}(X \mid I_0)} \cdot \phi_A$$

$$= - \frac{\mathrm{cov}(P_1, X \mid I_0)}{\mathrm{var}(X \mid I_0)} \cdot \phi_P$$

$$= - (1/\ell_X) \cdot \phi_P \ .$$

Da (O.2) zutrifft, trifft (O.3) ebenfalls zu. Ökonomisch betrachtet hat (O.3) den Charakter eines Korrekturterms, der gewährleistet, daß die über $X$ informierten Händler den Börsenkursänderungen, die von dem für $X$ verantwortlichen Teil des Publikums induziert werden, zutreffenderweise keinen Informationsgehalt beimessen.

ad (O.4)

Unter Berücksichtigung von (O.1) erhält man in Verbindung mit der Definition (O.6)

$$g_{\{A,P,X\}} := \frac{\mathrm{var}(P_2 \mid I_0)}{\mathrm{var}(P_2 \mid A_1, P_1, X, I_0)} - 1$$

$$= \frac{\mathrm{var}(P_2 \mid I_0)}{\mathrm{var}(P_2 \mid A_1, P_1, X, I_0)} - \frac{\mathrm{var}(P_2 \mid I_0)}{\mathrm{var}(P_2 \mid P_1, X, I_0)} + \frac{\mathrm{var}(P_2 \mid I_0)}{\mathrm{var}(P_2 \mid P_1, X, I_0)} - 1$$

$$= g_A + g_{\{P,X\}} \ .$$

**Anhang P**

Es gilt (vgl. (3.111)):

$$\theta_A^2 := \frac{\mathrm{var}(D_A \mid I_O)}{\mathrm{var}(\ddot{U} \mid I_O)} = \frac{\mathrm{corr}(P_2, \ddot{U} \mid I_O)^2}{\mathrm{corr}(P_2, D_A \mid I_O)^2} = \frac{\mathrm{corr}(P_2, \ddot{U} \mid I_O)^2}{z} \tag{P.1}$$

und

$$\mathrm{cov}(P_2, \ddot{U} \mid I_O) = n_A \cdot \mathrm{cov}(P_2, B_A^* \mid I_O)$$

$$= n_A \cdot \frac{z \cdot \mathrm{var}(P_2 \mid I_O)}{(1/\ell) \cdot (n_A + 1) + (1/t_A) \cdot \mathrm{r}(\ell)}$$

$$= n_A \cdot \frac{z \cdot \mathrm{var}(P_2 \mid I_O)}{n_A + 1 + (1/t_A) \cdot \mathrm{r}(\ell) \cdot \ell} \cdot \ell$$

$$= z \cdot \frac{n_A \cdot \mathrm{var}(P_2 \mid I_O)}{n_A + 1 + (1/t_A) \cdot \mathrm{r}(\ell) \cdot \ell} \cdot \frac{\mathrm{var}(\ddot{U} \mid I_O)}{\mathrm{cov}(P_2, \ddot{U} \mid I_O)} \ . \text{ (vgl. (3.99))} \tag{P.2}$$

Diese Beziehung impliziert

$$\mathrm{corr}(P_2, \ddot{U} \mid I_O)^2 := \frac{\mathrm{cov}(P_2, \ddot{U} \mid I_O)^2}{\mathrm{var}(P_2 \mid I_O) \cdot \mathrm{var}(\ddot{U} \mid I_O)} = z \cdot \frac{n_A}{n_A + 1 + (1/t_A) \cdot \mathrm{r}(\ell) \cdot \ell} \ . \tag{P.3}$$

Einsetzen von (P.3) in (P.1) führt auf

$$\theta_A^2 = \frac{n_A}{n_A + 1 + (1/t_A)\cdot r(\ell)\cdot \ell} .$$

## Anhang Q

Sei

$$\theta_A^2 := f(\ell) = \frac{n_A}{n_A + 1 + (1/t_A)\cdot r(\ell)\cdot \ell}$$

und

$$\phi := z \cdot \frac{\mathrm{var}(P_2 \mid I_0)}{\mathrm{var}(D_P \mid I_0)} ,$$

dann wird ein Gleichgewicht durch die Bedingung

$$F(\ell, f(\ell)) = (1/\ell)^2 - \phi \cdot f(\ell) \cdot (1 - f(\ell)) = 0 \tag{Q.1}$$

definiert.

Definitionsgemäß gilt

$$r(\ell) := (1-z)\cdot \sigma_P^2 + (1/\ell)^2 \cdot \sigma_D^2 \tag{Q.2}$$

und unter der Voraussetzung $\sigma_D^2 > 0$ mithin

$$\lim_{\ell \to 0} r\cdot \ell = \infty \Rightarrow \lim_{\ell \to 0} f = 0 .$$

Desweiteren gilt

$$\lim_{\ell\to\infty} r\cdot\ell \begin{cases} = \infty \text{ für } z < 1 \\ = 0 \text{ für } z = 1 \end{cases} \Rightarrow \lim_{\ell\to\infty} f \begin{cases} = \quad 0 \quad \text{für } z < 1 \\ \in [1/2,\ 1) \text{ für } z = 1 \end{cases} .$$

Das impliziert

$$\lim_{\ell\to 0} F = \infty \text{ und } \lim_{\ell\to\infty} F \begin{cases} < 0 \text{ für } z = 1 \\ = 0 \text{ für } z < 1 \end{cases} .$$

Für $z = 1$ existiert demnach stets wenigstens ein Gleichgewicht. Für $z < 1$ existiert nur dann (wenigstens) ein Gleichgewicht, wenn sich der Minuend der Funktion $F(\cdot\,, f(\cdot))$ mit wachsendem $\ell$ schneller dem Wert Null nähert, als der Subtrahend. Das ist dann der Fall, wenn

$$\lim_{\ell\to\infty} \frac{\phi\cdot f\cdot(1-f)}{\ell^{-2}} = \phi\cdot \lim_{\ell\to\infty} \frac{f\cdot(1-f)}{\ell^{-2}} = \phi\cdot \lim_{\ell\to\infty} \frac{\ell^2}{\dfrac{1}{f\cdot(1-f)}} = \infty \tag{Q.3}$$

gilt. Nun gilt unter Berücksichtigung der Regel von de l'Hospital

$$\lim_{\ell\to\infty} \frac{\ell^2}{\dfrac{1}{f\cdot(1-f)}} = \lim_{\ell\to\infty} \frac{2\cdot\ell}{-\dfrac{1-2\cdot f}{f^2\cdot(1-f)^2}\cdot f_\ell} . \tag{Q.4}$$

In Verbindung mit der Schreibweise

$$f_p := \frac{\partial f}{\partial p}$$

gilt ferner

$$f_\ell = -\frac{f^2}{n_A \cdot t_A} \cdot (r + r_\ell \cdot \ell)$$

$$= -\frac{f^2 \cdot r}{n_A \cdot t_A} \cdot \left(1 + \frac{\partial r}{\partial \ell} \cdot \frac{\ell}{r}\right) . \qquad \text{(Q.5)}$$

Unter Berücksichtigung von

$$r_\ell = -2 \cdot (1/\ell)^3 \cdot \sigma_D^2 \qquad \text{(Q.6)}$$

erhält man

$$1 + \frac{\partial r}{\partial \ell} \cdot \frac{\ell}{r} < (>) \; 0 \Leftrightarrow r + r_\ell \cdot \ell < (>) \; 0 \Leftrightarrow (1-z) \cdot \sigma_P^2 < (>) \; (1/\ell)^2 \cdot \sigma_D^2 \; .$$

D.h. genau dann, wenn ein Insider das verbleibende Fundamentalrisiko $(1-z) \cdot \sigma_P^2$ niedriger (höher) bewertet als das Abrechnungsrisiko $(1/\ell)^2 \cdot \sigma_D^2$, gewinnt (verliert) der Insiderhandel mit zunehmender Liquidität volumenmäßig relativ an Bedeutung.

Durch Einsetzen von (Q.5) in (Q.4) erhält man

$$\lim_{\ell \to \infty} \frac{f \cdot (1-f)}{\ell^{-2}} = \lim_{\ell \to \infty} \frac{2 \cdot \ell}{\dfrac{1-2 \cdot f}{(1-f)^2} \cdot \dfrac{f^2}{n_A \cdot t_A} \cdot (r + r_\ell \cdot \ell)} \; . \qquad \text{(Q.7)}$$

Unter Berücksichtigung von

$$\lim_{\ell \to \infty} (r + r_\ell \cdot \ell) = (1-z) \cdot \sigma_P^2$$

und

$$\lim_{\ell \to \infty} f = 0$$

läßt sich aus (Q.7) entnehmen, daß die Existenzbedingung (Q.3) auch im Falle $z < 1$ erfüllt ist.

Eindeutig ist das jeweilige Gleichgewicht in den beiden Fällen $z = 1$ und $z < 1$, wenn die Steigung der Funktion $F(\cdot, f(\cdot))$ in allen Schnittpunkten mit der Abszisse negativ ist, denn dann kann nur jeweils ein Schnittpunkt existieren. Dies soll im folgenden geprüft werden: Es gilt

$$F_\ell = -2 \cdot (1/\ell)^3 - \phi \cdot (1 - 2 \cdot f) \cdot f_\ell$$

$$= -2 \cdot (1/\ell)^3 + (1 - 2 \cdot f) \cdot \frac{\phi \cdot f^2}{n_A \cdot t_A} \cdot (r + r_\ell \cdot \ell) \quad . \tag{Q.8}$$

Aus (Q.6) und (Q.2) läßt sich ablesen, daß die Relation (abs( · ) ist der Absolutwert-operator)

$$\text{abs}(r + r_\ell \cdot \ell) < r$$

definitionsgemäß stets erfüllt ist. Ebenfalls definitionsgemäß gilt

$$f := \frac{n_A}{n_A + 1 + (1/t_A) \cdot r \cdot \ell} \,,$$

was äquivalent zu

$$r = \frac{n_A \cdot t_A}{f^2} \cdot \left(1 - \frac{n_A + 1}{n_A} \cdot f\right) \cdot f \cdot (1/\ell) < \frac{n_A \cdot t_A}{f^2} \cdot (1 - f) \cdot f \cdot (1/\ell)$$

ist. Diese Beziehung impliziert in Verbindung mit der das Gleichgewicht definierenden Bedingung (vgl. (Q.1))

$$(1 - f) \cdot f = \frac{1}{\phi} \cdot (1/\ell)^2 \,,$$

daß im Gleichgewicht die Relation

$$\mathrm{abs}(r + r_\ell \cdot \ell) < r < \frac{n_A \cdot t_A}{f^2} \cdot (1 - f) \cdot f \cdot (1/\ell) = \frac{n_A \cdot t_A}{\phi \cdot f^2} \cdot (1/\ell)^3 \qquad \text{(Q.9)}$$

gelten muß. Aus (Q.9) folgt in Verbindung mit

$\mathrm{abs}(1 - 2 \cdot f) < 1$ ,

daß in jedem denkbaren Gleichgewicht die Relation

$F_\ell < -2 \cdot (1/\ell)^3 + (1/\ell)^3 < 0$

gelten muß. Damit ist gezeigt, daß es nur ein Gleichgewicht geben kann.

## Anhang R

Bei

$\text{sä}( -(1/c_1) \cdot b_0 \cdot B_1^\dagger + (1/2) \cdot (1/c_1) \cdot (B_1^\dagger)^2 \mid I_0 )$

handelt es sich um das Sicherheitsäquivalent der quadratischen Form

$$q( B_1^\dagger ) := -(1/c_1) \cdot b_0 \cdot B_1^\dagger + (1/2) \cdot (1/c_1) \cdot (B_1^\dagger)^2 \qquad \text{(R.1)}$$

der Zufallsvariablen $B_1^\dagger$ .

Allgemein ist eine quadratische Form eines Vektors $\underline{Z}$ von Zufallsvariablen wie folgt definiert (Unterstreichungen zeigen an, daß es sich bei den entsprechenden Symbolen um Vektoren handelt; ein hochgestelltes "T" deutet die Transposition von Vektoren und Matrizen an; die Erwartungswertbildung bei Vektoren versteht sich komponentenweise):

$$q( \underline{Z} ) := m + \underline{N}^T \cdot (\underline{Z} - E(\underline{Z} \mid I_0)) + (\underline{Z} - E(\underline{Z} \mid I_0))^T \cdot \underline{R} \cdot (\underline{Z} - E(\underline{Z} \mid I_0) \qquad \text{(R.2)}$$

$$= \underline{Z}^T \cdot \underline{R} \cdot \underline{Z} + (\underline{N}^T - 2 \cdot \mathrm{E}(\underline{Z} \mid I_0)^{\mathrm{T}} \cdot \underline{R}) \cdot \underline{Z} + m$$
$$+ \mathrm{E}(\underline{Z} \mid I_0)^{\mathrm{T}} \cdot \underline{R} \cdot \mathrm{E}(\underline{Z} \mid I_0) - \underline{N}^T \cdot \mathrm{E}(\underline{Z} \mid I_0) \ .$$

Unter der für das hier behandelte ökonomische Problem stets erfüllten Bedingung $\det(\underline{M}) > 0$ gilt[153] ($\mathrm{COV}(\underline{Z},\underline{Z} \mid I_0)$ repräsentiert die Varianz-Kovarianz-Matrix der Komponenten des Vektors $\underline{Z}$; $\det(\cdot)$ steht für den Determinantenoperator):

$$\mathrm{E}(\mathrm{u}(\mathrm{q}(\underline{Z})) \mid I_0) = \frac{-t \cdot \exp\left(-(1/t) \cdot \left(m - (1/2) \cdot (1/t) \cdot \underline{N}^T \cdot \underline{M}^{-1} \cdot \mathrm{COV}(\underline{Z},\underline{Z} \mid I_0) \cdot \underline{N}\right)\right)}{\sqrt{\det(\underline{M})}} \tag{R.3}$$

mit ($\underline{E}$ repräsentiert eine entsprechend dimensionierte Einheitsmatrix)

$$\underline{M} := \underline{E} + (2/t) \cdot \mathrm{COV}(\underline{Z},\underline{Z} \mid I_0) \cdot \underline{R} \ .$$

In Verbindung mit der Definition

$$\underline{\Sigma} := \det(\underline{M}) \cdot \underline{M}^{-1} \cdot \mathrm{COV}(\underline{Z},\underline{Z} \mid I_0)$$

kann man (R.3) auch wie folgt notieren:

$$\mathrm{E}(\mathrm{u}(\mathrm{q}(\underline{Z})) \mid I_0) = -t \cdot \frac{\exp\left(-(1/t) \cdot \left(m - (1/2) \cdot (1/t) \cdot \dfrac{\underline{N}^T \cdot \underline{\Sigma} \cdot \underline{N}}{\det(\underline{M})}\right)\right)}{\sqrt{\det(\underline{M})}} \ . \tag{R.4}$$

Aus (R.4) errechnet sich ein Sicherheitsäquivalent in Höhe von

$$\mathrm{sä}(\mathrm{q}(\underline{Z}) \mid I_0) := \mathrm{u}^{-1}(\mathrm{E}(\mathrm{u}(\mathrm{q}(\underline{Z})) \mid I_0))$$

---

153 Siehe DANTHINE/MORESI (1993), S. 979f., Gl. (A.4). Weniger allgemeine Lösungen des Problems finden sich bereits bei BHATTACHARYA/PFLEIDERER (1985), Appendix A, und SUBRAHMANYAM (1991), Proof of Lemma 3.

$$= - t \cdot \ln( - (1/t) \cdot \mathrm{E}( \mathrm{u}( \mathrm{q}( \underline{Z} )) \mid I_0 ) )$$

$$= (t/2) \cdot \ln( \det( \underline{M} ) ) + m - (1/2) \cdot (1/t) \cdot \frac{\underline{N}^T \cdot \underline{\Sigma} \cdot \underline{N}}{\det( \underline{M} )} . \tag{R.5}$$

Die quadratische Form

$$\mathrm{q}( B_1^{*} ) := -(1/c_1) \cdot b_0 \cdot B_1^{*} + (1/2) \cdot (1/c_1) \cdot (B_1^{*})^2$$

ist ein skalarer Spezialfall der allgemeinen vektoriellen Darstellung (R.2) mit

$$m = (1/c_1) \cdot (\mathrm{E}(B_1^{*} \mid I_0) - b_0) \cdot \mathrm{E}(B_1^{*} \mid I_0) - (1/2) \cdot (1/c_1) \cdot \mathrm{E}(B_1^{*} \mid I_0)^2$$

$$= (1/2) \cdot (1/c_1) \cdot \mathrm{E}(B_1^{*} \mid I_0)^2 - (1/c_1) \cdot b_0 \cdot \mathrm{E}(B_1^{*} \mid I_0)$$

$$= (1/2) \cdot (1/c_1) \cdot (\mathrm{E}(B_1^{*} \mid I_0) - b_0)^2 - (1/2) \cdot (1/c_1) \cdot b_0^2$$

und den zu Skalaren degenerierten Matrizen

$$\underline{Z} = B_1^{*},$$

$$\underline{R} = (1/2) \cdot (1/c_1),$$

$$\underline{N} = (1/c_1) \cdot (\mathrm{E}(B_1^{*} \mid I_0) - b_0),$$

$$\underline{\Sigma} = \mathrm{var}(B_1^{*} \mid I_0)$$

und

$$\underline{M} = 1 + (1/t) \cdot (1/c_1) \cdot \mathrm{var}(B_1^{*} \mid I_0) .$$

Durch Einsetzen dieser Beziehungen in die allgemeine Lösung (R.5) erhält man unter Berücksichtigung der für Skalare geltenden Beziehung det( $\underline{M}$ ) = $\underline{M}$

$$\text{sä}(\, q(B_1^*) \mid I_0 \,)$$

$$= (t/2)\cdot \ln(\, 1 + (1/t)\cdot(1/c_1)\cdot \text{var}(B_1^* \mid I_0)\,)$$

$$+ (1/2)\cdot(1/c_1)\cdot(\text{E}(B_1^* \mid I_0) - b_0)^2 - (1/2)\cdot(1/c_1)\cdot b_0^2$$

$$- (1/2)\cdot(1/t)\cdot\frac{(1/c_1)^2\cdot \text{var}(B_1^* \mid I_0)\cdot(\text{E}(B_1^* \mid I_0) - b_0)^2}{1 + (1/t)\cdot(1/c_1)\cdot \text{var}(B_1^* \mid I_0)}$$

$$= (t/2)\cdot \ln(\, 1 + (1/t)\cdot(1/c_1)\cdot \text{var}(B_1^* \mid I_0)\,)$$

$$+ (1/2)\cdot(1/c_1)\cdot\frac{(\text{E}(B_1^* \mid I_0) - b_0)^2}{1 + (1/t)\cdot(1/c_1)\cdot \text{var}(B_1^* \mid I_0)} - (1/2)\cdot(1/c_1)\cdot b_0^2 \;.$$

Somit ist der Nettovorteil des Markteintritts (4.18)

$$v = \text{sä}(\, - (1/c_1)\cdot b_0\cdot B_1^* + (1/2)\cdot(1/c_1)\cdot(B_1^*)^2 \mid I_0) + (1/2)\cdot(1/c_1)\cdot b_0^2 - k_f$$

äquivalent zu

$$v = (t/2)\cdot \ln(\, 1 + (1/t)\cdot(1/c_1)\cdot \text{var}(B_1^* \mid I_0)\,)$$

$$+ (1/2)\cdot(1/c_1)\cdot\frac{(\text{E}(B_1^* \mid I_0) - b_0)^2}{1 + (1/t)\cdot(1/c_1)\cdot \text{var}(B_1^* \mid I_0)} - k_f \;.$$

Hieraus erhält man die Darstellung (4.19) unter Berücksichtigung von

$$(1/c_1)\cdot \text{var}(B_1^* \mid I_0) = (1/c_1)\cdot(1/n^2)\cdot \text{var}(D_P \mid I_0) = (1/n)\cdot(1/\ell)\cdot \text{var}(D_P \mid I_0) \;.$$

**Anhang S**

Gemäß (4.21) gilt

$$v = \text{sä}(B_1^* \cdot SDB_2 \mid I_0) - k_f \; .$$

Nun ist (auf den entsprechenden Zeitindex wird im folgenden aus Darstellungsgründen verzichtet) $B^* \cdot SDB$ ebenfalls eine spezielle quadratische Form, die sich mit

$$\underline{Z} = \begin{bmatrix} B^* \\ SDB \end{bmatrix}, \tag{S.1}$$

$$\underline{R} = \frac{1}{2} \cdot \begin{bmatrix} 0 & 1 \\ 1 & 0 \end{bmatrix}, \tag{S.2}$$

$$\underline{N} = 2 \cdot \underline{R}^T \cdot \mathrm{E}(\underline{Z} \mid I_0) = \begin{bmatrix} 0 & 1 \\ 1 & 0 \end{bmatrix} \cdot \begin{bmatrix} \mathrm{E}(B^* \mid I_0) \\ \mathrm{E}(SDB \mid I_0) \end{bmatrix} = \begin{bmatrix} \mathrm{E}(SDB \mid I_0) \\ \mathrm{E}(B^* \mid I_0) \end{bmatrix} \tag{S.3}$$

und

$$m = -(\mathrm{E}(\underline{Z} \mid I_0)^{\mathrm{T}} \cdot \underline{R} \cdot \mathrm{E}(\underline{Z} \mid I_0) - \underline{N}^T \cdot \mathrm{E}(\underline{Z} \mid I_0))$$

$$= -(\mathrm{E}(SDB \mid I_0) \cdot \mathrm{E}(B^* \mid I_0) - 2 \cdot \mathrm{E}(SDB \mid I_0) \cdot \mathrm{E}(B^* \mid I_0))$$

$$= \mathrm{E}(SDB \mid I_0) \cdot \mathrm{E}(B^* \mid I_0) \tag{S.4}$$

in der allgemeinen Form (R.2) darstellen läßt.

In Verbindung mit (S.1) und (S.2) stellt sich die Matrix

$$\underline{M} = \underline{E} + (2/t) \cdot \mathrm{COV}(\underline{Z}, \underline{Z} \mid I_0) \cdot \underline{R}$$

im konkret zu behandelnden Fall wie folgt dar:

$$\underline{M} = \begin{bmatrix} 1 + (1/t) \cdot \mathrm{cov}(SDB, B^* \mid I_0) & (1/t) \cdot \mathrm{var}(SDB \mid I_0) \\ (1/t) \cdot \mathrm{var}(B^* \mid I_0) & 1 + (1/t) \cdot \mathrm{cov}(SDB, B^* \mid I_0) \end{bmatrix} . \qquad \text{(S.5)}$$

Die Matrix

$$\underline{\Sigma} := \det(\underline{M}) \cdot \underline{M}^{-1} \cdot \mathrm{COV}(\underline{Z}, \underline{Z} \mid I_0)$$

läßt sich in Verbindung mit der sog. Kofaktormatrix

$$\underline{K} := \begin{bmatrix} k_{11} & \cdots & k_{1n} \\ \vdots & \ddots & \vdots \\ k_{n1} & \cdots & k_{nn} \end{bmatrix},$$

die sich aus den Kofaktoren

$$k_{ij} = (-1)^{i+j} \cdot \det(\underline{M}_{ij})$$

zusammensetzt, die man ihrerseits aus den Determinanten $\det(\underline{M}_{ij})$ der durch Streichen der *i*-ten Zeile und der *j*-ten Spalte aus $\underline{M}$ hervorgehenden Matrizen $\underline{M}_{ij}$ gewinnt, wegen[154]

$$\underline{M}^{-1} = \det(\underline{M})^{-1} \cdot \underline{K}^T$$

---

154 Vgl. z.B. HEESTERMAN (1983), S.69 u. 104.

auch wie folgt darstellen:

$$\underline{\Sigma} = \underline{K}^T \cdot \mathrm{COV}(\underline{Z}, \underline{Z} \mid I_0) \ .$$

Für den konkreten Fall erhält man in Verbindung mit der unmittelbar aus (S.5) abzulesenden transponierten Kofaktormatrix

$$\underline{K}^T = \begin{bmatrix} 1 + (1/t) \cdot \mathrm{cov}(SDB, B^* \mid I_0) & -(1/t) \cdot \mathrm{var}(SDB \mid I_0) \\ -(1/t) \cdot \mathrm{var}(B^* \mid I_0) & 1 + (1/t) \cdot \mathrm{cov}(SDB, B^* \mid I_0) \end{bmatrix}$$

die Darstellung

$$\underline{\Sigma} = \begin{bmatrix} \mathrm{var}(SDB \mid I_0) & \mathrm{cov}(SDB, B^* \mid I_0) + \Delta \\ \mathrm{cov}(SDB, B^* \mid I_0) + \Delta & \mathrm{var}(B^* \mid I_0) \end{bmatrix} \qquad \text{(S.6)}$$

mit

$$\Delta := (1/t) \cdot (\mathrm{cov}(SDB, B^* \mid I_0)^2 - \mathrm{var}(SDB \mid I_0) \cdot \mathrm{var}(B^* \mid I_0)) \ .$$

Für $\Delta$ erhält man unter Berücksichtigung von

$$B^* = c_1 \cdot (\mathrm{E}(P_2 \mid I_1) - P_1) = (1/t) \cdot \frac{\mathrm{E}(P_2 \mid I_1) - P_1}{\mathrm{var}(P_2 \mid I_1)} = (1/t) \cdot \frac{\mathrm{E}(SDB \mid I_1)}{\mathrm{var}(SDB \mid I_1)} \qquad \text{(S.7)}$$

- man beachte, die letzte Identität setzt voraus, daß die Wertpapierhändler ihre Nachfrage an den Börsenkurs $P_1$ koppeln können, so daß der Börsenkurs als Element der Menge der in $t = 1$ bekannten Informationen $I_1$ bzw. als in $t = 1$ bekannt angesehen werden darf. Diese Identität ist mithin eine Implikation des Markträumungsmechanismus auf dem hier betrachteten Markt -

und (siehe (R.4))

$$\operatorname{cov}(\,E(SDB\,|\,I_1),\, SDB\,|\,I_0\,) \;=\; \operatorname{var}(\,E(SDB\,|\,I_1)\,|\,I_0\,) \tag{S.8}$$

sowie (siehe (R.7) i.V.m. (R.4); Hinweis: Die bedingten Varianzen gemeinsam normalverteilter Zufallsvariablen sind deterministisch)

$$\operatorname{var}(\,E(SDB\,|\,I_1)\,|\,I_0\,) - \operatorname{var}(\,SDB\,|\,I_0\,) \;=\; -\operatorname{var}(\,SDB\,|\,I_1\,) \tag{S.9}$$

schließlich

$$\Delta \;=\; t\cdot\left(\frac{\operatorname{cov}(\,E(SDB\,|\,I_1), SDB\,|\,I_0\,)^2}{\operatorname{var}(SDB\,|\,I_1)^2} - \frac{\operatorname{var}(SDB\,|\,I_0)\cdot\operatorname{var}(E(SDB\,|\,I_1)\,|\,I_0)}{\operatorname{var}(SDB\,|\,I_1)^2}\right)$$

$$= t\cdot\frac{\operatorname{cov}(\,E(SDB\,|\,I_1), SDB\,|\,I_0\,)}{\operatorname{var}(SDB\,|\,I_1)}\cdot\underbrace{\left(\frac{\operatorname{var}(E(SDB\,|\,I_1)\,|\,I_0)}{\operatorname{var}(SDB\,|\,I_1)} - \frac{\operatorname{var}(SDB\,|\,I_0)}{\operatorname{var}(SDB\,|\,I_1)}\right)}_{-1}$$

$$= -\operatorname{cov}(SDB, B^*\,|\,I_0)\;. \tag{S.10}$$

Einsetzen von (S.10) in (S.6) führt auf

$$\underline{\Sigma} = \begin{bmatrix} \operatorname{var}(SDB\,|\,I_0) & 0 \\ & \\ 0 & \operatorname{var}(B^*\,|\,I_0) \end{bmatrix}\;. \tag{S.11}$$

Aus (S.5) erhält man

$$\det(\underline{M}) = (1 + (1/t)\cdot \text{cov}(B^*, SDB \mid I_0))^2 - (1/t)^2\cdot \text{var}(SDB \mid I_0)\cdot \text{var}(B^* \mid I_0)$$

$$= 1 + (1/t)\cdot\text{cov}(B^*, SDB \mid I_0) + (1/t)\cdot(\text{cov}(B^*, SDB \mid I_0) + \Delta)$$

$$= 1 + (1/t)\cdot\text{cov}(B^*, SDB \mid I_0)\ . \qquad \text{(S.12)}$$

Unter Berücksichtigung von $\underline{N} = \underline{0}$ und m = 0 erhält man schließlich aus (R.5)

$$\text{sä}(B^*\cdot SDB \mid I_0) = (t/2)\cdot \ln(\,1+(1/t)\cdot \text{cov}(B^*, SDB \mid I_0)\,)\ . \qquad \text{(S.13)}$$

Aus der Definition der Kovarianz

$$\text{cov}(X, Y) := \text{E}(\,(X - \text{E}(X))\cdot(Y - \text{E}(Y))\,)$$

folgt die Gültigkeit von

$$\text{cov}(X, Y) = \text{E}(\,(X - \text{E}(X))\cdot Y\,)\ .$$

Mit Blick auf die hier interessierende Kovarianz bedeutet das

$$\text{cov}(B^*, SDB \mid I_0) = \text{E}(\,(B^* - \text{E}(B^* \mid I_0))\cdot SDB \mid I_0\,)\ . \qquad \text{(S.14)}$$

Für die Überraschungskomponente des optimalen Handelsbestands $B^*$ - E($B^* \mid I_0$) zeichnet offensichtlich das Publikum verantwortlich. Die Kovarianz entspricht demnach dem erwarteten Deckungsbeitrag *aus dem Handel mit dem Publikum* bei optimaler Anpassung an die Marktverhältnisse in $t$ = 1.

## Anhang T

Für

$$f(q) = \frac{2\cdot(1-\sqrt{1-q})}{q}$$

gilt offensichtlich

$$f(1) = 2 .$$

Der Regel von de l'Hospital folgend erhält man ferner

$$\lim_{q\to 0} f = \lim_{q\to 0} \frac{1}{\sqrt{1-q}} = 1 .$$

Und wegen

$$1 - q + (q/2)^2 > 1 - q \Leftrightarrow (1 - q/2)^2 > 1 - q$$

gilt

$$\frac{df}{dq} = 2\cdot\frac{1-q/2-\sqrt{1-q}}{\sqrt{1-q}\cdot q^2} > 0 .$$

Die Funktion f( $q$ ) ist demnach eine im Definitionsbereich $q \in (0, 1)$ monoton wachsende Funktion und kann Funktionswerte $f \in (1, 2)$ annehmen. Daraus folgt die Behauptung in Verbindung mit (4.41).

## Anhang U

Einsetzen von $B_1 = B_1^* = E(B_2^* \mid I_1)$ in (4.83) führt auf

$$\text{sä}(\,B_1 \cdot SDB_2 + \text{sä}(B_2^* \cdot SDB_3 \mid I_2) \mid I_1)$$

$$= E(SDB_2 \mid I_1) \cdot B_1^* - (1/2) \cdot (1/t) \cdot \text{var}(\Phi_2 \mid I_1) \cdot (B_1^*)^2 + (1/2) \cdot (1/c_2) \cdot (B_1^*)^2$$

$$+ \text{sä}((1/2) \cdot (1/c_2) \cdot \Pi_2^2 \mid I_1) \;. \qquad \text{(U.1)}$$

Aus (U.1) erhält man unter Berücksichtigung von (vgl. (4.88))

$$E(SDB_2 \mid I_1) = (1/t) \cdot \text{var}(\Phi_2 \mid I_1) \cdot B_1^* \qquad \text{(U.2)}$$

und

$$(1/t) \cdot \text{var}(\Phi_2 \mid I_1) = (1/t) \cdot (\text{var}(P_3 \mid I_1) - \text{var}(P_3 \mid I_2)) = 1/c_1 - 1/c_2 \qquad \text{(U.3)}$$

schließlich

$$\text{sä}(\,B_1 \cdot SDB_2 + \text{sä}(B_2^* \cdot SDB_3 \mid I_2) \mid I_1)$$

$$= (1/2) \cdot (1/c_1) \cdot (B_1^*)^2 + \text{sä}(\,(1/2) \cdot (1/c_2) \cdot \Pi_2^2 \mid I_1). \qquad \text{(U.4)}$$

In Anhang S wurde gezeigt, wie man das Sicherheitsäquivalent beliebiger quadratischer Formen q( · ) eines Vektors normalverteilter Zufallsvariablen $\underline{Z}$ berechnet, wenn der Entscheider eine exponentielle Nutzenfunktion hat. Die quadratische Form

$$q(\,\Pi_2\,) := (1/2) \cdot (1/c_2) \cdot \Pi_2^2$$

ist ein skalarer Spezialfall der allgemeinen vektoriellen Darstellung (R.2) mit $m = 0$ und den im konkreten Fall zu Skalaren degenerierten Vektoren und Matrizen $\underline{Z} = \Pi_2$ , $\underline{N} = 0$, $\underline{R} = (1/2) \cdot (1/c_2)$, $\underline{\Sigma} = \text{var}(\Pi_2 \mid I_1)$ und $\underline{M} = 1 + (1/t) \cdot (1/c_2) \cdot \text{var}(\Pi_2 \mid I_1)$. Durch Einsetzen dieser Beziehungen in die allgemeine Lösung (vgl. (R.5))

$$\text{sä}(\ q(\underline{Z})\mid I_0) = (t/2)\cdot \ln(\det(\underline{M})) + m - (1/2)\cdot(1/t)\cdot \frac{\underline{N}^T\cdot \underline{\Sigma}\cdot \underline{N}}{\det(\underline{M})}$$

erhält man unter Berücksichtigung der für Skalare geltenden Beziehung $\det(\underline{M}) = \underline{M}$

$$\text{sä}((1/2)\cdot(1/c_2)\cdot \Pi_2^2 \mid I_1) = (t/2)\cdot \ln(1 + (1/t)\cdot(1/c_2)\cdot \text{var}(\Pi_2 \mid I_1)) \ . \qquad \text{(U.5)}$$

Unter Berücksichtigung der Tatsache, daß $\text{var}(\Pi_2 \mid I_1)$ nicht stochastisch ist, rechnet sich der Nettovorteil des Marktzutritts bei konstanter absoluter Risikoaversion mithin zu

$$v_2 = \text{sä}(\ \text{sä}(B_1^*\cdot SDB_2 + \text{sä}(B_2^*\cdot SDB_3 \mid I_2) \mid I_1) \mid I_0) - k_f$$

$$= \text{sä}((1/2)\cdot(1/c_1)\cdot(B_1^*)^2 + (t/2)\cdot \ln(1 + (1/t)\cdot(1/c_2)\cdot \text{var}(\Pi_2 \mid I_1)) \mid I_0) - k_f$$

$$= (t/2)\cdot \ln(1 + (1/t)\cdot(1/c_2)\cdot \text{var}(\Pi_2 \mid I_1)) + \text{sä}((\alpha_1/2)\cdot(B_1^*)^2 \mid I_0) - k_f \ .$$

Hieraus erhält man analog zur Herleitung von (U.5) die Darstellung

$$\begin{aligned} v_2 = {} & (t/2)\cdot \ln(1 + (1/t)\cdot(1/c_2)\cdot \text{var}(\Pi_2 \mid I_1)) \\ & + (t/2)\cdot \ln(1 + (1/t)\cdot(1/c_1)\cdot \text{var}(B_1^* \mid I_0)) - k_f \end{aligned} \qquad \text{(U.6)}$$

Die Darstellung (U.6) ist unter Berücksichtigung von

$$\Pi_2 := B_2^* - \text{E}(B_2^* \mid I_1) = B_2^* - B_1^* = -(D_2/n) \qquad \text{(U.7)}$$

und

$$B_1^* = -(D_1/n) \qquad \text{(U.8)}$$

und

$$(1/c_i)\cdot(1/n^2) = (1/\ell_i)\cdot(1/n) \tag{U.9}$$

in Verbindung mit der Definition (4.23) der Funktion vH( · ) äquivalent zu (4.95) i.V.m. (4.96) und (4.97).

## Anhang V

Das Entscheidungsproblem

$$\text{sä}(\,B_1\cdot SDB_2 + \text{sä}(B_2^*\cdot SDB_3 \mid I_2) \mid I_1) \rightarrow \max_{B_1}$$

ist unter Berücksichtigung von (4.83) und (U.3) äquivalent zu dem Entscheidungsproblem

$$E(SDB_2 \mid I_1)\cdot B_1 - (1/2)\cdot(1/c_1 - 1/c_2)\cdot B_1^2$$

$$+ \text{sä}((1/c_2)\cdot(E(B_2^* \mid I_1)-B_1)\cdot \Pi + (1/2)\cdot(1/c_2)\cdot \Pi_2^2 \mid I_1\,) \rightarrow \max_{B_1}\,. \tag{V.1}$$

Die quadratische Form

$$q(\,\Pi_2\,) := (1/c_2)\cdot(E(B_2^* \mid I_1)-B_1)\cdot \Pi_2 + (1/2)\cdot(1/c_2)\cdot \Pi_2^2$$

ist ein skalarer Spezialfall der allgemeinen vektoriellen Darstellung (R.2) mit $m = 0$ und den im konkreten Fall zu Skalaren degenerierten Matrizen $\underline{Z} = \Pi_2$, $\underline{N} = (1/c_2)\cdot(E(B_2^* \mid I_1)-B_1)$, $\underline{R} = (1/2)\cdot(1/c_2)$, $\underline{\Sigma} = \text{var}(\Pi_2 \mid I_1)$ und $\underline{M} = 1 + (1/t)\cdot(1/c_2)\cdot\text{var}(\,\Pi_2 \mid I_1\,)$.

Durch Einsetzen dieser Beziehungen in die allgemeine Lösung (vgl. (R.5))

$$\text{sä}(\,q(\,\underline{Z}\,) \mid I_0) = (t/2)\cdot\ln(\,\det(\,\underline{M}\,)\,) + m - (1/2)\cdot(1/t)\cdot\frac{\underline{N}^T\cdot\underline{\Sigma}\cdot\underline{N}}{\det(\,\underline{M}\,)}$$

erhält man unter Berücksichtigung der für Skalare geltenden Beziehung det( $\underline{M}$ ) = $\underline{M}$

$$\text{sä}((1/c_2)\cdot(\text{E}(B_2^* \mid I_1) - B_1)\cdot \Pi_2 + (1/2)\cdot(1/c_2)\cdot \Pi_2^2 \mid I_1)$$

$$= (1/t)\cdot \ln(1 + (1/t)\cdot(1/c_2)\cdot \text{var}(\Pi_2 \mid I_1))$$

$$- (1/2)\cdot(1/t)\cdot \frac{(1/c_2)^2\cdot(\text{E}(B_2^* \mid I_1) - B_1)^2\cdot \text{var}(\Pi_2 \mid I_1)}{1 + (1/t)\cdot(1/c_2)\cdot \text{var}(\Pi_2 \mid I_1)} \,. \tag{V.2}$$

In Verbindung mit der Definition

$$\phi := \frac{(1/t)\cdot(1/c_2)\cdot \text{var}(\Pi_2 \mid I_1)}{1 + (1/t)\cdot(1/c_2)\cdot \text{var}(\Pi_2 \mid I_1)}$$

kann man (V.2) wie folgt schreiben

$$\text{sä}((1/c_2)\cdot(\text{E}(B_2^* \mid I_1) - B_1)\cdot \Pi_2 + (1/2)\cdot(1/c_2)\cdot \Pi_2^2 \mid I_1)$$

$$= (t/2)\cdot \ln\left(\frac{1}{1-\phi}\right) - (\phi/2)\cdot(1/c_2)\cdot(\text{E}(B_2^* \mid I_1) - B_1)^2$$

$$= -(t/2)\cdot \ln(1-\phi) - (\phi/2)\cdot(1/c_2)\cdot(\text{E}(B_2^* \mid I_1) - B_1)^2 \,. \tag{V.3}$$

Damit ist das Entscheidungsproblem (V.1) äquivalent zu

$$\text{E}(SDB_2 \mid I_1)\cdot B_1 - (1/2)\cdot(1/c_1 - 1/c_2)\cdot B_1^2 - (1/2)\cdot(\phi/c_2)\cdot(\text{E}(B_2^* \mid I_1) - B_1)^2 \rightarrow \max_{B_1} \,. \tag{V.4}$$

Aus der durch die Markträumungsbedingungen

$$n\cdot B_1^* + D_1 = 0$$

und

$$n \cdot B_2^* + D_1 + D_2 = 0$$

implizierten Bedingung

$$B_2^* - B_1^* = -(D_2/n)$$

folgt

$$E(B_2^* \mid I_1) - B_1^*$$

$$= -(1/n) \cdot E(D_2 \mid I_1)$$

$$= -(1/n) \cdot \gamma \cdot D_1$$

$$= \gamma \cdot B_1^* \quad . \tag{V.5}$$

Einsetzen von (V.5) in die für eine innere Lösung des Entscheidungsproblems (V.4) notwendige Bedingung

$$E(SDB_2 \mid I_1) - (1/c_1 - 1/c_2) \cdot B_1^* + (\phi/c_2) \cdot (E(B_2^* \mid I_1) - B_1) = 0 \tag{V.6}$$

und Auflösen nach dem Eröffnungskurs (zur Erinnerung: Definitionsgemäß gilt $SDB_2 := P_2 - P_1$) führt auf

$$P_1 = E(P_2 \mid I_1) - (1/c_1 - 1/c_2 - (1/c_2) \cdot \gamma \cdot \phi) \cdot B_1^* \quad . \tag{V.7}$$

Hieraus erhält man in Verbindung mit

$$E(P_2 \mid I_1) = E(E(P_3 \mid I_2) - (1/c_2) \cdot B_2^* \mid I_1) = E(P_3 \mid I_1) - (1/c_2) \cdot (1+\gamma) \cdot B_1^*$$

den Eröffnungskurs

$$P_1 = \mathrm{E}(P_3 \mid I_1) - (1/c_1 + \gamma \cdot (1/c_2) \cdot (1-\phi)) \cdot B_1^* \quad . \tag{V.8}$$

**Anhang W**

Einsetzen von

$$B_1 = B_1^*$$

und

$$\mathrm{E}(B_2^* \mid I_1) = (1+\gamma) \cdot B_1^*$$

und (vgl. (V.7))

$$\mathrm{E}(SDB_2 \mid I_1) = (1/c_1 - 1/c_2 - (1/c_2) \cdot \gamma \cdot \phi) \cdot B_1^*$$

in (4.83) führt in Verbindung mit (V.3) auf

$$\text{sä}(\, B_1^* \cdot SDB_2 + \text{sä}(B_2^* \cdot SDB_3 \mid I_2) \mid I_1)$$

$$= (1/c_1 - 1/c_2 - (1/c_2) \cdot \gamma \cdot \phi) \cdot (B_1^*)^2 - (1/2) \cdot (1/c_1 - 1/c_2) \cdot (B_1^*)^2$$

$$+ (1/2) \cdot (1/c_2) \cdot (1+\gamma)^2 \cdot (B_1^*)^2$$

$$- (t/2) \cdot \ln(1-\phi) - (1/2) \cdot (1/c_2) \cdot \gamma^2 \cdot \phi \cdot (B_1^*)^2$$

$$= - (t/2) \cdot \ln(1-\phi) + (1/2) \cdot (1/c_1 + \gamma \cdot (1/c_2) \cdot (1-\phi) + (1/c_2) \cdot (1-\phi) \cdot (\gamma + \gamma^2)) \cdot (B_1^*)^2$$

$$= - (t/2) \cdot \ln(1-\phi) + (\psi/2) \cdot (B_1^*)^2$$

mit

$\psi := 1/c_1 + \gamma \cdot (1/c_2) \cdot (1-\phi) + (1/c_2) \cdot (\gamma + \gamma^2) \cdot (1-\phi)$ .

Somit gilt

$$\text{sä}(\ \text{sä}(B_1^* \cdot SDB_2 + \text{sä}(B_2^* \cdot SDB_3 \mid I_2) \mid I_1) \mid I_0)$$

$$= \text{sä}(-(t/2) \cdot \ln(1-\phi) + (\psi/2) \cdot (B_1^*)^2 \mid I_0)$$

$$= -(t/2) \cdot \ln(1-\phi) + \text{sä}((\psi/2) \cdot (B_1^*)^2 \mid I_0)$$

$$= -(t/2) \cdot \ln(1-\phi) + (t/2) \cdot \ln(1 + (\psi/t) \cdot \text{var}(B_1^* \mid I_0))$$

$$= -(t/2) \cdot \ln((1-\phi)^{-1} \cdot (1 + (\psi/t) \cdot \text{var}(B_1^* \mid I_0)))$$

$$= (t/2) \cdot \ln((1+z/t) \cdot (1+x/t) + y/t)$$

mit

$$z := t \cdot ((1-\phi)^{-1} - 1) \qquad \text{(W.1)}$$

$$= (1/c_2) \cdot (1-\gamma^2) \cdot \text{var}(B_1^* \mid I_0)$$

$$= (1/c_2) \cdot \text{var}(\Pi_2 \mid I_1)$$

$$= E((1/c_2) \cdot \text{var}(\Pi_2 \mid I_1) \mid I_0)$$

(Hinweis: $\text{var}(\Pi_2 \mid I_1)$ ist deterministisch!)

$$= E(E((1/c_2) \cdot \Pi_2^2 \mid I_1) \mid I_0)$$

(zur Erinnerung: $\Pi_2 := B_2^* - E(B_2^* \mid I_1) \Rightarrow E(\Pi_2 \mid I_1) = 0$)

$$= E(E(\Pi_2 \cdot (P_3 - \underbrace{(E(P_2 \mid I_1) + \Phi_2 - (1/c_2) \cdot \Pi_2)}_{= P_2 \text{ (vgl. (4.78))}}) \mid I_1) \mid I_0)$$

(zur Erinnerung: Annahmegemäß gilt: $\text{cov}(\Pi_2, P_3 \mid I_1) = \text{cov}(\Pi_2, \Phi_2 \mid I_1) = 0$)

$$= E(E((B_2^* - E(B_2^* \mid I_1)) \cdot SDB_3 \mid I_1) \mid I_0)$$

und

$$x := (1/c_1 + \gamma \cdot (1/c_2) \cdot (1-\phi)) \cdot \text{var}(B_1^* \mid I_0) \tag{W.2}$$

$$= E(- B_1^* \cdot \underbrace{(E(P_3 \mid I_1) - (1/c_1 + \gamma \cdot (1/c_2) \cdot (1-\phi)) \cdot B_1^*)}_{= P_1 \text{ (vgl. (4.108))}} \mid I_0)$$

$$= E(B_1^* \cdot (P_3 - P_1) \mid I_0)$$

$$= E(B_1^* \cdot (SDB_3 + SDB_2) \mid I_0)$$

sowie

$$y := (1/c_2) \cdot (\gamma + \gamma^2) \cdot \text{var}(B_1^* \mid I_0) \tag{W.3}$$

$$= (1/c_2) \cdot \gamma \cdot (1+\gamma) \cdot \text{var}(B_1^* \mid I_0)$$

$$= E(\gamma \cdot B_1^* \cdot (1/c_2) \cdot (1+\gamma) \cdot B_1^* \mid I_0)$$

$$= E((E(B_2^* \mid I_1) - B_1^*) \cdot (1/c_2) \cdot E(B_2^* \mid I_1) \mid I_0)$$

$$= \mathrm{E}((\mathrm{E}(B_2^* \mid I_1)-B_1^*)\cdot \mathrm{E}(P_3 - \underbrace{(\mathrm{E}(P_3 \mid I_2) - (1/c_2)\cdot B_2^*)}_{=P_2 \text{ (vgl. (4.78))}} \mid I_1) \mid I_0)$$

$$= \mathrm{E}((\mathrm{E}(B_2^* \mid I_1)-B_1^*)\cdot \mathrm{E}(SDB_3 \mid I_1) \mid I_0) \ .$$

**Anhang X**

Aus (W.1) - (W.3) erhält man für $1/c_1 = 1/c_2$ in Verbindung mit der Kurzschreibweise

$$\xi := (1/t)\cdot(1/c_1)\cdot \mathrm{var}(B_1^* \mid I_0)$$

die Beziehungen

$$(1-\phi)^{-1} = 1 + z/t = 1 + \xi\cdot(1-\gamma^2) \ ,$$

$$1 + x/t = 1 + \xi\cdot(1+\gamma\cdot(1-\phi))$$

und

$$y/t = \xi\cdot\gamma\cdot(1+\gamma) \ .$$

Hiermit erhält man

$$(1+z/t)\cdot(1+x/t) + y/t$$

$$= (1-\phi)^{-1}\cdot(1+x/t) + y/t$$

$$= (1-\phi)^{-1}\cdot(1+\xi\cdot(1+\gamma\cdot(1-\phi))) + \xi\cdot\gamma\cdot(1+\gamma)$$

$$= (1-\phi)^{-1} \cdot (1+\xi) + \xi \cdot \gamma \cdot (2+\gamma)$$

$$= (1+a \cdot x) \cdot (1+\xi) + \xi \cdot \gamma \cdot (2+\gamma)$$

$$= (1 + \xi \cdot (1-\gamma^2)) \cdot (1 + \xi) + \xi \cdot \gamma \cdot (2+\gamma)$$

$$= 1 + \xi \cdot (1-\gamma^2) + \xi + \xi^2 \cdot (1-\gamma^2) + 2 \cdot \xi \cdot \gamma + \xi \cdot \gamma^2$$

$$= 1 + 2 \cdot \xi + \xi^2 - \xi^2 \cdot \gamma^2 + 2 \cdot \xi \cdot \gamma \ .$$

Wie man leicht nachprüft, gilt

$$\frac{1}{\xi} = \underset{\gamma}{\operatorname{argmax}} \ 1 + 2 \cdot \xi + \xi^2 - \xi^2 \cdot \gamma^2 + 2 \cdot \xi \cdot \gamma \ .$$

Hieraus folgt unter Berücksichtigung von

$$\frac{1}{\xi} = \frac{t}{(1/c_1) \cdot \operatorname{var}(B_1^* \mid I_0)} = \frac{t^2}{\operatorname{var}(P_3 \mid I_1) \cdot \operatorname{var}(B_1^* \mid I_0)} \ ,$$

$$I_1 = I_0$$

und

$$\operatorname{abs}(\gamma) \leq 1$$

die im Text aufgestellte Behauptung.

## Literaturverzeichnis


ADMATI, A. R. (1983), On models and measures of information asymmetries in financial markets, Ph.D. Thesis, Yale University.

ADMATI, A. R. (1985), A noisy rational expectations equilibrium for multi-asset securities markets, *Econometrica*, 629 - 657.

ADMATI, A. R., AND P. PFLEIDERER (1988), A theory of intraday patterns: Volume and price variability, *Review of Financial Studies*, 3 - 40.

ADMATI, A. R., AND P. PFLEIDERER (1991), Sunshine trading and financial market equilibrium, *Review of Financial Studies*, 443 - 81.

ALLEN, F., AND D. GALE (1994), Limited market participation and volatility of asset prices, *American Economic Review*, 933 - 955.

AMIHUD, Y., AND H. MENDELSON (1986), Liquidity and stock returns, *Financial Analysts Journal*, 43 - 48.

AMIHUD, Y., AND H. MENDELSON (1988), Liquidity and asset prices: Financial management implications, *Financial Management*, 5 - 15.

BAUMOL, W. J., PANZAR, J. C., AND R. D. WILLIG (1982), Contestable markets and the theory of industry structure, New York: Harcourt Brace Jovanovich.

BELLMAN, R. E. (1957), Dynamic Programming, Princeton, N.J.: Princeton University Press.

BERNSTEIN, P. L. (1987), Liquidity, stock markets, and market makers, *Financial Management*, 54 - 62.

BHATTACHARYA, S., AND P. PFLEIDERER (1985), Delegated portfolio management, *Journal of Economic Theory*, 1 - 25.

BHIDÉ, A. (1993), The hidden costs of stock market liquidity, *Journal of Financial Economics*, 31 - 51.

BIAIS, B. (1993), Price formation and equilibrium liquidity in fragmented and centralized markets, *Journal of Finance*, 157 - 185.

BIAIS, B., AND J. CH. ROCHET (1997), Risk sharing, adverse selection and market structure, in: Financial mathematics, hrsg. von W. Runggaldier, Berlin: Springer.

BLUME, L., D. EASLEY AND M. O'HARA (1994), Market statistics and technical analysis: The role of volume, *Journal of Finance*, 153 - 181.

BORTENLÄNGER, CH. (1996), Börsenautomatisierung, Wiesbaden: Dt.-Univ.-Verl.

BRAUN, T. (1990), Hedging mit fixen Termingeschäften und Optionen, Heidelberg: Physica.

BRAY, M. (1990), Rational expectations, information, and asset markets, in: HAHN, F., The economics of missing markets, information, and games, Oxford: Clarendon Press.

CHUNG, K. L. (1978), Elementare Wahrscheinlichkeitstheorie und stochastische Prozesse, Berlin: Springer.

COHEN, K. J., S. F. MAIER, R. A. SCHWARTZ AND D. K. WHITCOMB (1979), Market makers and the market spread: A review of recent literature, *Journal of Financial and Quantitative Analysis*, 813 - 835.

COHEN, K. J., S. F. MAIER, R. A. SCHWARTZ AND D. K. WHITCOMB (1981), Transaction costs, order placement strategy, and existence of the bid-ask spread, *Journal of Political Economy*, 287 - 305.

COHEN, K. J., S. F. MAIER, R. A. SCHWARTZ AND D. K. WHITCOMB (1986), The microstructure of securities markets, Englewood Cliffs, N.J.: Prentice-Halll.

COLLINS, B. M., AND F. J. FABOZZI (1991), A methodology for measuring transaction costs, *Financial Analysts Journal*, 27 - 36

COOPER, S. K., J. C. GROTH, AND W. E. AVERA (1985), Liquidity, exchange listing, and common stock performance, *Journal of Economics and Business*, 19 - 33.

CYERT, M., AND M. H. DeGROOT (1970), Bayesian analysis and duopoly theory, *Journal of Political Economy*, 1168 - 1184.

DANTHINE, J.-P., AND S. MORESI (1993), Volatility, information and noise trading, *European Economic Review*, 961 - 982.

DeLONG, J. B., A. SHLEIFER, L. H. SUMMERS, AND R. J. WALDMANN (1990), Noise trader risk in financial markets, *Journal of Political Economy*, 703 - 738.

DEMSETZ, H. (1968), The cost of transacting, *Quarterly Journal of Economics*, 33 - 53.

DENNERT, J. (1993), Price competition between market makers, *Review of Economic Studies*, 735 - 751.

DOW, J., AND G. GORTON (1993), Trading, communication and the response of asset prices to news, *Economic Journal*, 639 - 646.

ECONOMIDES, N., AND R. A. SCHWARTZ (1995), Electronic call market trading, *Journal of Portfolio Management*, 10 - 18.

ECONOMIDES, N., AND A. SIOW (1988), The division of markets is limited by the extent of liquidity (Spatial competition with externalities), *American Economic Review*, 108 - 121.

EWERT, R. (1989), Bilanzielle Publizität im Lichte der Theorie vom gesellschaftlichen Wert öffentlich verfügbarer Information, *Betriebswirtschaftliche Forschung und Praxis*, 245 - 263.

EWERT, R. (1993), Rechnungslegung, Wirtschaftsprüfung, rationale Akteure und Märkte, *Schmalenbachs Zeitschrift für betriebswirtschaftliche Forschung*, 715 - 747.

EWERT, R. (1995), Unternehmenspublizität und Insiderhandel, in: Unternehmenstheorie und Besteuerung, Festschrift zum 60. Geburtstag von Dieter Schneider, hrsg. von R. Elschen, Th. Siegel und F. W. Wagner, Wiesbaden: Gabler.

EWERT, R., UND A. WAGENHOFER (1992), Unternehmenspublizität und Konkurrenzwirkungen, *Zeitschrift für Betriebswirtschaft*, 297 - 324.

EWERT, R., UND A. WAGENHOFER (1995), Interne Unternehmensrechnung, 2. Auflage, Berlin: Springer.

FRANKE, G. (1993), Neuere Entwicklungen auf dem Gebiet der Finanzmarkttheorie, *Wirtschaftswissenschaftliches Studium,* 389 - 398.

FOSTER, F. D., AND S. VISWANATHAN (1993), The effect of public information and competition on trading volume and price volatility, *Review of Financial Studies*, 23 - 56.

FUDENBERG, D., AND J. TIROLE (1991), Game theory, Cambridge, Mass.: MIT Press.

GENNOTTE, G., AND H. LELAND (1990), Market liquidity, hedging, and crashes, *American Economic Review*, 999 - 1021.

GERKE, W., UND H. BIENERT (1994), Computerisierte Börsenexperimente, *Zeitschrift für Wirtschafts- u. Sozialwissenschaften,* 573 - 596.

GERKE, W., UND H.-W. RAPP (1994), Strukturveränderungen im internationalen Börsenwesen, *Die Betriebswirtschaft*, 5 - 23.

GERKE, W., H. BIENERT UND U. SCHROEDER-WILDBERG (1995), Orderbuchtransparenz bei homogenem Informationsangebot - eine experimentelle Untersuchung, *Kredit und Kapital*, 227 - 269.

GLOSTEN, L. R. (1989), Insider trading, liquidity, and the role of the monopolist specialist, *Journal of Business*, 211 - 235.

GLOSTEN, L. R., AND P. R. MILGROM (1985), Bid, ask and transaction prices in a specialist market with heterogeneously informed traders, *Journal of Financial Economics*, 71 - 100.

GREENWALD, B. C., AND J. C. STEIN (1991), Transactional risk, market crashes, and the role of circuit breakers, *Journal of Business*, 443 - 462.

GROSSMAN, S. J. (1976), On the efficiency of competitive stock markets where trades have diverse information, *Journal of Finance*, 275 - 298.

GROSSMAN, S. J. (1977), On the existence of futures markets, noisy rational expectations, and informational externalities, *Review of Economic Studies*, 431 - 449.

GROSSMAN, S. J., AND J. E. STIGLITZ (1980), On the impossibility of informationally efficient markets, *American Economic Review*, 393 - 408.

GROSSMAN, S. J., AND M. H. MILLER (1988), Liquidity and the market structure, *Journal of Finance*, 617 - 637.

GÜTH, W., J. P. KRAHNEN UND CH. RIECK (1992), Financial markets with asymmetric information - An experimental study of insider advantages, Arbeitspapier, Justus-Liebig-Universität Giessen, Nov. 1992.

HARRIS, L. E. (1990), Liquidity, trading rules, and electronic trading systems, Monograph Series in Finance and Economics, Monograph 1990-4, New York: New York University.

HARSANYI, J. (1967), Games of incomplete information played by Bayesian players, *Management Science*, 159 - 182, 320 - 334, 486 - 502.

HASBROUCK, J., AND SCHWARTZ, R. A. (1988), Liquidity and execution costs in equitiy markets, *Journal of Portfolio Management*, 10 - 16.

HEESTERMANN, A. R. G. (1983), Matrices and simplex algorithms, Dordrecht: Kluwer.

HELLWIG, M. (1980), On the aggregation of information in competitive markets, *Journal of Economic Theory*, 477 - 498.

HELLWIG, M. (1982), Zur Informationseffizienz des Kapitalmarktes, *Zeitschrift für Wirtschafts- und Sozialwissenschaften*, 1 - 27.

HIRTH, H. (1997), Handelsfrequenz und Nichtmengenanpassung, *Kredit und Kapital*, 250 - 275.

HO, T., AND H. STOLL (1981), Optimal dealer pricing under transaction and return uncertainty, *Journal of Financial Economics*, 47 - 73.

HO, T. Y., SCHWARTZ, R. A., AND D. K. WHITCOMB (1985), The trading decision and market clearing under transaction price uncertainty, *Journal of Finance*, 21 - 42.

HOLMSTRÖM, B., AND J. TIROLE (1993), Market liquidity and performance monitoring, 678 - 709.

HOPENHAYN, H. A., AND I. M. WERNER (1996), Information, liquidity, and asset trading in a random matching game, *Journal of Economic Theory*, 349 - 379.

HUANG, R. D., AND H. R. STOLL (1992), The design of trading systems: Lessons from abroad, *Financial Analysts Journal*, 49 - 54.

KALAI, E., AND E. LEHRER (1993), Rational learning leads to Nash equilibrium, *Econometrica*, 1019 - 1045.

KAMIEN, M. I., AND N. L. SCHWARTZ (1991), Dynamic optimization: the calculus of variations and optimal control in economics and management, 2. edition, New York: Elsevier.

KEMPF, A. (1998), Was messen Liquiditätsmaße?, erscheint in: *Die Betriebswirtschaft*.

KEYNES, J. M. (1930), A Treatise on money, The collected writings of John Maynard Keynes, Volume VI, London: MacMillan, The Royal Economic Society, 1971.

KIHLSTROM, R. E., AND MIRMAN, L. J. (1975), Information and market equilibrium, *Bell Journal of Economics*, 357 - 375.

KRAAKMAN, R. (1991), The legal theory of insider trading regulation in the United States, in: European Insider Dealing - Law and Practice, hrsg. von K. J. Hopt and E. Wymeersch, London: Butterworths, 39 - 55.

KRAHNEN, J. P. (1991), Sunk costs und Unternehmensfinanzierung, Wiesbaden: Gabler.

KRAHNEN, J. P. (1993), Finanzwirtschaftslehre zwischen Markt und Institution, *Die Betriebswirtschaft*, 793 - 805.

KRAHNEN, J. P., R. H. SCHMIDT UND E. TERBERGER (1985), Der ökonomische Wert von Flexibilität und Bindung, in: Information und Wirtschaftlichkeit, hrsg. von W. Ballwieser und K. H. Berger, Wiesbaden: Gabler.

KYLE, A. S. (1984), Market structure, information, futures markets, and price formation, in: International agricultural trade: Advanced readings in price formation, market structure, and price instability, ed. by G. Storey, A. Schmitz, and A. Sarris, Boulder: Westview Press, 45 - 64.

KYLE, A. S. (1985), Continuous auctions and insider trading, *Econometrica*, 1315 - 1335.

KYLE, A. S. (1989), Informed speculation with imperfect competition, *Review of Economic Studies*, 317 - 355.

LAHMANN, K. (1994), Insiderhandel: Ökonomische Analyse eines ordnungspolitischen Dilemmas, Berlin: Duncker & Humblot.

LAUX, H. (1991), Entscheidungstheorie I - Grundlagen, Berlin: Springer, 2., verbesserte Auflage.

LAUX, H., UND F. LIERMANN (1993), Grundlagen der Organisation, 3. Auflage, Berlin: Springer.

LELAND, H. E. (1992), Insider trading: Should it be prohibited?, *Journal of Political Economy*, 859 - 887.

LEONARD, R. J. (1994), Reading Cournot, reading Nash: The creation and stabilisation of the Nash Equilibrium, *The Economic Journal*, 492 - 511.

LIPPMAN, S. A., AND J. J. McCALL (1986), An operational measure of liquidity, *American Economic Review*, 43-55.

LÜDECKE, T. (1996), Struktur und Qualität von Finanzmärkten, Wiesbaden: Dt. Univ.-Verl.

MADDEN, B. J. (1993), Structural changes in trading stocks, *Journal of Portfolio Management*, 19 - 27.

MADHAVAN, A. (1992), Trading mechanisms in securities markets, *Journal of Finance*, 607 - 641.

MADHAVAN, A. (1996), Security prices and market transparency, *Journal of Financial Intermediation*, 255 - 283.

MANN, S. V., AND P. RAMANLAL (1996), The dealers' price/size quote and market liquidity, *Journal of Financial Research*, 243 - 271.

MANOVE, M. (1989), The harm from insider trading and informed speculation, *Quarterly Journal of Economics*, 823 - 845.

MASSIMB, M. N., AND B. D. PHELPS (1994), Electronic trading, market structure and liquidity, *Financial Analysts Journal*, 39 - 50.

MENKHOFF, L., UND CH. RÖCKEMANN (1994), Noise Trading auf Aktienmärkten, *Zeitschrift für Betriebswirtschaft*, 277 - 295.

MULHERIN, J. H., J. M. NETTER AND J. A. OVERDAHL (1991), Prices are property: The organization of financial exchanges from a transaction cost perspective, *Journal of Law and Economics*, 591 - 644.

NASH, J. (1951), Non-cooperative games, *Annals of Mathematics*, 286 - 295.

NEUS, W. (1993), Emissionskredit und Reputationseffekte. Zur Rolle der Banken bei Aktienerstemissionen, *Zeitschrift für Betriebswirtschaft*, 897 - 915.

NÖTH, M., UND M. WEBER (1996), Insidererkennung in experimentellen Märkten, *Schmalenbachs Zeitschrift für betriebswirtschaftliche Forschung*, 959 - 982.

OESTERHELWEG, O., UND D. SCHIERECK (1993), Meßkonzepte für die Liquidität von Finanzmärkten, *Die Bank*, 390 - 397.

O'HARA, M. (1995), Market microstructure theory, Cambridge, Mass.: Basil Blackwell.

OTT, C. UND H.-B. SCHÄFER (1991), Ökonomische Auswirkungen der EG-Insider-Regulierung in Deutschland, *Zeitschrift für Bankrecht und Bankwirtschaft*, 226 - 241.

O. V. (1995), Börsenordnung für die Frankfurter Wertpapierbörse vom 16. Dezember 1994, Frankfurt a. M.: Deutsche Börse AG.

PAGANO, M. (1989a), Trading volume and asset liquidity, *Quarterly Journal of Economics*, 255 - 274.

PAGANO, M. (1989b), Endogenous market thinness and stock price volatility, *Review of Economic Studies*, 269 - 288.

PAGANO, M., AND A. RÖELL (1990), Stock markets, *Economic Policy*, 63 - 115.

PAGANO, M., AND A. RÖELL (1992), Auction and dealership markets - What is the difference?, *European Economic Review*, 613 - 623.

PAGANO, M., AND A. RÖELL (1996), Transparency and liquidity: A comparison of auction and dealer markets with informed trading, *Journal of Finance*, 579 - 610.

PECK, J. (1990), Liquidity without money: A general equilibrium model of market microstructure, *Journal of Financial Intermediation*, 80 - 103.

RASMUSEN, E. (1989), Games and information: An introduction to game theory, Oxford: Basil Blackwell.

RILEY, J. G. (1989), Expected revenue from open and sealed bid auctions, *Journal of Economic Perspectives*, 41 - 50.

ROCHET, J.-CH., AND J.-L.VILA (1994), Insider trading without normality, *Review of Economic Studies*, 131 - 152.

RÖELL, A. (1990), Dual-capacity trading and the quality of the market, *Journal of Financial Intermediation*, 105 - 124.

RÖHRL, H. (1996), Börsenwettbewerb - Die Organisation der Bereitstellung von Börsenleistungen, Wiesbaden: Dt. Univ.-Verl.

ROLL, R. (1984), A simple implicit measure of the effective bid-ask spread in an efficient market, *Journal of Finance*, 1127 - 1139.

RUDOLPH, B. (1982), Portefeuille- und Aktienkursbildung bei monopolistischem Anlegerwettbewerb, *Zeitschrift für Betriebswirtschaft*, 471 - 490.

RUDOLPH, B. (1994), Markttransparenz und Computerbörse, *Die Betriebswirtschaft*, 426 - 430.

RUDOLPH, B., UND H. RÖHRL (1997), Grundfragen der Börsenorganisation aus ökonomischer Sicht, in: Börsenreform, eine ökonomische, rechtsvergleichende und rechtspolitische Untersuchung, hrsg. v. K. Hopt, B. Rudolph und H. Baum, Stuttgart: Schaeffer-Poeschel, 143 - 285.

SCHENK, N. (1997), Informationstechnologie und Börsensysteme, Wiesbaden: Dt. Univ.-Verl.

SCHIERECK, D. (1996), Börsenplatzentscheidungen institutioneller Investoren beim Handel deutscher Aktien, *Zeitschrift für Betriebswirtschaft*, 1057 - 1079.

SCHMIDT, H. (1983), Marktorganisationsbestimmte Kosten und Transaktionskosten als börsenpolitische Kategorien, *Kredit und Kapital* , 184 - 204.

SCHMIDT, H. (1988), Wertpapierbörsen, München: Vahlen.

SCHMIDT, H., UND K. TRESKE (1996), Komponenten der Geld-Brief-Spanne am deutschen Aktienmarkt, *Zeitschrift für Betriebswirtschaft*, 1033 - 1056.

SCHMIDT, H., P. IVERSEN UND K. TRESKE (1993), Parkett oder Computer?, *Zeitschrift für Bankrecht und Bankwirtschaft*, 209 - 221.

SCHMIDT, H., O. OESTERHELWEG UND K. TRESKE (1996), Erkennen deutsche Anleger die Vorzüge sogenannter Call Markets?, *Zeitschrift für Bankrecht und Bankwirtschaft*, 10 - 19.

SCHÖRNER, P. (1991), Gesetzliches Insiderhandelsverbot: Eine ordnungspolitische Analyse, Wiesbaden: Gabler.

SCHWARTZ, R. A. (1988), Equity markets: structure, trading, and performance, New York, NY: Harper and Row.

SHALEN, C. T. (1993), Volume, volatility, and the dispersion of beliefs, *Review of Financial Studies*, 405 - 436.

SHLEIFER, A., AND L. H. SUMMERS (1990), The noise trader approach to finance, *Journal of Economic Perspectives*, 19 - 33.

SPATT, C. S. (1991), Introduction to the market microstructure symposium, *Review of Financial Studies*, 385 - 388.

STIER, A. (1994), Wettbewerb im Börsenbereich - ordnungspolitische Vorgaben und Wirklichkeit, *Zeitschrift für das gesamte Kreditwesen*, 10 - 13.

STIGLER, G. J. (1964), Public regulation of securities markets, *Journal of Business*, 117 - 142.

STOLL, H. R. (1989), Inferring the components of the bid-ask spread: Theory and empirical tests, *Journal of Finance*, 115 - 134.

SUBRAHMANYAM, A. (1991), Risk aversion, market liquidity, and price efficiency, *Review of Financial Studies*, 417 - 441.

TIROLE, J. (1982), On the possibility of speculation under rational expectations, *Econometrica*, 1163 - 1182.

TIROLE, J. (1988), The theory of industrial organization, Cambridge, Mass: MIT Press.

VARIAN, H. R. (1994), Mikroökonomie, 3. Auflage , München: Oldenbourg.

v. WEIZSÄCKER, C. C. (1980), Barriers to entry, Berlin: Springer.

WILHELM, J. (1991), Spurensuche: Neoklassische Elemente in der "neuen" Finanzierungstheorie, in: Betriebswirtschaftslehre und Ökonomische Theorie, hrsg. von D. Ordelheide, B. Rudolph und E. Büsselmann, Stuttgart: Poeschel.

WINDISCH, R. (1987), Privatisierung natürlicher Monopole: Theoretische Grundlagen und Kriterien, in: Privatisierung natürlicher Monopole im Bereich von Bahn, Post und Telekommunikation, hrsg. von R. Windisch, Tübingen: Mohr.

GPSR Compliance

*The European Union's (EU) General Product Safety Regulation (GPSR) is a set of rules that requires consumer products to be safe and our obligations to ensure this.*

*If you have any concerns about our products, you can contact us on ProductSafety@springernature.com*

In case Publisher is established outside the EU, the EU authorized representative is:

Springer Nature Customer Service Center GmbH
Europaplatz 3
69115 Heidelberg, Germany

**Batch number: 10815974**

Printed by Printforce, the Netherlands